百年战争简史

A Brief History Of The Hundred Years War

Desmond Seward

[英] 德斯蒙德·苏厄德 著
文俊 译

四川人民出版社

献给皮埃尔和约兰达·德·蒙塔朗贝尔

目　录

地　图 …………………………………………… 1

世系表 …………………………………………… 4

致　谢 …………………………………………… 13

前　言 …………………………………………… 15

第 1 章
　　瓦卢瓦还是金雀花？1328—1340 ……… 1

第 2 章
　　克雷西 1340—1350 …………………… 25

第 3 章
　　普瓦提埃和黑太子 1350—1360 ……… 63

第 4 章
　　"智者"查理 1360—1380 ……………… 91

第 5 章
　　理查二世：失落的和平 1380—1399 …… 117

第 6 章
　　勃艮第和阿马尼亚克：英格兰的机遇 1399—1413 … 135

第 7 章
　　亨利五世和阿金库尔 1413—1422 …………… 145

第 8 章
　　贝德福德公爵兼法国摄政约翰 1422—1429 ……… 185

第 9 章
　　"奥尔良女巫" 1429—1435 ………………… 215

第 10 章
　　"令人悲伤的消息" 1435—1450 ……………… 239

第 11 章
　　结局："一场凄凉的战役" 1450—1453 ………… 265

第 12 章
　　尾　声 ……………………………………… 277

附　录　关于货币的说明 …………………………… 282

大事年表 ……………………………………………… 284

参考文献 ……………………………………………… 287

出版后记 ……………………………………………… 297

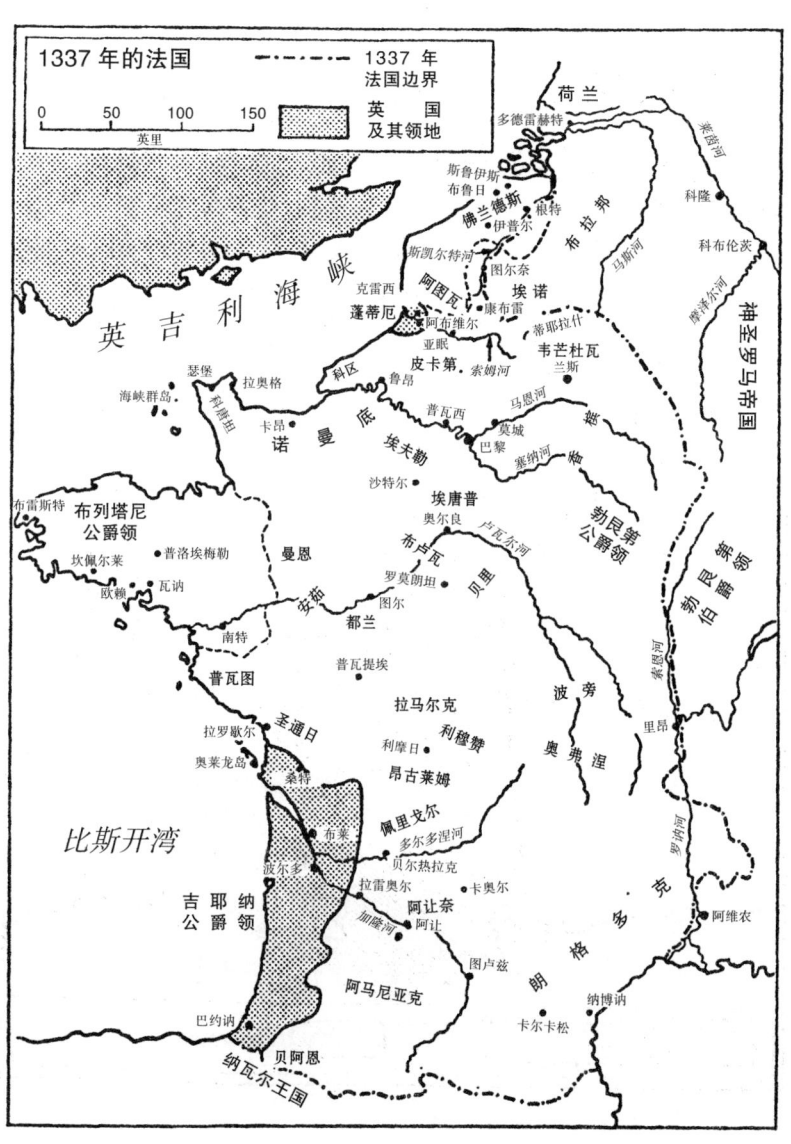

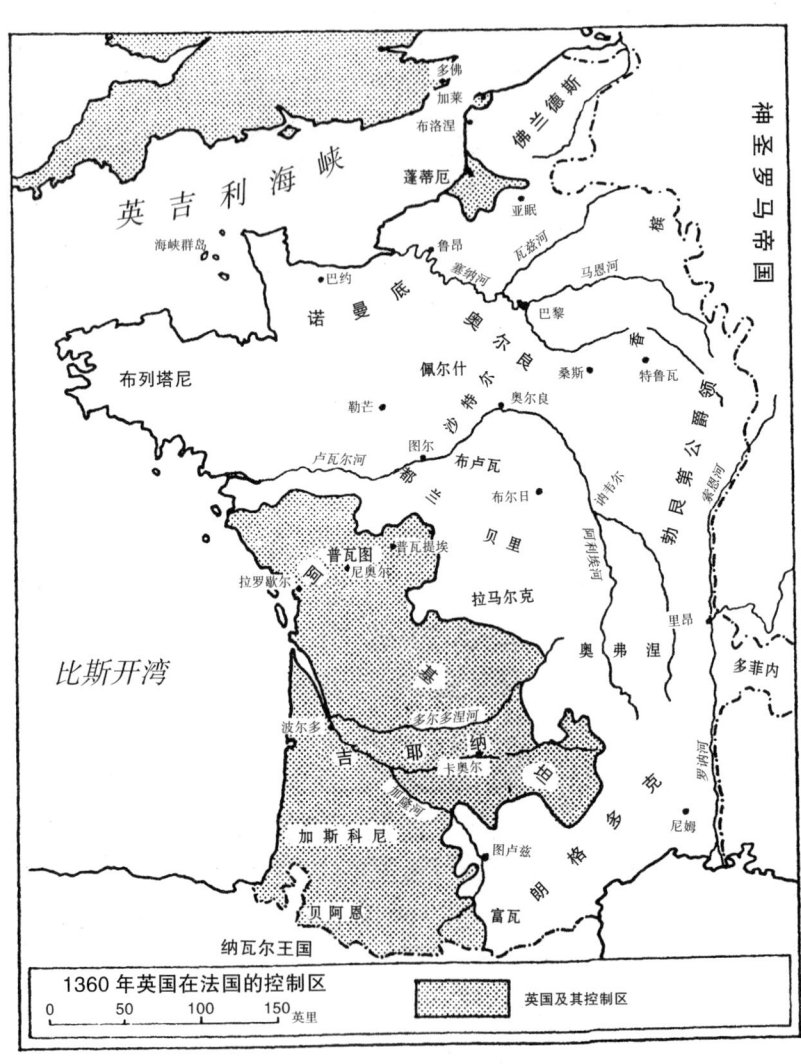

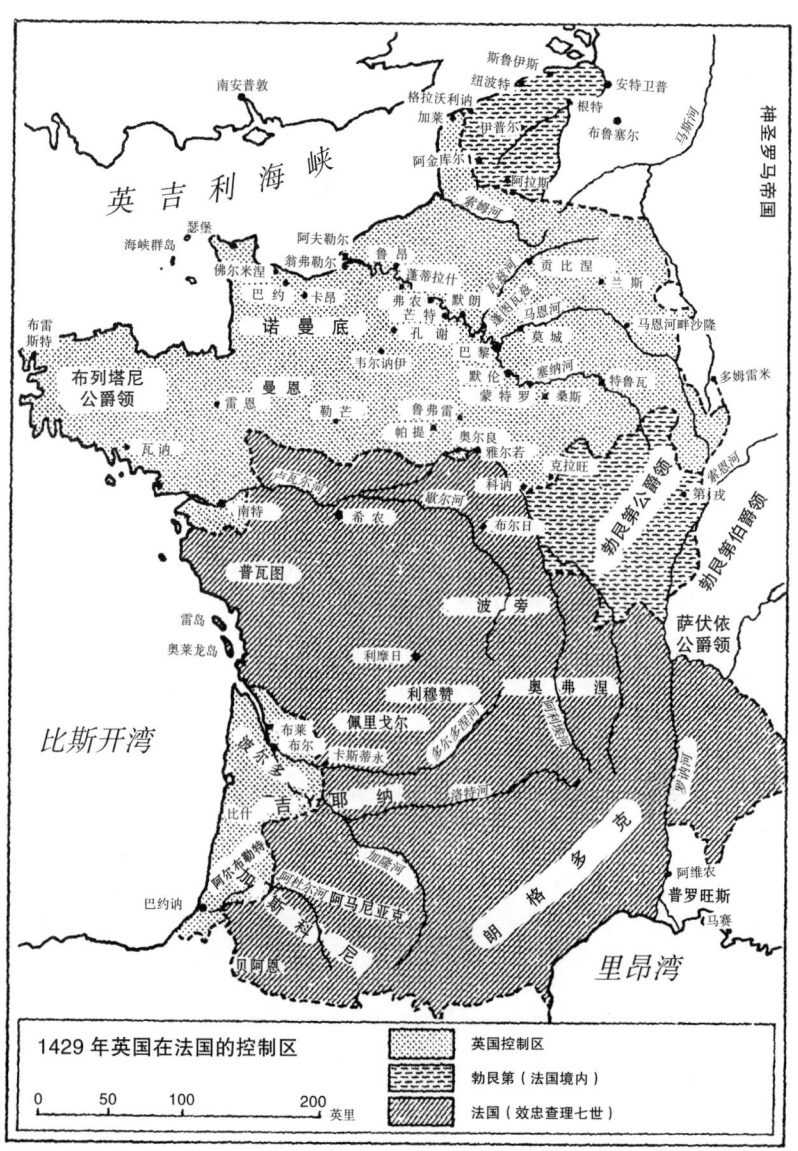

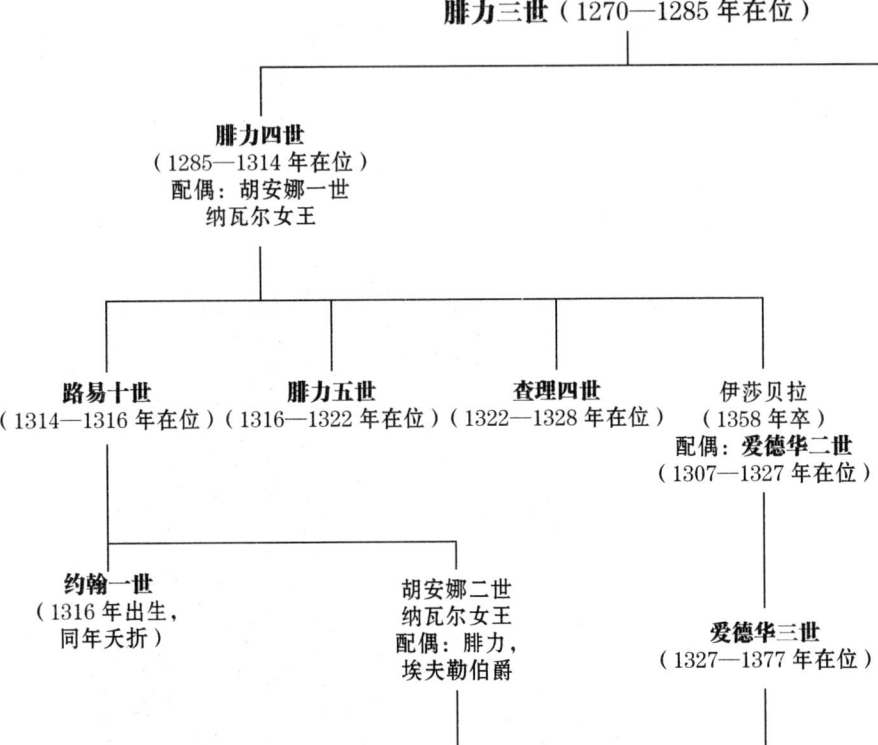

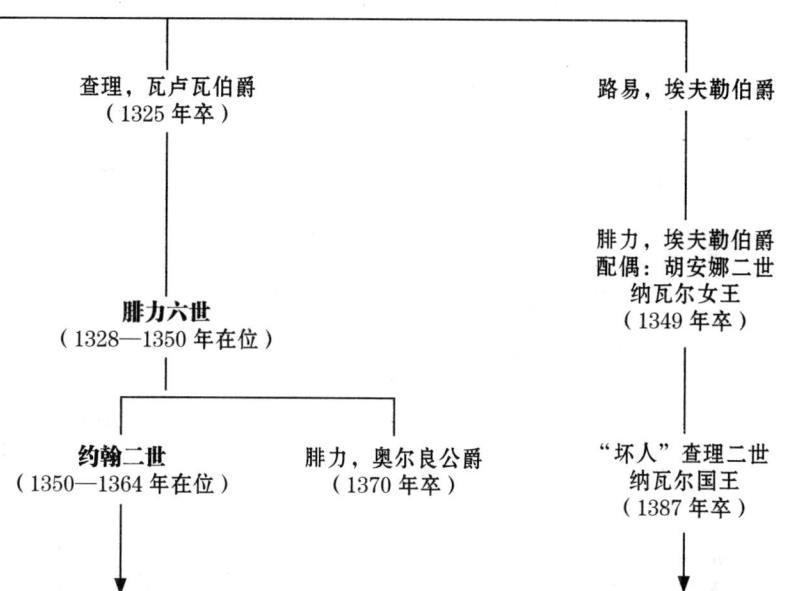

爱德华三世对法国王位的主张

```
                          爱德华三世(1327—1377年在位)
                            配偶:埃诺的菲丽帕
     ┌──────────────────────┬──────────────────────┐
爱德华,威尔士亲王         莱昂内尔,              伊莎贝拉
   (黑太子)            克拉伦斯公爵             配偶:
 (1330—1376)          (1338—1368)          昂盖朗·德·库西
     │                      │
   理查二世                菲丽帕
(1377—1399年在位)     配偶:埃德蒙·莫蒂默,
                         马奇伯爵
                            │
                                                     配偶(1):
                                                   兰开斯特的布兰奇
 ┌──────────┬──────────────┬──────────────┐
亨利四世      菲丽帕         伊丽莎白          凯瑟琳
(1399—1413  配偶:若昂一世,  配偶(1):        配偶:恩里克三世,
  年在位)    葡萄牙国王     约翰·黑斯廷斯,   卡斯蒂利亚国王
   │                       潘布鲁克伯爵
   ↓                       配偶(2):
                           约翰·霍兰德,
                           埃克塞特公爵
                           配偶(3):
                           约翰·康沃尔,
                           范霍普男爵
```

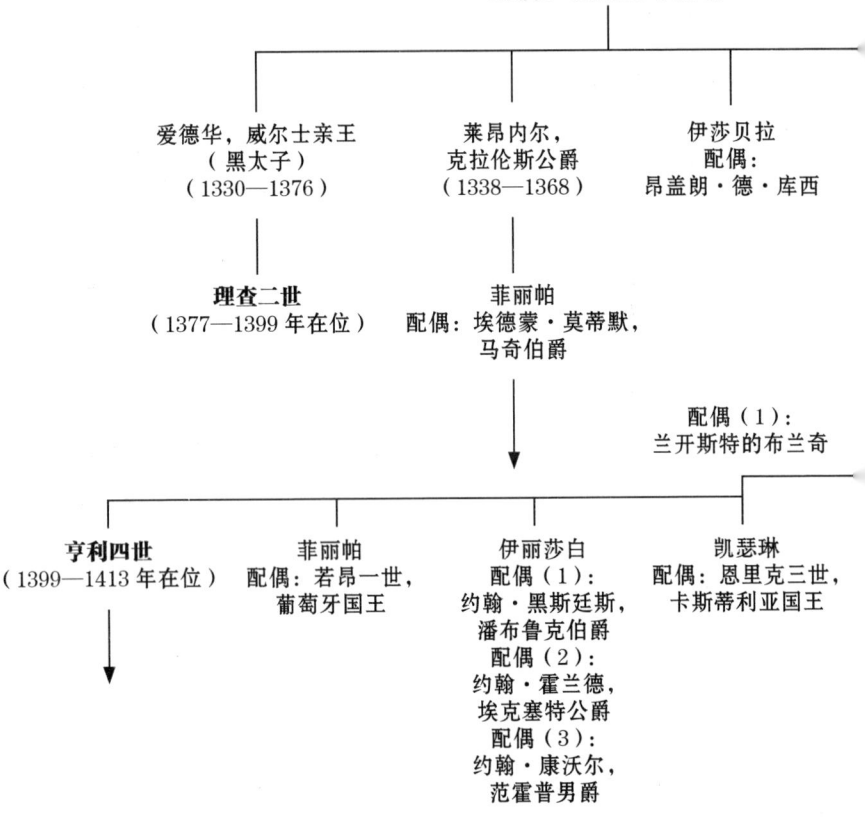

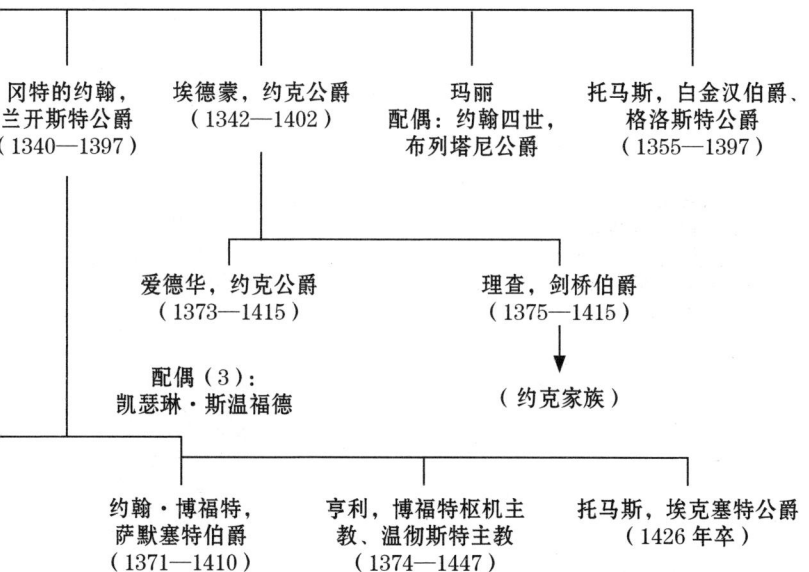

英国国王爱德华三世的后代

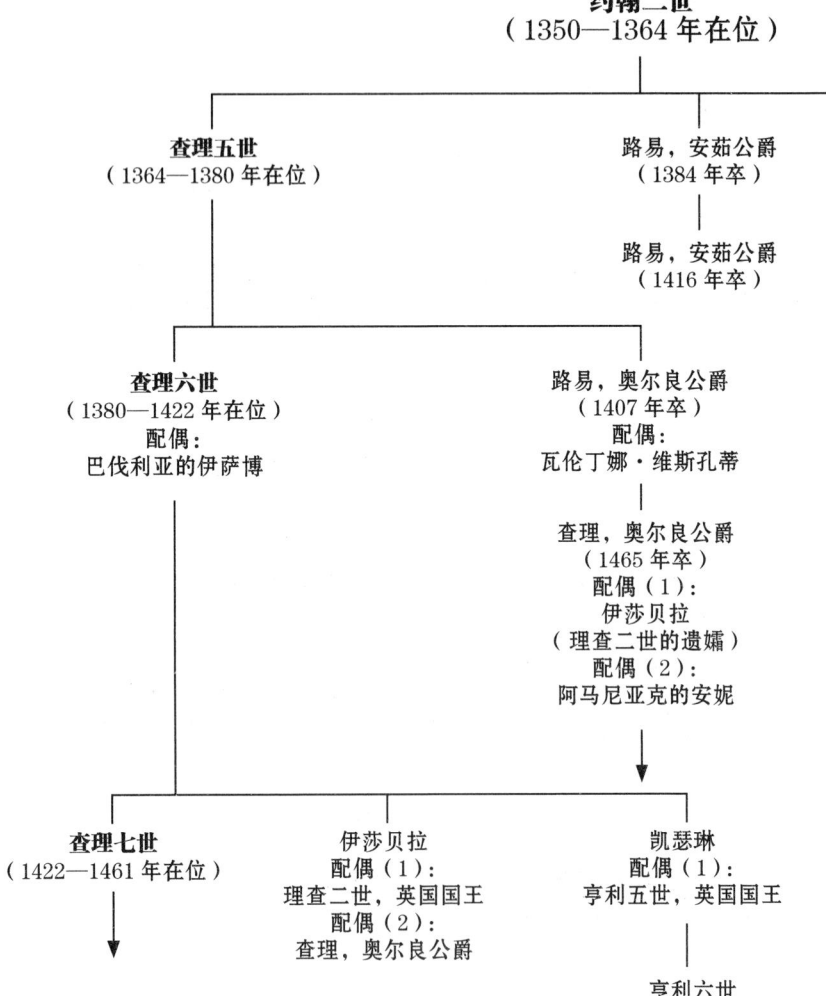

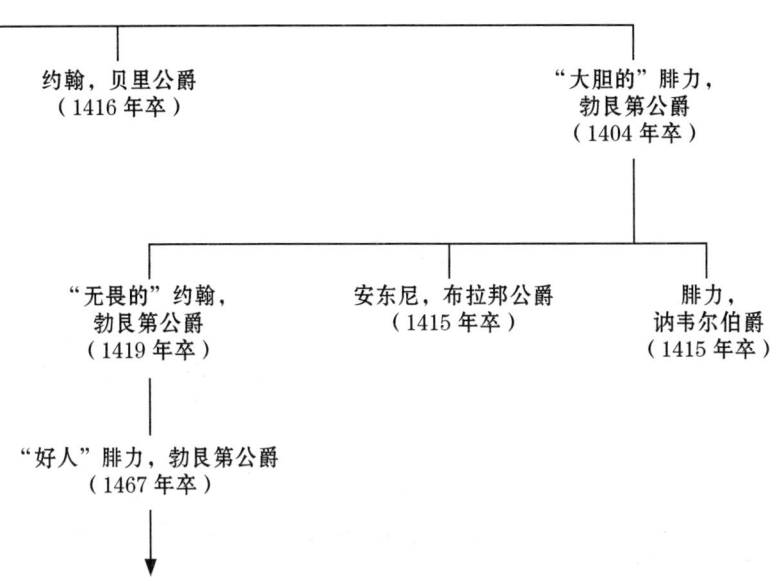

法国国王约翰二世的后代

兰开斯特与博福特家族

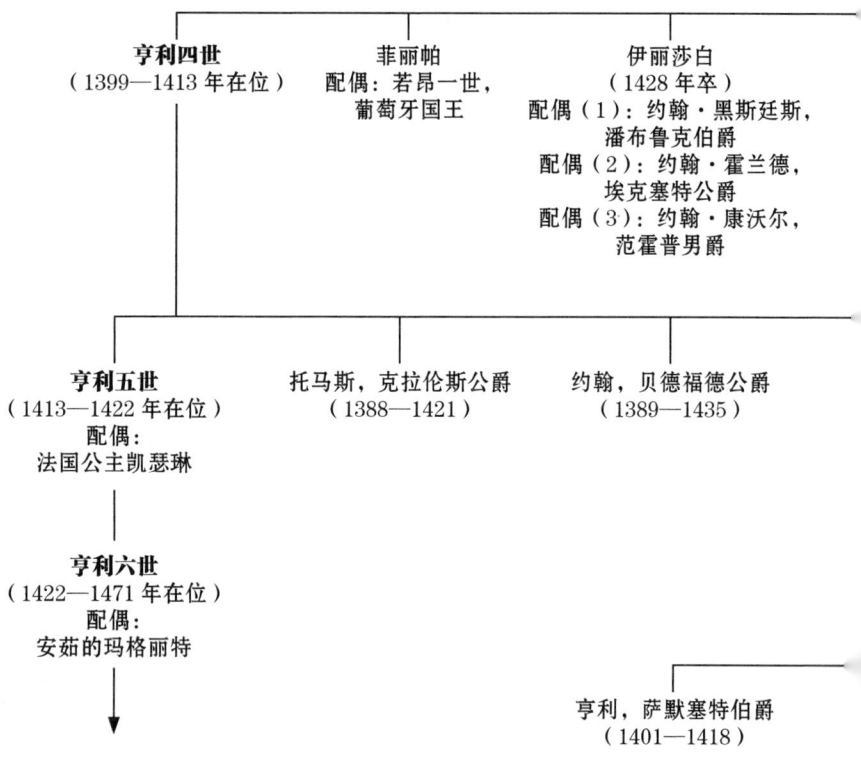

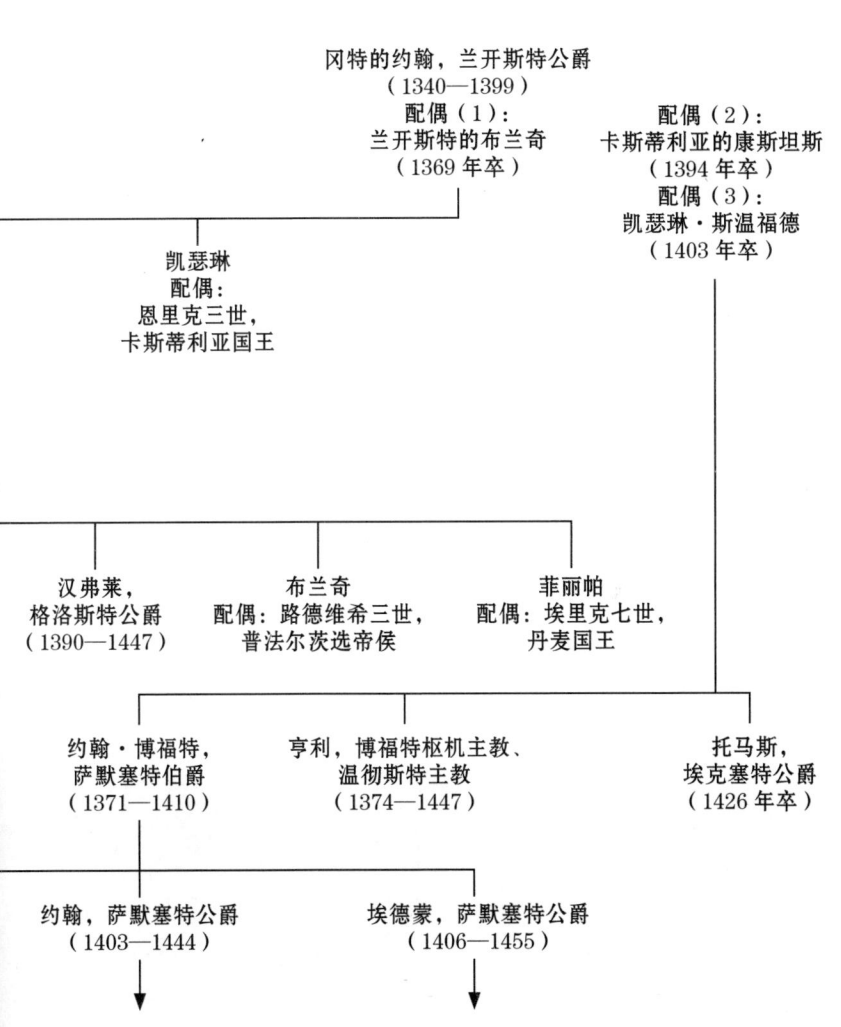

致 谢

我首先要感谢两位本笃会的修士,即马塞尔·皮埃罗修士与利居热的让·贝凯修士。他们在许多年前曾带我去过普瓦提埃的古战场。我真诚地感谢他们引发了我对百年战争的历史的兴趣,并感谢他们的修道院对我的热情款待。

我尤其要感谢里尔斯比·西特韦尔爵士,他给予我很多鼓励,并阅读了我的打印稿与校对稿。感谢已经去世的蒙克利夫的伊恩·蒙克利夫爵士,他向我指出,查理六世的疯病可能是由卟啉病引起的。感谢古董弓箭协会的主席、已经退休的前皇家海军中校 W. F. 帕特森,他为我提供了长弓与十字弓的图片,并提出了一些关于中世纪弓箭手的技术方面的建议。

莫布里、西格雷夫与斯托顿勋爵,邓博因勋爵和尼古拉斯·阿什顿先生为我讲述了他们各自的家族在百年战争中扮演的角色。莫布里勋爵为我提供了他的祖先第一代斯托顿勋爵的材料，他在百年战争后期挣了一大笔钱；邓博因勋爵告诉了我许多巴特勒家族与其他在法国的爱尔兰人的信息；而阿什顿先生使我注意到了亨利五世时期在诺曼底服役的约翰·阿什顿爵士。

前　言

你知道吗？我以战斗为生，和平会把我摧毁。

——约翰·霍克伍德爵士

这是为普通读者而写的一本关于百年战争的简短介绍。其他研究成果要么是从法语翻译而来的，要么就把阿金库尔战役一笔带过，要么就太过学术。不过，虽然这本书不是为专业学者写的，书中无疑也充分借鉴了学界最新研究成果，这些研究成果已大大转变了人们对百年战争的传统看法。

"百年战争"这一概念在19世纪末才逐渐流行起来。事实上，这个概念包括一系列战争，所覆盖的时段超过100年。普遍认为，百年战争始于1337年法国国王腓力六世"没收"英国国王爱德华三世的吉耶纳公爵领，爱德华随即宣布对法国王位拥有继承权；止于1453年英军丧失波尔多。在这段时间内的大部分时期，英国相对法国都拥有巨大的军事优势，这得益于英国长弓的强大战力。

百年战争中的一些战役已成为英国民间传说的一部分，例如英国人在克雷西、普瓦提埃和阿金库尔的光荣胜利。但在战争末期，法国火炮击溃了曾经不可一世的英国长弓手，这些战役却不太为英国人所知。征战双方都有一些在历史上充满传奇色彩的人物：英国方面有爱德华三世、"黑太子"以及比前二者更为可敬的亨利五世；法国方面有奢华却无能、最终死在伦敦监牢里的约翰二世，病恹恹、一瘸一拐却又充满智慧，差一点就击败了英国人的查理五世，还有谜一般的查理七世（贞德的王太子），他最终把英国人赶出了法国。英国登场人物还包括约翰·钱多斯爵士、冈特的约翰、贝德福德公爵、老塔尔博特以及约翰·法斯托夫爵士——莎士比亚笔下法尔斯塔夫的原型。法国登场人物包括杜·盖克兰骑士统帅、"奥尔良的私生子"和从多姆雷米来的女巫（圣女）贞德。

在百年战争的这一个世纪中，西方国家持续不断地互相劫掠。一位杰出的现代历史学家写道，当时的英国人认为战争是"一次投机活动，有巨大的利润可图，所有加入爱德华三世和亨利五世雇佣兵团的人都是这一买卖的一分子……"他还说，到了1450年，"在战争中获利最多的是拥有广大领地的大家族"，"而那些出身贫微、没有继承任何遗产的贫穷冒险者中，只有几十个人赚了大钱"。事实上，英国各个阶级一代又一代人前往法国赚钱，就像后来的英国人去印度或非洲赚钱一样。

当然，除贪婪外，英国人还有其他动机。弗鲁瓦萨尔[①]《编年史》或莎士比亚历史剧《亨利五世》的读者会发现，骑士精神、封建忠诚和原始爱国主义是英国人参战的重要动机。本书对物质动机的强调看起来或许有些过分了，这部分是由于物质动机在通俗的百年战争读物中强调得不够，部分是由于近年来的研究成果向我们充分展示了"赢自法国的战利品"的数量与实质，以及英格兰是如何使用这些战利品的。

法国的男人们——以及女人们——看待百年战争的角度则完全不同。编年史家弗鲁瓦萨尔描绘了百年战争期间奢华的宫廷生活，另一位编年史家"巴黎市民"却记述了狼群游荡在巴黎城内、啃食尸体的场景。《贝里公爵最富有的时光》一书所塑造的世界既美好又血腥。不同于百年战争对英国人的意义，它对法国人来说更像是一长串战争故事：这是一段可怕的经历，所有社会群体都牵涉其中。

重读我近20年前写的这本书，我非常清楚地意识到，英格兰曾不公正地对待了法兰西。我们在赞叹了不起的英国弓箭手们依靠强大的武器一次次取得胜利的同时，也不得不承认，如果法国人入侵了英国，他们也将同样对待英国人。但是，英国入侵法国的历史已经深深融入法国人民的共同记忆当中，此后不断影响着两国之间的关系。

[①] 让·弗鲁瓦萨尔（1337—1405），又译傅华萨，中世纪低地国家的作家兼宫廷历史学家，使用法语写作，著有《编年史》。另，除有特殊说明外，本书所有脚注均为译者注或编者注，后面不再另外说明。

第1章

瓦卢瓦还是金雀花?

1328—1340

他敢命令我向他效忠吗?你去告诉他,他所篡夺的王冠原是我的,他应该向他所站立的土地下跪。我要的岂止是一个小小的公国,我要的是我那整个的版图。若是他胆敢拒绝交出,我就要拔掉他那身借来的羽毛,把他光着身子赶到荒野里去。

——莎士比亚《爱德华三世》

阁下,您难道没有看到,
围绕着法兰西的丝线已经断裂了吗?

——乔弗里·斯科罗普爵士

公元1328年2月1日，"美男子"腓力的第三个儿子和卡佩王朝最后一任君主——法国国王查理四世已经奄奄一息。他没有留下子嗣，但他的王后已经有孕在身。临终前，查理留下遗言："如果王后诞下男婴，他将继承王位；但若是女婴，王位将属于瓦卢瓦的腓力。"

腓力是瓦卢瓦、安茹和曼恩伯爵，时年35岁，是个身材高挑、相貌英俊的贵族，因在战场和骑士比武中的英勇表现闻名于世。腓力是法国国王"圣路易"的曾孙，查理四世的堂兄[①]。其父瓦卢瓦的查理不仅拥有皇室血统，还因其第二任妻子而成为名义上的拉丁帝国皇帝。腓力的生母来自统治着那不勒斯的卡佩王室。因此，腓力继承了丰厚的财富和庞大的领地。他冷酷而精于算计，与民间传说中的那些外表华美却无能的"游侠骑士"颇有不同。

在1328年4月1日愚人节那一天，查理四世的王后诞下一名女婴。腓力立即召集了一批精心挑选的贵族前往巴黎开会，会议很快宣布腓力为法国国王腓力六世。他们当时并不知道，这一决定将为法国带来多少破坏和厄运。

---

① 与查理四世拥有同样的祖父母。

两年后，在海峡的另一边，一个更具戏剧性的事件发生了。1330年10月，一次大会议（Great Council）在英国诺丁汉召开。诺丁汉城堡是王太后伊莎贝拉及其情夫——英国的真正统治者马奇伯爵罗杰·莫蒂默的住所。在一个漆黑的夜晚，时年18岁的英王爱德华三世与一群年轻贵族从密道潜入城堡，砍倒侍卫之后，闯入怀有身孕的伊莎贝拉王太后的卧室，抓住了莫蒂默。尽管努力避免被母亲看到，爱德华仍亲自用战斧劈开了卧室门。伊莎贝拉向他哀求："亲爱的儿子，亲爱的儿子，可怜可怜莫蒂默吧！"爱德华还是在伦敦泰伯恩刑场将罗杰当众绞死并分尸，最终取得了对王国的控制权。

爱德华有理由憎恨莫蒂默和母亲伊莎贝拉。这位"法国母狼"似乎一直憎恶丈夫爱德华二世——班诺克本之战的败将、极其无能的统治者和有名的同性恋。1326年，伊莎贝拉和莫蒂默迫使爱德华二世退位，扶植其子为傀儡君主，一年后又残忍地杀害了被废黜的爱德华，用一根烧红的铁棍捅进了他的肛门。莫蒂默恐怕是英国历史上最卑劣的统治者，他施行恐怖统治，不仅杀害了爱德华二世，还引诱其弟肯特伯爵叛乱，以合法的名义杀害了他。其最卑劣的行径莫过于让伊莎贝拉王太后怀上了孩子。然而，爱德华三世饶恕了伊莎贝拉，允许她退居诺福克的赖辛城堡，过上舒适的晚年生活。他每年都要去那里探望王太后一次。

伊莎贝拉是法国国王腓力六世的堂妹，是英国王室与法国王室之间的纽带。她同时还是已故的查理四世的亲妹妹，许多人都认为她或她儿子应当继承法国王位，而不是瓦卢瓦伯爵。

那个时代没有"国籍"这一说：直到14世纪末，盎格鲁－诺曼法语仍是英国统治阶级的口头和书面用语，是爱德华三世及其儿子们甚至曾孙们的第一语言，爱德华本人在儿时还需专门学习英语。爱德华还是吉耶纳公爵和蓬蒂厄伯爵，位居法国十二贵族①之列，是一位显赫人物。

在腓力于查理四世死后召开的巴黎会议上，两名英国使臣提出了伊莎贝拉王太后对法国王位的主张。法国历史上只有一名女性被剥夺了王位继承权——在不久前的1316年，约翰一世出生并继承王位，10日后就死去，贵族会议决定将其姐从继承顺位名单上划掉。当时，贵族们无法提出任何法律依据支撑这一决定，但女孩的监护人替她放弃了继承权，为解决问题提供了便利。英国使臣伍斯特主教亚当·沃勒顿提出了合理的论据：1316年的先例并不是一个真正的判例，从没有任何一位女性被"合法地"排除在法国王位继承权之外，虽然法国历史上从没有过女性统治者；另外，不可否认的是，所有封地都可以为女性所继承，就连最强大的公爵领地也不例外。（古代法兰克人的萨利克法典禁止女性或女性一系后裔拥有继承权，但这一法条直到后来才被人从历史的迷雾中发掘出来。）但巴黎会议坚决把伊莎贝拉王太后排除在外。根据弗鲁瓦萨尔的记载，他们认为"法国的疆土十分高贵，不能落入一名女性之手"。早在1326年，伊莎贝拉和莫蒂默拜访法国宫廷时，贵族们就

---

① 中世纪法国地位最高、最为显赫的十二大贵族，包括：兰斯大主教、拉昂主教、朗格勒主教、博韦主教、沙隆主教、努瓦永主教、诺曼底公爵、吉耶纳公爵、勃艮第公爵、佛兰德斯伯爵、香槟伯爵和图卢兹伯爵。

认识了她和她那可怕的情夫（沃勒顿主教与莫蒂默的关系十分密切），他们可不想被这样的人统治。

当年轻的英格兰国王爱德华三世获得统治权时，他只不过是一小撮不满于现状的贵族的领袖，并没有力量去撼动腓力六世的地位。实际上，此时的爱德华三世只不过希望留住阿基坦公爵领（或者留下吉耶纳），该地自1259年以来就由英国王室作为法国国王的封臣领有。这是安茹帝国的亨利二世在欧洲大陆上最后一块土地，由一条狭长的海岸地带组成，从拉罗歇尔南部延伸至巴约讷和比利牛斯山，包括当时吉耶纳的西部地区、圣通日和加斯科尼，为一连串精心选址、重兵把守的前线殖民城镇所拱卫。

吉耶纳并非殖民地。虽然高级行政职位由英国人担任——包括吉耶纳总管、波尔多市长和治安官、圣通日总管，还有一批副总管和堡垒司令，总共约200人——但是大部分官员都是在当地招募的。波尔多大主教从来都不是英国人，并且当地虽有很多英国商人，却几乎没有英国地主。所有重要的封建领主都是吉耶纳人，其中一些人还拥有英国的地产。

阿基坦公爵领是爱德华一个非常重要的收入来源。王室在整条加隆河上都设有过桥税征收点，收取了丰厚的税金，因为吉耶纳盛产葡萄酒，就像英格兰盛产羊毛一样。有时候（例如1306至1307年），吉耶纳的税收比全英格兰的还要多。公爵领首府波尔多市拥有3万人口，其繁荣得益于同英国的商业联系：大量葡萄酒流入英格兰，价格低廉，除了最穷的人之外，所有人都消费得起——14世纪英国人均饮酒量是现在的好几倍。除波尔多外，以造船业闻名的巴约讷和其他许多城镇，还有无数拥有葡萄园的封建领主都能从葡萄酒贸易中获益，因为当时的红葡萄酒成分混杂，经常混有加亚克和卡奥尔等地出产的葡萄酒。事实上，本地市场也无法消化这么多产品。从另一方面讲，吉耶纳也依赖从英国进口的粮食——1334年的贸易量为5万夸脱，还进口英国的羊毛、皮革、松脂和盐。公爵领地的人民并不讲法语，而通用加斯科语，这是一种普罗旺斯语。实际上，这就是一个独立的国家，其居民与法国王室或法国北部地区几乎没有任何联系。许多吉耶纳人都去英格兰谋生，在同苏格兰的战争中为英国国王效力，或在伦敦经商。吉耶纳人亨利·勒瓦里兼任波尔多和伦敦市长。若对吉耶纳法庭的判决不服，当地人还可以去英格兰上诉。金雀花王朝的统治者们认为，相较威尔士或爱尔兰，吉耶纳更是领土中不可分割的一部分。弗鲁瓦萨尔在谈到吉耶纳人时，也总是称他们为"英国人"。

  1329年，爱德华来到亚眠，向"正直而令人尊敬的堂舅"腓力宣誓效忠，在亚眠大教堂内受封为"法国国王的封臣、吉耶纳公爵"。他也在索姆河口以"蓬蒂厄伯爵"的身份行效忠礼；其领地的首府是阿布维尔，还有一个城镇叫克雷西，我们之后还会再谈到它。莫蒂默死后，在1331年3月起草的一份文件中，爱德华同意向瓦卢瓦王室"效忠"。如果他不这么干，就有可能丢掉吉耶纳和蓬蒂厄。自1259年以来，双方围绕公爵领的疆域、英国的"公爵－国王"同法国封君之间的关系等问题不断产生争端：金雀花王朝的君主拥有吉耶纳的最高权力，还是必须作为封臣服从法国国王的号令？双方时不时还会爆发战争。1325年，在圣萨尔多战争中，吉耶纳的英国总督肯特伯爵就被迫在拉雷奥尔镇向法国国王查理四世投降，这场战争很大程度上也是因爱德华二世拒绝向法国国王效忠而引发的。当时，查理四世满足于保有阿让奈（加隆河与多尔多涅河间的地区），但爱德华三世一定意识到，占领吉耶纳是统一法国的必经之路。1331年下半年，爱德华装扮成一名羊毛商人，再次跨过海峡，同腓力在蓬圣马克桑斯秘密谈判，试图构建一个持久和平的局面。

当时，法国似乎比英国更为强大。13世纪著名编年史家马修·帕里斯写道，"法兰西国王是所有尘世国王之王"，法兰西国王也无疑是西欧的第一统治者，其光辉盖过神圣罗马帝国皇帝，并或多或少控制着从1309年起就住在阿维农的教宗——国王既是教宗的保护人，也是狱卒。一个多世纪以来，法国并没有像英国那样出现不听话的诸侯，国王将各路贵族渐次制服。如果说佛兰德斯和布列塔尼——当然也包括吉耶纳——仍保留着半自治的地位，腓力六世直接控制的土地就占其治下领土的四分之三以上。

从10世纪起，新农业技术使西北欧的农民有能力开发他们肥沃的土地，用耕犁将大片森林变为良田。直至14世纪早期，耕地面积每年都在增加；相应地，人口出生率也在不断增长。这个现象在法国表现得最为明显：1330年前后，法国拥有2100万人口，相当于英格兰人口的5倍。法国商人和手工业者的数量成倍增加，在阿尔卑斯山这一侧建造出最美的城市和大教堂。富有哥特风格的巴黎成为欧洲北部的中心，约有15万居民。弗鲁瓦萨尔曾游历四方，他在书中评论道："人们一定会惊叹于法兰西的高贵与繁荣,无论在王国的中心地带还是边境,都有那么多的城镇和堡垒。"

与之相比,中世纪的英格兰是一片人烟稀少的土地,和现代挪威有些类似,森林和沼泽的面积比耕地更大。英国只是一个贫穷的小国,唯一的财富就是羊毛。伦敦只有3万居民。不像法国国王,英国国王的日子并不好过。爱德华三世不是他祖父那样的绝对君主——这样的统治地位在他父亲爱德华二世时期就不复存在了。爱德华三世必须始终小心照顾"议会中领主们"的意愿,他们包括约100名男爵、主教和修道院长。弗鲁瓦萨尔写道:"那个国家的所有君主都必须满足其臣民的愿望,向他们的意志低头。如果他不这样做,而给国家带来不幸,他就会被赶下台。"

法国的骑士阶层是腓力的最大财富,他们拥有"优良的骑士风度、强壮的肢体和坚毅的内心,殷实而富有"。一个全副武装的重装骑士(man-at-arms)[①],加上他那巨大的战马(极

---

① 这个术语在本书中多次出现,为简便起见,后文一律翻译为"重装骑士"。需注意的是,不要将"重装骑士"与"骑士"(knight)相混淆。"重装骑士"(man-at-arms)是一种军事单位,指代中世纪盛期至文艺复兴时期装备精良、擅长使用武器的战士,既包括贵族及其扈从,也包括雇佣兵。"骑士"(knight)则是一种头衔,经特定仪式由国王或封君授予,在中世纪盛期的大部分国家属于下层贵族,并逐渐形成了一套被称为"骑士精神"的行为准则。"重装骑士"(man-at-arms)和"骑士"(knight)经常混用。一般而言,有能力置办一套装备的"骑士"阶层成员都是"重装骑士",而"重装骑士"不一定属于"骑士"阶层。此外,"重装骑士"也不一定都是骑兵,骑马(mounted)作战的是重装骑兵,徒步(dismounted 或 on foot)作战的则是重装步兵。

其昂贵,通常价值200英镑,经训练能够撕咬、踢打和踩踏),就构成了一个重骑兵单位,相当于中世纪的坦克:一支这样的部队在相对狭窄的战线上发起冲锋时,具有压倒性的打击能力。骑士精神有点像日本武士的"武士道"精神(跟《亚瑟王之死》中的想象是两码事!),推崇骑士精神能够极大地提升士气,在战场上令敌人闻风丧胆。在基督教世界,在近300年时间里,这种重装骑兵几乎赢得了所有重要战役的胜利:他们从异教徒手中短暂地夺取了巴勒斯坦地区,从摩尔人手中再次征服了西班牙。在近100年内,法国拥有一支数量庞大的骑士部队,对他们来说,战争就是一种生活方式——无论是骑士比武、为国王效力,还是做雇佣军。有一次,法国骑士部队彻底摧毁了一支英国军队。1328年,腓力六世率军在卡塞尔歼灭了一支佛兰德斯枪兵部队。因此,腓力作为一名军事指挥官,掌握着西欧规模最庞大、装备最精良、最有战斗激情、战功最为显赫的骑士部队,可与巅峰时期的古德里安和巴顿将军齐名。在腓力统治初期,他似乎是不可战胜的。

与之相比,英格兰的战争记录可不怎么好。上面已经提到肯特伯爵在加斯科尼的惨败。更糟糕的是,英格兰曾多次被苏格兰打败。从1314年班诺克本战役之后,到1323年两国签订停战协议之间,苏格兰人常常越境南下扫荡,最远到达约克郡,造成大范围破坏。1327年,年轻的爱德华在一场战役中不幸败给苏格兰人之后,还流下了羞惭的泪水,经他谈判签署的和平协定被称为"北安普敦耻辱和平"。尽管只是一个贫穷野蛮的小国,苏格兰在当时似乎是对抗英国时一个有用的盟友。

但是，苏格兰人虽然骁勇善战，却更经常被英国人打败。1333年7月，在贝里克郡附近的哈里登山，爱德华率军摧毁了苏格兰军队。他不仅第一次品尝胜利的滋味，还发现了骑士下马作战并配合弓箭手这一战斗队形所能发挥的威力——虽然这次战役中的苏格兰人不过是一些枪兵和轻骑兵，还不能和法国强大的重装骑士相比。爱德华还有计划地烧毁了苏格兰低地地区，使之变成一片荒土——不久之后他的军队将在法国使用这一邪恶的策略。参与这场战斗的编年史家让·勒贝尔记录了英军胜利的喜悦，他们终于报了班诺克本战役的一箭之仇。让·勒贝尔写道，爱德华回国时受到了英国人喜气洋洋的欢迎，"全国上下都敬仰他那高贵的言行和伟大的心灵，一群美丽的贵妇和少女围绕在他身边，所有人都说他就是亚瑟王再世"。

但爱德华还没打算与腓力为敌。直到1336年，他都忙着御驾亲征苏格兰。多年来，他真心希望同腓力就吉耶纳的问题达成一个持久的解决方案。爱德华的主要目的是获取阿让奈边界地区，巩固吉耶纳空虚的边防。腓力这边也不得安宁。1332年，英法两位国王决定一同参加十字军，这一计划获得教宗热情的鼓励，一支舰队在马赛口岸缓慢集结。但英法两国爆发战争是不可避免的。两国中央集权和政治制度化不断增强，旧式封建关系不再适用于法国和吉耶纳。肯尼斯·富勒博士是现代百年战争研究的权威，他曾写道："13世纪和14世纪早期的法国国王或许还不是特别清楚这一行为的后果，但他们开始逐渐将公爵们的领主权削减为单纯的土地领主权，将自己的宗主权转变为主权，这个过程虽然缓慢但势不可挡……这对英国国王来说是绝对难以接受的。"

1334年5月,年仅10岁的苏格兰国王大卫二世应腓力六世邀请到法兰西避难。腓力宣称,未来他与英国国王的任何谈判都必将考虑苏格兰国王的利益。爱德华感到腹背受敌,十分愤怒,将法国国王认作自己的劲敌。在一段时期内,教宗本笃十二世尚能让越来越愤怒的腓力保持平静。1335年11月,在教宗使者的斡旋下,英格兰和苏格兰达成了一项停战协定。但到1336年3月,教宗不得不宣布,由于爱德华和腓力之间无法实现真正的和平,十字军东征只能延期。几个星期后,原计划东征的十字军舰队离开马赛,启程前往诺曼底的港口。这支舰队没有丝毫作为。当时,法国的私掠船已经开始在英吉利海峡和比斯开湾一带劫掠,他们的有桨大帆船比英国商人的帆船更快。当年7月,鲁昂大主教在一次布道中宣布,腓力将派遣一支6000人的军队前往苏格兰。9月,英国大会议在诺丁汉召开会议,谴责法国国王背信弃义,并在一群商人的支持下开始征收一项"什一税"和"十五分之一"税,为爱德华国王筹集抗击法国的资金。1337年,威斯敏斯特议会将这些新税的征税时间又延长了3年。不过,此时百年战争还没有真正爆发。

是什么因素最终促使爱德华走上了战场?一些现代史学家认为,爱德华的策略非常精妙,可以称之为"维持现状行动",爱德华只希望通过军事打击将法国人的注意力从吉耶纳移开。但这种"保持现状"的解释未免太微妙了,从个人动机的角度来解释似乎更有理有据。爱德华很可能真的认为自己的正当继承权受到侵犯,也极有可能怀着征服法国的野心。至少,爱德华有决心占领吉耶纳，不让瓦卢瓦家族染指此地。

爱德华三世是英国最令人生畏的国王之一，介于爱德华一世和亨利八世之间。没人知道他的个性是从哪来的——也许是复杂的父子关系所致，或许他本身就是个自大狂——30多年来他一如既往地展现出恶魔般的活力。除掉莫蒂默之后，爱德华迅速在其他贵族中树立起自己的权威，在二十五六岁时达到了权力的顶峰。他个子非常高，帅得惊人，留着尖尖的黄色胡须，髭须长长地垂下来。据当时的人说，他的脸"就像上帝的脸"。他高贵端庄，富有魅力，英语说得跟法语一样好，声音轻柔舒缓。（他会使用拉丁语读写，似乎还能听懂德语和佛兰德斯语。）他对时下流行的"骑士精神"极其狂热，有时候令手下迷惑不解。不过，他的形象却因骑士精神而更加生动鲜明——他极其优雅高贵，对待朋友非常热情，对待敌人则铁石心肠、冷酷无情。同时，他又容易自我放纵，沉溺于女色，这最终毁坏了他的健康。可想而知，爱德华三世一定抱有拿破仑式的自信，清晰而坚定地要做一名英雄国王。与此同时，他又非常现实主义，其座右铭是"事如其然"。

爱德华的宫廷充满了华丽的宴会和热闹的马上长枪比武，这就是他的参谋总部。他的朋友们生来就是专业武士阶级，能够领会他的意图，并在苏格兰战场上得到了很好的锻炼。尽管旧的封建结构在逐渐瓦解，英格兰仍是一个军事等级制社会，大领主们生来就是将军。这里有一个很值得注意的事件：1338年，爱德华为准备一场战役册封了6个新伯爵。但他的将领们并非都是伯爵：约翰·钱多斯爵士是德比郡一个贫穷的骑士；

托马斯·达格沃斯爵士是"一个勇敢又专业的士兵",他并非来自任何一个贵族家庭,只是一个诺福克的小乡绅;"比利时人"(我们现在常常这么称呼他)沃尔特·曼尼爵士(本名高蒂尔·德·马斯尼)随同爱德华的王后菲丽帕从埃诺来到英国,一直担任她的雕刻匠,也是一名出身相对寒微的将领。

爱德华的宫廷里还有一位外国人,更加引人注目——来自法国阿图瓦的罗贝尔。他名声不佳,拥有法国王室血统,是腓力六世的姻亲、"最重要和特别的朋友"。据让·勒贝尔记载,他为腓力夺取王位出了不少力。1330年,罗贝尔试图通过假造文书占有阿图瓦,那本是他姨母所继承的封地,但他的骗局最终被揭穿了。两年后,罗贝尔的姨母死了,据推测是被毒死的,罗贝尔因涉嫌杀害姨母被判处死刑。据弗鲁瓦萨尔记载,他"被逐出了法国国境"。还有传言说(很可能是真的),他曾经施行过巫术。1336年,罗贝尔来到英格兰。尽管法王腓力曾威胁说,他会与任何收留罗贝尔的人为敌,他仍受到爱德华的热烈欢迎,并受封为里士满伯爵,拥有3座城堡和丰厚的年金。罗贝尔流亡英国后,进一步煽动爱德华对腓力的敌意,使之达到白热化阶段。"他总是待在爱德华国王身边,不断建议他向腓力挑战,因为腓力错误地剥夺了他的继承权。"正是罗贝尔在1338年一手导演了温莎宴会上的"苍鹭之誓"——整个英国宫廷宣誓协助爱德华国王夺回其3位舅舅曾佩戴过的王冠。罗贝尔也为爱德华联络到法国北部一些心怀叛意的贵族。许多年后,弗鲁瓦萨尔还听人说,爱德华国王对"罗贝尔爵士"是多么地信任。

爱德华的王后也为英国联络低地国家发挥了相当大的作用。埃诺的菲丽帕在12岁时就同14岁的爱德华相爱了，两人在1328年结婚。两年后，菲丽帕就给爱德华生了第一个儿子，也就是未来的"黑太子"，之后她又为爱德华生育了许多子女。菲丽帕是一个美丽迷人的比利时女子，身材高挑，鼻子略微向上翻，眼睛和头发是深棕色的。尽管爱德华到处留情，她却始终对他忠贞不渝。她敏锐又理智，唯一的缺点就是有些浮夸，喜欢过度打扮自己。菲丽帕的父亲是埃诺、荷兰和西兰伯爵"好人"威廉。她为爱德华牵上了不少非常有用的关系。

英国人眼中的佛兰德斯就像法国人眼中的苏格兰——都是战争中有用的盟友。1336年底，爱德华给低地国家的神圣罗马帝国贵族们写信，抱怨法国国王用"阴谋诡计"针对他，试图夺取吉耶纳。但许多贵族仍忠实地保持着同腓力的友谊。1337年春，爱德华派出一队精心挑选的使臣前往埃诺，包括由索尔兹伯里伯爵、亨廷顿伯爵和林肯主教率领的60名骑士。他们不久后就发现，用钱可以收买对抗法国的盟友，其中包括格德斯伯爵、于利希伯爵和林堡伯爵。他们付给布拉邦公爵6万英镑，这是整个英格兰和吉耶纳年收入的总和。他们还同意把英格兰羊毛官方交易和储藏地设置在安特卫普。

英国人很擅长搞贸易禁运。佛兰德斯是欧洲的布料生产基地，依赖从英格兰进口的羊毛。佛兰德斯伯爵路易·德·内维尔是个不太受欢迎的家伙，他顽固地保持着对腓力的忠诚，下令逮捕领地内的英国商人。1336年8月，爱德华下令禁止向佛兰德斯出口羊毛，而英国几乎垄断了羊毛生产。临近的布料生产中心，如布拉邦等城镇，也只有在保证不把羊毛卖到佛兰德斯的前提下才能获得英国羊毛。没过多久，佛兰德斯的羊毛织工就吃不上饭了，开始在整个佛兰德斯境内和法国北部沿街乞讨。在灭顶之灾面前，城市贵族和毛纺工人开始联合起来。1338年1月，根特城居民选举酿酒业富商雅各布·范·阿特维尔德为首领，之后雅各布迅速控制了布鲁日和伊普尔。据弗鲁瓦萨尔记载，雅各布雇佣军队驻扎在佛兰德斯的每个城镇和堡垒，既充当眼线，又是职业刀斧手——"他处死了每一个反对他的人"。1339年，路易伯爵被迫携家眷逃离佛兰德斯，此后这一区域就被3个主要市镇统治，类似一个共和国。当年12月，爱德华同意向佛兰德斯出口羊毛，将羊毛交易和储藏地移到布鲁日，条件就是同雅各布·范·阿特维尔德及其枪兵团结成军事同盟。就连弗鲁瓦萨尔也承认，这支军队"兵强马壮"。

羊毛是"英格兰土地上的珍宝和主权商品"，是这个王国最宝贵的财富。为筹备苏格兰战争，英国已经在境内征收了重税，爱德华决定再从羊毛贸易中榨取一笔财富。1336年在诺丁汉，爱德华从产出的每一袋羊毛中获取了一笔借款，期望每年从中得到7万英镑的收入。他还同一群英国富商达成了一项有点不太可靠的交易，后者将为爱德华收购、出口和售卖羊毛，并获得出口羊毛的垄断权。为了获取羊毛，他还粗暴地征用了多德雷赫特的羊毛库存，用出口税（maletote）减免券补偿那些被迫交出存货的商人。（一个"羊毛袋"［woolsack］——大小与形状与如今议会上院议长的座席相仿——在当时价值

10英镑。①）爱德华原本指望用这个办法赚20万英镑，后来的事实证明，这个方案不仅代价高昂，而且收获甚微。

　　为了筹款，爱德华三世还想了一些更不可靠的办法。他向伦巴第银行家大举借贷，巴尔迪、弗雷斯科巴尔迪和佩鲁齐家族都是他的债主。他还向尼德兰商人、英国羊毛商借款，用英国羊毛或吉耶纳酒税做抵押。几乎所有借钱给他的人都破产了。对爱德华三世来说，最重要的就是为战争筹集足够的资金。他是真心希望能找到一个快速赚钱的办法。公正地说，至少他在征税前征求了臣民的意见，爱德华一世的遭遇和爱德华二世的堕落已经充分显示了这么做的必要性。爱德华一次又一次向御前会议和议会解释自己的需求，而且他的需求通常得到了议会的认可。1343年，他的一个大臣提醒议会说，这场战争是在"主教、贵族和平民的一致同意下进行的"。爱德华甚至在地方这一层级阐释了自己的意图。1337年秋，爱德华发出一项王室声明，下令在英格兰每一个郡的法庭上予以宣读，告诉人们"恶毒的法国国王不会接受和平，也不会接受任何一个停战条约"。不过，这些解释并不能让人们甘愿缴纳更多税金。

　　在军事动员方面，爱德华也面临许多困难。当时，旧式的封建军事体系已逐渐消失，爱德华只能用"订立契约"的方

---

① 从爱德华三世开始，他要求他的大法官坐在一袋羊毛上，用来象征羊毛贸易对英王国经济的重要性。担任此职位的人从中世纪起一直到2006年还兼任议会上院议长；2005年英国宪法改革法案将这两个职位分开了，上院议长仍旧坐在这个席位。因此，"羊毛袋"还指英国上院议长。

式雇用军事首领。军事首领们依照契约招募一定数量的军队，契约对军种、服役时间和报酬都有规定。然而，爱德华的步兵团——无论是威尔士刀手，还是英格兰长弓手——都是通过传统的"行伍委任状"招募的。招募官通常是当地有一定军事经验的乡绅；治安官和行政官会召集当地16至60岁男性，招募官会在其中选择那些理论上最适合当兵的人。在具体实践过程中，还有一个不确定因素：据估算，爱德华三世军中约12%的人都是法外之徒，很多人犯有谋杀罪，希望通过入伍当兵获得"赦免状"减免刑罚。爱德华还须为这些人置办武器装备，付给他们兵役钱。

理论上，腓力六世应该没有财政方面的烦扰。但尽管法国很富有，统治者要想染指它的财富却极其困难。与英格兰不同，法国没有单一的税收体系，也没有可供咨询的议会。13世纪发起的针对公爵和伯爵们的中央集权化运动，并未深刻触动地方议会和财政体系。1337年，腓力发现自己无法支付官员的薪资，因为一些地方议会拒绝支付他所要求的数额，部分地方议会甚至一分钱也不打算出！腓力指示官员们同地方讨价还价，恢复了地方贵族某些古老的特权，还赋予他们一些新的特权，许诺未来减免税收，还在讨价还价的时候保持"态度和蔼、愉快和温柔"。他允许各地方议会升格为贵族、教士和平民的"三级会议"，并助长了这样一种观念，即开征新税必须得到三级会议的同意。最终，腓力成功地从炉灶税、出口税和其他一些资助中获取了充足的资金，在其统治后期还开征了盐税（gabelle）。他还数次使货币贬值，召回之前发行的"粗图努瓦"银币（gros tournois），重铸为质量更差的货币。他还把空缺的教会圣职攥在手里，将原应发给任职者的圣俸据为己有，从教会刮走了一大笔油水。除此之外，腓力还向教宗借了100万金弗洛林。

腓力必须想尽一切办法支付军队的佣金。12世纪后，国王以封土换取臣属军事服务的封建体系在法国已逐步瓦解，多年来，许多贵族都拒绝上战场。上战场的人也希望得到报酬，正如英国军队日渐以契约的形式来招募士兵一样。不过，腓力想办法弄到了钱，足够支撑一支强大的军队。1340年，腓力在吉耶纳边境部署了2万名重装骑士，在佛兰德斯边境部署了4万多名重装骑士。百年战争初期上演的最真实的戏剧莫过于英法两国君主努力在自己庞大却摇摇欲坠的国土上搜刮财富，为战争做准备。

慢慢地，法兰西和英格兰终于要兵戎相见了。1337年5月24日，法国国王腓力宣布，"因英王爱德华不断反抗和背叛法国王室"，剥夺其对吉耶纳的权利。腓力尤其谴责了爱德华对"巫师"阿图瓦的罗贝尔的庇护行为。这段声明通常被看作英法百年战争的起点。当年10月，爱德华正式向"自称为法国国王的瓦卢瓦的腓力"下战书，宣示自己对法国王位的继承权。

腓力六世立即向吉耶纳发起了持续3年的猛攻。1339年，腓力的军队攻下了位于吉伦特河口北岸的布莱，对波尔多地区通往英吉利海峡的入海口造成威胁，1340年又攻占了多尔多涅河口的布尔。在加隆河沿岸，法国军队再次占领了拉雷奥尔，围攻公爵领首府附近的圣马凯。除扰乱主要交通线之外，法国军队将"两海之间"产区（Entre-deux-mers）和圣埃美隆产区大片富饶的葡萄园夷为平地，决心占领波尔多全境。1340年，腓力将注意力转向别处，吉耶纳才幸免于难。

与此同时，爱德华及其盟友形成了对法国的包围圈。1337年8月，通过大规模贿赂，他与王后菲丽帕的姻亲、神圣罗马帝国皇帝路易四世（他当时已被教会施以绝罚）结为盟友。爱德华同菲丽帕在安特卫普设立总指挥部后，立即赶往科布伦茨同路易会面。路易许诺在"7年内"帮助爱德华对抗腓力，并任命爱德华为神圣罗马帝国的代理总司令，掌管帝国除德意志以外的所有土地。从理论上说，爱德华现在能够以领主的身份召集所有低地国家的贵族，甚至包括勃艮第伯爵和萨伏伊伯爵，但这官职实际上只不过是虚名一个。此后，爱德华和菲丽帕回到安特卫普，在1338至1339年之间的那个冬天定居于此，"将宫殿修缮得高贵威严，并在安特卫普大量铸造金银钱币"。

当爱德华在享受外交胜利之时，他的国土正遭受武装私掠船的侵袭。1338年3月，尼古拉斯·比裕什率船队烧毁了整个朴茨茅斯，只留下教区圣堂和医院。几个月后，休·吉耶雷带着5艘满载的船驶离瓦尔赫伦，其中包括爱德华为自己建造的"满载金钱和羊毛"的"克里斯托弗"号。1338年10月，南安普敦陷入一片火海，之后，根西岛被占领。第二年，法国人劫掠了从康尔沃到肯特的整个英国南部，袭击多佛港和福克斯通港，使整个怀特岛陷入战争的血与火之中，他们甚至出现在泰晤士河口一带。法国战舰日益成为佛兰德斯羊毛运输船的一个严重威胁，也对每个夏天来往于南安普敦和波尔多的运酒船造成巨大影响。任何前往法国的英国船只都有可能遭到拦截。

事实上，英格兰正面临一场全面的外敌入侵。早在1333年，一些消息灵通的英国人就开始担忧腓力的十字军舰队会入侵英国。而1338至1340年间法国舰队的劫掠活动，又使可怕的谣言在沿海一带居民中传播开来。据传言说，被绑架的肯特渔民惨遭凌虐，在加莱游街示众——这些传言并非没有根据。英国南方的每一个郡都自发组织了海岸自卫队。1339年3月23日，腓力六世下令征服英格兰。比裕什曾提出要尽量多地摧毁英国商船（包括渔船），但这一建议没有得到采纳——建立一支"海上大军团"更为重要。在一年多的时间内，有200多艘战船集结在西兰海岸茨文河口的斯鲁伊斯港。（当时斯鲁伊斯是一个非常重要的海港，现在茨文河早已被泥沙淤塞。）

1339年春天，英国人狠狠地回击了法国人的劫掠，袭击了勒特雷波尔港。当年秋天，英国舰队驶入布洛涅港，烧毁了锚泊在这里的30艘法国战船，绞死舰队司令，并将城镇付之一炬。但法国舰队的规模仍在不断扩大。法兰西元帅米勒·德·努瓦耶计划率6万士兵驶过英吉利海峡。

爱德华疯了一般地四处搜集钱财，试图在陆地上对抗腓力。1337年，他组织了1.5万人马，由北安普敦伯爵威廉·德·博亨带队侵扰佛兰德斯伯爵领地，这次远征的花销非常大。1339年，爱德华典当了他为自己加冕为法国国王而制作的王冠，在此之前，他已经当掉了英国王冠。9月，他终于能够从低地国家御驾亲征法国，一支小规模的英国军队在安特卫普同他会合，再加上一些明显不太靠得住的德意志和荷兰雇佣兵，还有布拉邦公爵。爱德华率军缓慢行进至皮卡第，故意捣毁蒂耶拉什全境，包围了康布雷。腓力从圣康坦率领一支由骑兵和步兵组成的3.5万人的军队迎战爱德华。

爱德华担心遭到腓力的袭击，在弗拉芒戈里附近将军队分为三列：英国军队在最前，德意志诸侯及其军队位列其后，布拉邦公爵率布拉邦军和佛兰德斯军在最后。（英军队列的中间是重装步兵，两翼为弓箭手——爱德华在6年后的克雷西战役中还会用到这一战术。）腓力要求两军派出骑士代表，以决斗定胜负。这极大地激发了英国贵族们的骑士精神，而腓力后来却很没风度地取消了这一决定。更糟的是，尽管腓力的兵力是爱德华军队的两倍还多，他却始终拒绝开战。两军对峙了不到一个月时间，爱德华被迫撤退。

之所以要特别提到1339年的这场战役，是因为法国非战斗人员在其中遭受了巨大的痛苦。中世纪战争的惯例是尽可能地破坏敌人的城镇和乡村，以达到削弱敌方统治的目的。英国军队在苏格兰战场上养成了这一极其卑劣的习惯。在战斗期间，爱德华给年轻的威尔士亲王写信，信中描述了他的军队是如何劫掠并烧毁敌人的村镇的，"整个地区一片狼藉，谷物、牛羊和所有货物都一扫而空"。每个小村庄都燃起烈焰，每一间房屋都被洗劫一空后放火烧毁。就连修道院、教堂和医院都没能幸免于难。好几百个平民被杀——无论男人、女人、儿童，也不论教士、商人还是农民，数千平民忍饥挨饿，逃往临近的堡垒。爱德华看到了这种"全面战争"在人口如此稠密、如此富裕的地区所能达到的效果，于是他们尽可能多地采取"骑行劫掠"（chevauchée）战术，派骑兵对法国领土进行彻底地毁坏，希望法国人最终厌倦战争（就像4个世纪之后谢尔曼将军在佐治亚州进行的大屠杀行军）。英国人显然对自己的所作所为感到非常满意。爱德华的顾问乔弗里·斯科罗普大法官曾将一名法国枢机主教"带到一座高塔之上，让他看看从这里到巴黎周边的农村地区，每隔15英里就有一处冒着浓烟"。斯科罗普问主教："阁下，您难道没有看到，围绕着法兰西的丝线已经断裂了吗？"面对此情此景，枢机主教颓然倒地，"就像死了一般，既恐惧又悲痛，四肢瘫软躺在塔顶上"。

一些远离事件中心的观察者也同样感到恐惧。教宗本笃十二世给巴黎送去6000金弗洛林用来救济难民。负责分配教宗赠金的厄镇教区执事长留下了一份书面报告，其中提到7879名领受救济的战争受害者，其中大多数人都极度穷困（但是他没有估算战争中的死亡人数），几乎所有人都是纯粹的农民或手工业者。他还记录了174个教区在战火中被焚毁的情况，大多数教区连同教堂在内都被烧得一干二净。

当前，爱德华比任何时候都缺钱。他用最后一点钱收买了雅各布·范·阿特维尔德，与之建立了联盟，之后将儿女和正在怀孕的妻子留在根特做担保人，返回英格兰继续筹钱。（他第3个得以长大成人的儿子就是在根特出生的，当时他并不在场，这个儿子此后被称为"冈特的约翰"，冈特就是根特在英国的名称。）研究百年战争的著名历史学家爱德华·佩鲁瓦写道，在这个时候，"除了爱德华三世之外，所有人对战争都不抱希望"。

1340年2月6日，爱德华在返回英格兰之前，在根特主持召开了一场令人难忘的会议。他当众穿上了绘有法兰西纹章的罩袍，在四分格的盾形徽章上，左上和右下为天蓝底金色百合花纹章，右上和左下为他自己的红底金色狮子纹章，他把自己装扮为法兰西国王。（据说，这个主意是雅各布·范·阿特维尔德提出的，这样一来，爱德华就不仅仅是佛兰德斯枪兵团的同盟，而是他们的国王了。）此外，爱德华还发表了一份精心措辞的声明，这份声明不仅是对法国贵族们说的，也针对平民。他承诺"恢复我们的祖先圣路易时期的法律与习俗"，减免赋税，停止铸造劣币，"在贵族、高级教士、大商人和忠诚的封臣们的建议下治理国家"。他把自己打造为地方独立势力对抗瓦卢瓦王朝中央集权的代表，为法国提出了瓦卢瓦家族统治之外的第二选项。

爱德华又向腓力寄去一封言辞挑衅的战书，要求同他在战场上一争高下，"夺回你从我手中夺走的本该由我来继承的王位"。这场战斗要么由两位国王以骑士比武的方式进行——这非常符合骑士精神，但并不公平，因为腓力已经47岁，而爱德华才28岁；要么由双方各派出100名精锐骑士参战。

爱德华从未取消这一挑战，因此瓦卢瓦和金雀花王朝之间的争斗永不停息。虽然未能使法国国王与他一较高下，爱德华三世还是展现出了超人的决心和机会主义倾向。相比之下，以中世纪的标准来看，腓力六世已近老年，完全处于守势。虽然腓力标榜自己喜爱骑士比武，但他成功地引诱爱德华入侵法国，又拒绝与其战斗，准备静候其耗尽钱财，不战自败。

第 2 章

克雷西

1340—1350

因此，伐路瓦（即瓦卢瓦），你说，你愿在镰刀伸进麦地之前就认输吗？

——莎士比亚《爱德华三世》

仁慈的上帝，救我们脱离战争、杀戮和突然的死亡。

——《连祷文》

百年战争的下一阶段,是爱德华三世面对国内外诸多挫折仍不屈不挠,最终取得胜利的故事。尽管被封锁在佛兰德斯,这位顽强又可畏的国王仍向布列塔尼、吉耶纳、诺曼底甚至巴黎四面出击。不过,他的第一场胜仗是在海上打的。

1340年春,爱德华从根特返回英格兰。他召开议会,说如果不加征新税,他就必须回到低地国家为所欠债务坐牢。议会对爱德华的夸大其辞明确表示不满,但还是勉强授予他在两年内征收"九分之一"税的权力,即在英格兰每一块土地上出产的小麦、羊毛和羔羊肉,以及城镇手工业者的产品中抽税九分之一。作为回报,爱德华须允诺取消某些税种,并进行一系列政府改革。不过,爱德华终于可以回根特赎出自己的妻儿,并再次对阵腓力了。他又招募了一支军队,在萨福克港集合一支舰队用于运兵。他还打算顺道在斯鲁伊斯港解决掉法国的强大舰队。

与编年史家乔弗里·勒贝克所说的不同,爱德华的这一计划酝酿已久。敌军舰队的规模已然十分庞大,除法国战船外,还有热那亚和卡斯蒂利亚的战船。卡斯蒂利亚是法国的盟友;热那亚人则是雇佣军,由经验丰富的海军将领巴巴内拉(法国人称其为"巴贝努瓦")率领。爱德华征用了他所能找到的全部船只，事实上，许多人被强迫入伍，为他掌舵、战斗。即便如此，爱德华的海战专家罗伯特·莫雷和佛兰德斯人让·克莱布仍警告说，双方兵力差距太大。爱德华认为他们试图恐吓他："但我还是打算出海，那些害怕的人就待在家里吧。"1340年6月22日，爱德华最终从萨福克的奥威尔港出发，他自己乘坐"托马斯"号战船。途中，北方舰队司令莫雷男爵率50艘战船加入爱德华的舰队。这支舰队最终达到了147艘的规模。

这些战船很有可能都是柯克船（cog）。英国政府拥有一批改造过的柯克船，又称"国王战船"。这种船有很多缺点，却是专门为战争打造的。柯克船原本是商船，为运送羊毛、红酒、牲畜和乘客而设计，吃水浅，体量小——一般只有30至40吨位，有些时候能达到200吨位——能进入大船无法到达的小溪和浅湾。这种船的船壳采用搭接结构，龙骨很窄。船头和船尾都做成圆角，能适应所有天气和北海的水文环境。柯克船很适合运兵，但很难称之为战船——尽管可以在船头和船尾修建战斗专用的平台。柯克船的战术非常简单，就是航行至敌舰上风向，尽力击沉敌舰或致使其搁浅。

柯克船只有一面方形的风帆，船舵也较为原始，操控起来非常缓慢，如果遇到那种专为海战打造的战船，例如装有撞锤和投石器、船桨易于操控且机动性强的地中海桨帆船，就会面临极大的危险。近40年来，法国一直维持着王室船坞的运转，这个船坞——鲁昂的大造船厂——由热那亚人修建，专门制造这种地中海桨帆船。若战斗在宽阔的海面上进行，爱德华将处于相当不利的境地。

1340年6月23日，英国舰队从布兰肯贝尔赫对面的西兰海岸启航。侦察兵先上岸四处侦察，回来后向爱德华报告在斯鲁伊斯港所看到的景象："战船如此之多，其桅杆就像一片巨大的森林。"爱德华留在海上，同下属整日商讨作战细节。

法国海军司令休·吉耶雷和尼古拉斯·比裕什是"卓越的战斗专家"，但并不是航海专家——比裕什还当过税收官。法国舰队与热那亚和卡斯蒂利亚舰队之间也缺乏配合。巴巴内拉恳求司令们让他出海作战，用3艘地中海桨帆船在海上对抗英国柯克船，但将军们坚持留在船坞内，与英国人在陆地上开战——这正中爱德华下怀。法国人将舰队编为3个中队，从河口到海面依次排开，用锁链将船只连在一起，用木板和装满石头的小船设置障碍。第一中队的每艘船都装有4门大炮，由十字弓手负责掩护，船员都是佛兰德斯人和皮卡第人，它的一端与英国柯克船首先交火。第二中队的船员来自布洛涅和迪耶普，第三中队则是诺曼底人。但船上的2万名战士基本都是强征入伍的普通人，大多数都没见过战场是什么样。据说，整个"海上大军"里只有150名骑士和400名专业十字弓手，其他都是惊恐的渔民、驳船船员和码头工人。

当晚，爱德华将英国舰队编为3个中队，3艘船为一组——两个侧翼是2艘载满弓箭手的船，中间1艘是载满重装骑士的船。他还编制了第四中队作为后备军，船员全部都是弓箭手。早晨5时，他下令起锚，扬起风帆等待涨潮。当他的舰队转舵驶向斯鲁伊斯港时，既顺风又顺水，且背向阳光。巴巴内拉马上察觉到了危险，对比裕什说："将军，英格兰国王的舰队朝我们驶来了,快命令舰队出海吧!如果还留在这堤坝后面,英国人得到风向、潮水和阳光的助力,就会把你们困在这里动弹不得。"但这最后的绝望呼声并没有得到回应,这位热那亚人迅速下令起锚,及时逃脱了厄运。

大约9时,英国舰队径直驶入港湾,而法国舰队还停泊在那里,"好像一排排城堡"。一位对本国军队的表现如痴如醉的英国编年史家这样写道:"十字弓和长弓射出的箭像一片铁云一样飞向敌人,立时杀伤了上千敌军。"随后,英国舰队冲入法国舰队之中,与之缠斗在一起。重装骑士们挥舞着长剑、战斧和半长枪登上敌舰,同时弓箭手继续一波又一波放箭,船员从桅顶扔石头、铁闩和石灰弹;还有一些潜水员钻入敌舰下方,试图在船体上凿洞使之沉没。战场不断从这艘船转到另一艘船。

战斗刚开始不久,英国方面就有一些伤亡,那是一艘"满载着伯爵夫人、小姐、骑士的妻子及其他一些女眷的柯克船,她们准备前往根特看望王后"。尽管受到弓箭手和步兵的重重保护,这艘船还是沉没了,据说是被大炮击沉的。女人们在水中垂死挣扎时发出的尖叫一定激发了英国人强大的战意。

弗鲁瓦萨尔见到了这场战役的亲历者,他在编年史中写道:"战斗十分残酷激烈,因为海战比陆战危险性更高,在海上无法撤退或逃跑,除了战斗之外别无选择,只能听从命运的安排,每个人都必须表现得英勇。"爱德华国王也加入了激战,腿上还挂了彩——他的白色皮靴上都是血。重新夺回由热那亚十字弓手守卫的"克里斯托弗"号的战斗尤其惨烈,但最终"英国人赢回了战船,杀掉了船内所有人,并将其物品掠夺一空"。英国人发现,要攻占卡斯蒂利亚舰队有相当大的难度,因为舰船的边缘太高了。战斗"从早上一直持续到中午,英国人伤亡惨重"。

最终,英国弓箭手起到了相当大的作用,在十字弓射出一支箭的时间内,长弓可以射出两到三支箭,完全压制住了法舰的第一中队。许多法国士兵从船上跳入水中,他们受伤的战友随后也被扔下了船。海里满是尸体,那些还没被淹死的人都分不清自己是浸泡在水里还是血里,而那些穿着重甲的骑士落水后直接沉入了海底。休·吉耶雷身受重伤后缴械投降,但马上就被斩首了。比裕什也在被俘几分钟后被英国骑士绞死。

法国海军司令的尸体被挂在"托马斯"号(英国国王乘坐的旗舰)上示众,这个场景在法舰第二中队间引发了恐慌,许多船员不加抵抗就自动投入水中。没人注意到黄昏的临近,因为海船燃烧的熊熊火焰点亮了天空。当夜幕降临,国王还留在斯鲁伊斯港前,"他整夜都住在船舱里……那里器乐齐鸣,锣鼓喧天"。

当夜,30艘法舰起锚逃走了,而迪耶普的"圣雅克"号还在黑暗中战斗——当她最终被亨廷顿伯爵占领时,甲板上足足堆了400具尸体。佛兰德斯渔民乘坐驳船,从背后偷袭其余留在港湾里的法国船只。第二天早晨,爱德华派让·克莱布和一支装备精良的小舰队追击逃走的敌舰。但他完全没必要为区区几艘逃跑的敌舰感到沮丧。整支法国舰队除部分趁夜幕逃走之外,都被俘虏或击沉了,数千名士兵葬身海底——"没有一个人逃脱，全都被杀死了"，弗鲁瓦萨尔的描写虽有些夸张，但并非毫无根据。

为向上帝表示感恩，爱德华到阿登堡圣母教堂朝圣。此后，他为斯鲁伊斯之战铸造了一种纪念金币，即价值6先令8便士的"诺博"。金币上的图案显示：爱德华头戴王冠，身挂佩剑，手持代表英格兰与法兰西王室纹章的盾牌，踏在一艘战舰上，乘风破浪。这些金币震惊了当时的英国人，甚至还有传言说，这些金币是由伦敦塔上的炼金术士铸造的。有一句歌谣这样唱道：

金币教给我们四样东西，
国王、战船、宝剑和大海的力量。

但斯鲁伊斯海战的胜利并没有为爱德华赢得英吉利海峡的控制权，更不用提其他海域了。仅仅过了两年，法国人就第二次袭扰了普利茅斯港。不过，这一战消除了英格兰所面临的迫在眉睫的入侵威胁。现在看来，斯鲁伊斯海战标志着英国人取得了战争的主动权——确实，对1340年的英国人来说，上帝是站在他们这一边的。

然而，爱德华距离法国王位还很遥远。7月末，他率领7名伯爵、9000名弓箭手、数千名佛兰德斯枪兵和一大群雇佣兵包围了图尔奈。尽管他的兵力达到3万之多，却没有投石机或攻城锤之类攻城器械，除了在城墙外扎营，别无他法。正如1339年一样，他的军队里还有通过契约雇用的荷兰和德意志贵族，这些人不停地相互争吵，坚持要爱德华按期支付佣金，时不时还随意地一走了之。

与此同时，腓力"对海军的失败异常愤怒"——只有宫廷弄臣才敢告诉他这个消息——他召集了一支比爱德华的军队更庞大的军队去解救被围困的图尔奈，其中有近2万名重装骑士。腓力采取了惯常的战术，拒绝同爱德华正面会战，而是把军队驻扎在周边小山上，从那里袭击爱德华的前哨和供给线。爱德华写信给威尔士亲王抱怨说："腓力在自己驻地周围挖了壕沟，砍倒了许多大树，我们无法近他的身。"爱德华的军队得不到军饷，本就躁动不已，不久后连补给和草料都快没有了。爱德华极度缺钱，完全无法给那些愤怒的雇佣军支付佣金，只得于9月25日在埃斯普勒尚同腓力签署停战协定。这时候，连爱德华都似乎有些灰心了。10月，他告诉教宗使者，如果腓力同意把阿基坦公爵领的全部主权交给他（就像亨利三世时期一样），就收回对法国王位的主张。这时，爱德华已经无法再从英格兰筹到一分钱，许多臣民都拒绝缴纳"九分之一"税，一些地区的收税官还遭到暴力抵抗。两个月后，爱德华从低地国家秘密逃走，以躲避那些吵闹不休的债主。

爱德华回到英格兰，满心怨愤。在他看来，就是因为政府无法提供充足的资金，其多年来的努力全都白费了。爱德华认为，最大的恶棍莫过于大法官、坎特伯雷大主教约翰·斯特拉福，他对税收的处理极为不当。爱德华甚至告诉教宗，斯特拉福故意拖欠资金，希望他战败被杀；更离奇的是，爱德华还暗示说，斯特拉福对王后菲丽帕心怀不轨，试图离间王后和他的关系。斯特拉福自己躲在坎特伯雷大教堂里寻求庇护，逃过了一劫，但他的许多手下都被抓了。不过，在把自己打造为第二个托马斯·贝克特之后，这位狡猾的高级教士把行政争议转化为宪政争议，指控爱德华违反《大宪章》，主张大臣有权利由议会来审判，并成功促使爱德华于1341年4月召开议会。大主教在议会内赢得广泛支持，爱德华也足够精明，以妥协换来了军事补给。不久之后，爱德华同斯特拉福达成和解。爱德华清楚地知道，他必须取得臣属的支持，尤其是那些大贵族的支持，这不仅是为了继续争夺法国王位，也是为了保住自己在英国的王位。

1341年，议会又拨了一笔款项，但爱德华还是没法还债。这笔债务包括向佛罗伦萨人借来的18万英镑。1343年，佩鲁齐家族破产（爱德华欠他们7.7万镑，还不包括利息）；3年后，巴尔迪家族也破产了。有一段时间，英国一小撮掌握羊毛贸易的本地金融家——其中包括有名的来自赫尔的商人威廉·德·拉波尔，后面还会提到他的家族——还试图借钱给爱德华赚取利润，但在1349年也亏惨了。不过，那时爱德华至少还可以依靠羊毛出口税。英国议会中有很多羊毛生产商，已经开始习惯每年缴纳这种令人讨厌的税。这部分是因为议会从国王那里夺取了控制税收的权力。事实上，百年战争对英国最重要的副作用就是促进了议会权力的增长。

1341年春天，布列塔尼公爵约翰三世去世了。争夺爵位的继承人有两个：一个是布卢瓦伯爵夫人让娜，她是约翰三世早已过世的弟弟的女儿；另一个是孟福尔伯爵约翰，他是约翰三世的同父异母弟弟。让娜是腓力外甥的妻子，腓力支持让娜成为布列塔尼女公爵——腓力自己是通过极其严格的男性继承法则获得王位的，对照看来，有些讽刺意味。于是，孟福尔伯爵约翰前往英格兰，宣告承认爱德华为正统的法兰西国王，被爱德华封为布列塔尼公爵和里士满伯爵（前里士满伯爵阿图瓦的罗贝尔不久前战死了）。对爱德华来说，支持他介入这场纷争的经济和战略因素相当充分。英国商船前往波尔多、葡萄牙和卡斯蒂利亚时不敢横跨风暴肆虐的比斯开湾，须紧贴着海岸前行，所以很有必要保证这些船只能够在布列塔尼的港口安全停靠，无需担心私掠船的侵袭。要保证去往加斯科尼的海路畅通无阻，英国就需要一位对英国友好的公爵统治布列塔尼的首府雷恩，正如后来为维持同印度的联系，大英帝国需要开罗和亚丁对其俯首称臣。

布列塔尼境内随即爆发了一场战争，战争的规模不大，但战况非常激烈。小贵族和西部的凯尔特农民站在孟福尔伯爵约翰这一边，大贵族和东部说法语的商人则支持布卢瓦伯爵夫人让娜。1341年11月，约翰伯爵被法国军队包围在南特，他手下30名骑士的头颅被越过城墙抛进城内。守城士兵大为惊恐，于是缴械投降，约翰本人被俘虏至巴黎。然而，约翰那勇敢的妻子为他留下了子嗣。1342年秋，爱德华三世亲自率1.2万人马前来解救约翰的妻子。他采取了野蛮的"骑行劫掠"战术，包围了公爵领内三大重要城市——雷恩、南特和瓦讷。腓力的儿子、继承人诺曼底公爵约翰率领一支大军前来解围，其兵力至少是爱德华的两倍。爱德华仿照腓力的战术，在城四围挖掘壕沟，巩固防御。战争从秋天拖延至深冬，天气阴冷潮湿，两军营帐都浸泡在水里。在这样阴郁的气氛中，经教宗使者斡旋，双方于1343年1月缔结停战协定。爱德华返回英格兰，留下一支部队在几个精心挑选的堡垒驻守，由令人敬畏的托马斯·达格沃斯爵士统率，继续孟福尔伯爵的事业。1345年孟福尔伯爵死后，他的儿子前往英国避难，在英国宫廷里长大，最终夺回了公爵领。因此，爱德华始终拥有布列塔尼这个坚定的盟友。

1343年秋，教宗克莱门六世成功促使英法两国召开和平会议，地点定在阿维农。英国人试图讨论爱德华对法国王位的继承权，而法国人则完全拒绝考虑这个提议。随后，英国人要求法国人用扩大吉耶纳地区作为赔偿，并免除吉耶纳对法国国王的一切封臣义务，使之获得完整的主权。事实上，只要达到这个目的，爱德华可能就会满足了。但腓力拒绝割让任何一寸土地，他给出的最终条件是：吉耶纳的疆域可以稍稍扩大，但不能交给爱德华，必须由爱德华的儿子作为法国王室的封臣领受。腓力六世自认为在谈判中占据有利地位。

当时，爱德华采取了新战略，以相对较小规模的兵力从三个方向进攻法国。他的中期目标可能是巩固英国在吉耶纳的地位，同时加强与佛兰德斯的联盟。格罗斯蒙特的亨利是爱德华在金雀花家族中的堂兄、德比伯爵和未来的兰开斯特公爵。1345年春，他在休·黑斯廷斯爵士的协助下袭击了上加斯科尼地区。他趁法军不备，占领了贝尔热拉克及许多其他市镇和城堡，包括拉雷奥尔。1325年，英国人曾经失去这座要塞，这次英国人花了9个星期坚持不懈地围困，终于攻下了它。这座堡垒高耸于吉伦特河畔，距波尔多40英里，据此英国人得以夺回有争议的阿让奈地区。这支军队还北上深入昂古莱姆，并迅速占领了这座城市。同时，托马斯·达格沃斯爵士进攻布列塔尼，击败了法国守备军。

1346年春天，法国人开始在西南方向大规模反攻，诺曼底公爵约翰率军于艾吉永（洛河与加隆河交汇处）围困德比伯爵。约翰公爵可能不像弗鲁瓦萨尔所说的拥有10万大军，但他很可能拥有2万兵马——这是法军中相当大的一部分了。这时，爱德华已经开辟了第三战线。现代读者在阅读当时留下的编年史、沉浸于充满骑士精神的英勇事迹时，可能意识不到，爱德华的战略是如此地充满现代性和专业性。

法国人预计英军会从佛兰德斯入侵，但这时雅各布·范·阿特维尔德已经被推翻，新任的伯爵更亲法国。爱德华出人意料地选择主攻诺曼底，开辟第三战线。这一选择或许只是出于偶然。弗鲁瓦萨尔听说，爱德华原本计划航行前往吉耶纳，但被海风吹回了康沃尔附近，在等待期间，一位重要的诺曼底领主建议他取道诺曼底。这位领主是阿尔库尔的戈德弗鲁瓦，他同腓力六世起了争执后逃往英格兰。他告诉爱德华，诺曼底人并不善战，"那里的大城镇都不设城墙，您将取得巨大胜利，在今后20年内都不会有人比得了"。

1346年7月5日，爱德华从波尔切斯特启航，率领"1000艘战船、舢板和补给艇"和约1.5万兵马。（这堪称军事后勤史上的一大成就，30年前爱德华的父亲在班诺克本战役中所率领军队也不超过1.8万人,而且那场战争是在陆地上进行的。)作为英国史上最成功的一支远征军,这支军队的构成——包括骑士、枪骑兵、弓箭手(骑马或步行)和刀斧手——值得细细研究。最为显著的特点是,这支军队中志愿者的比重大大超出以往,这些人渴望在战争劫掠中获取财富。贵族通过"战争契约"毫不费力地就能组建一大支军队。

1346年,英国的重装骑士还是以金属"锁子甲"为主要装备。骑士身穿带衬垫的短袍,再套上一件从脖子一直覆盖到膝盖的锁子甲,锁甲上部同一顶圆锥形的头盔系在一起,头盔正面一般是敞开的,偶尔会带有一个面罩。(巨大的桶形头盔在当时已经不流行了。)骑士还穿有胸甲和护肘甲,以及有活动关节的护腿。在所有护甲之外,他还要穿一件亚麻短上衣。相比法国骑士,英国骑士的穿戴非常古旧。在英吉利海峡的另一边,腓力的骑士们两肩和四肢都有护甲,头盔上装了带铰链、像长鼻子一样的面罩,面罩上还有呼吸孔。他们不穿短上衣,而穿一件更短的皮革罩衣。他们的马也装备齐全,马头有护甲,两肋有锁子甲或皮甲。英国和法国骑士的基本武器都是一把长剑,最初悬在身前,后来挂在左侧,右侧再挂一把短刀(用来为那些受了致命伤的人解除痛苦,所以又被称为"慈悲刀")。骑在马上时,骑士一般携带一根10英尺的长枪和一面小小的铁盾牌,有时还有一把短小的钢柄战斧。不骑马的时候,他们的武器一般是戟——一种枪和斧子的结合物。

只有重装骑士才能负担如此昂贵的装备。理论上,每名重装骑士还需要两名持械扈从和三匹马——一匹战马,一匹驮运装备，还有一匹用于平时骑行。"重装骑士"这一概念包括方旗骑士（knight banneret，日佣金4先令），下级骑士（knight bachelor，日佣金2先令）和骑士扈从（日佣金1先令）。[①]一些骑士只买得起一匹马，穿更轻更便宜的镶片皮甲，即一件缝了数片相互堆叠的金属薄片的皮革短上衣。轻装枪骑兵（日佣金1先令）同重装骑士一起作战，头戴金属帽，手着钢手套，身穿"夹克"（jack）——一件镶铁质铆钉的棉夹袄，很像现代的防弹衣。

"夹克"也是那些较为有钱的弓箭手的装甲，无论他们是骑马作战还是步行。他们的武器是著名的英格兰长弓，这种武器即将引发军事战术史上的一场革命。这种长弓实际起源于威尔士而非英格兰，在12世纪格温特战场上首次发挥显著作用。它能一箭射穿教堂的大门，使英国人叹为观止。从爱德华一世起，英格兰每一个村庄都要为国家的弓箭手部队做贡献。根据法律规定，所有农夫每周日都要练习射箭。到了1346年，长弓的规格更加标准化，每个弓箭手携带24支箭，其余箭支用手推车载运。一个弓箭手一分钟内可以射出10至12支箭，真正做到"铺天盖地"；长弓射程超过150码，在60码内可以射穿铠甲。伦敦塔内有一座生产弓箭的大型兵工厂，但略具讽刺意味的是，许多制弓用的木材都是从吉耶纳进口的。弓箭手

---

① 方旗骑士拥有自己的旗帜，能够率领一支小分队。他们的旗帜为正方形，而非一般的圆锥角旗、三角旗或梯形旗。他们的级别高于一般骑士，但是低于贵族骑士。下级骑士在别人旗帜下作战。而骑士扈从是为骑士拿武器或盾牌的人。

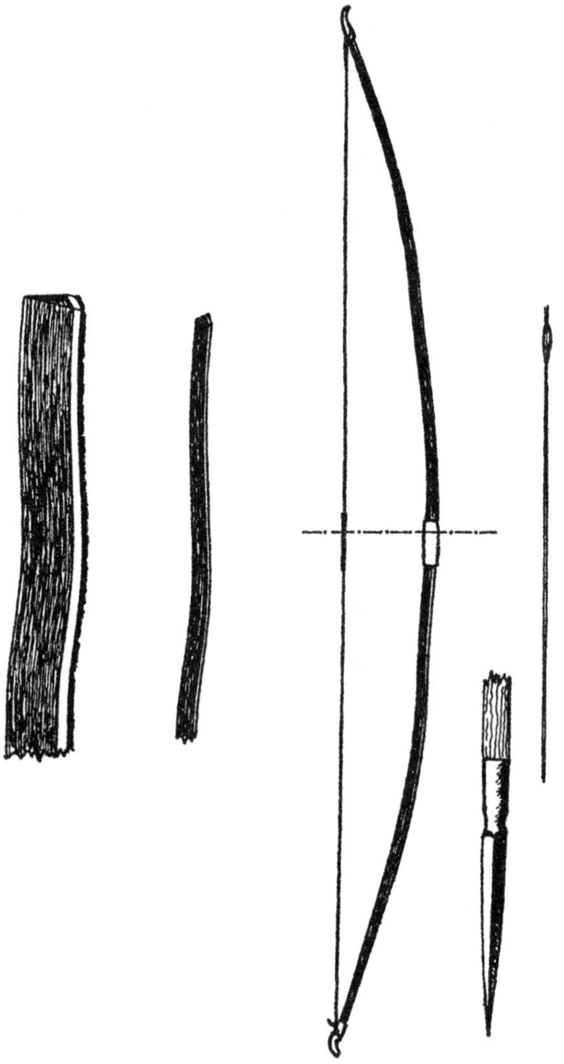

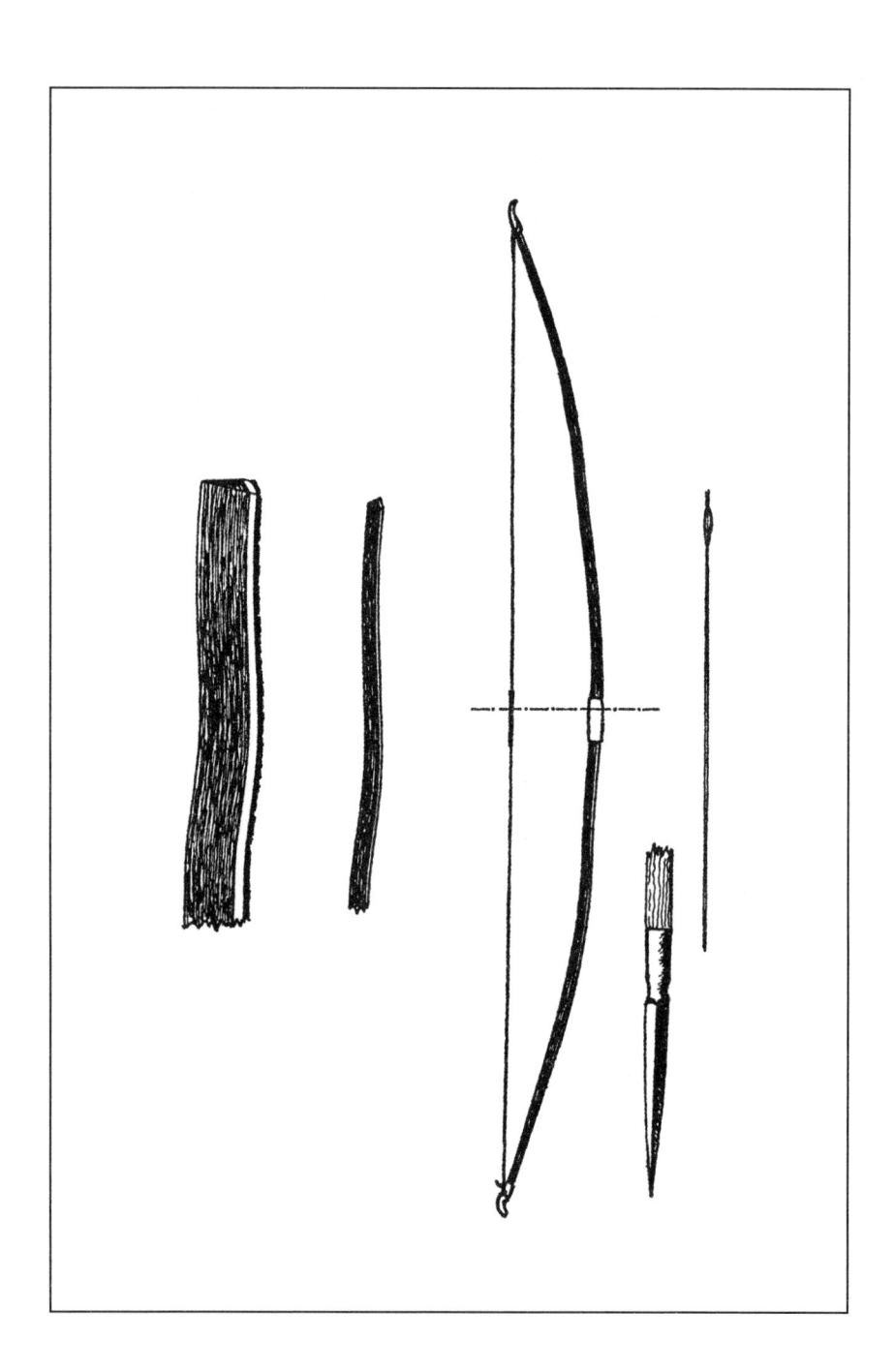

还随身携带一柄长剑、一柄钩镰、一把斧头或一个木槌（一种装有5英尺长柄的沉重木槌）。

爱德华三世讨伐苏格兰期间，骑射手首次亮相。他们携带一支长枪，日佣金6便士，这相当于一名手工业师傅的日薪。爱德华三世非常重视弓箭手，他从柴郡挑选了200名骑射手组成亲卫军，亲卫军身穿绿色和白色的特殊制服。骑射手和重装

长弓

用来制作长弓的木材有很多种，最好的是紫杉木。弓身用树干或较粗的树枝制成。粗糙的树皮下面有一层白色的边材，具有很强的抗拉能力。边材内部是红色的心材，抗压缩能力强，能为弓提供强大动力。紫杉木同时具备这两种木质的特性，成为制弓的最佳材料。制弓的工匠须顺着木材的纹理，在心材外部留下一层约八分之一英寸厚的边材。因此，不可避免的，用紫杉木制作的长弓曲度规格不一。

最左边的示意图是从树干上截下来的一段紫杉木；它右侧一幅图是经过粗加工的一段木材，外侧留有一层薄薄的边材。弓的两臂逐渐变细，当弓被拉开时呈现一个流畅的弧形。好弓的两臂尖端镶有牛角，上面有刻痕，或称"弧口"，便于绑上弓弦，有时候也在木头上直接刻出凹槽。弓的长度从5英尺8英寸到6英尺4英寸不等。

箭支长约30英寸，箭头有许多种形状，普遍认为一种被称为波金的箭头在战场上最具杀伤力。这是一种呈四棱锥形、表面经过硬化处理的钢制箭头，见示意图。弓弦由麻绳制成，一端捻接成一个圈，另一端系在木钩上。中间部分缠着线，保护绳子不被箭尾扣弦的凹槽和拉弓的手指磨损。弓箭手用来拉弦的手上通常戴一只皮革射击手套。

典型的战弓拉力约80至100磅。在箭射出的一瞬间，弓的两臂向前摆动，弓弦所承受的反弹力可达400磅，所以长弓必须至少能够承受600磅的最大拉力，才能保证其不会轻易断裂。

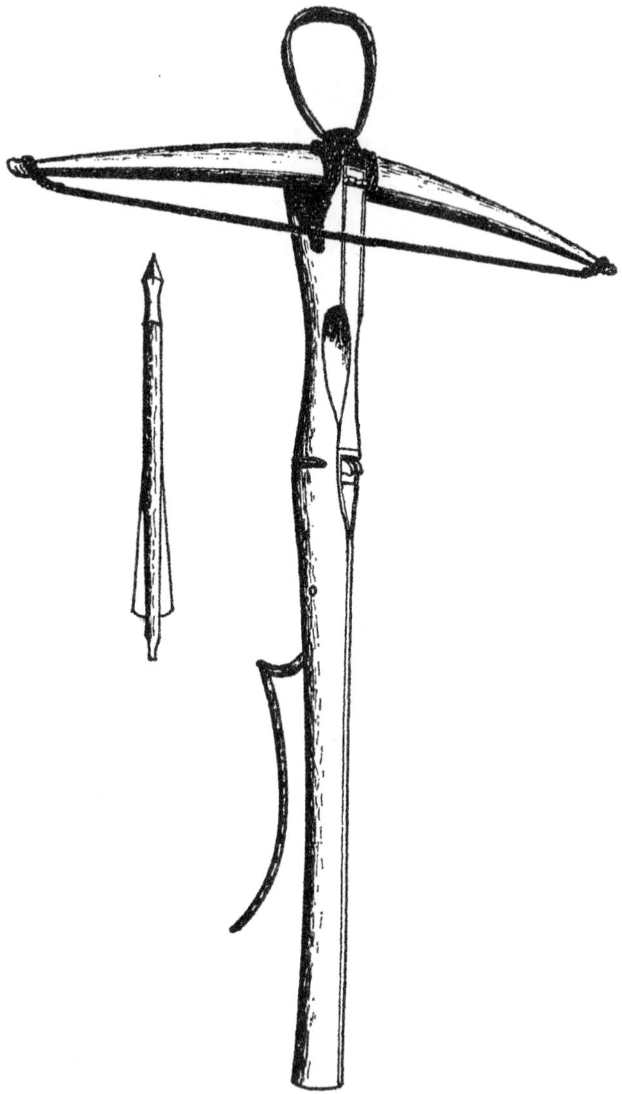

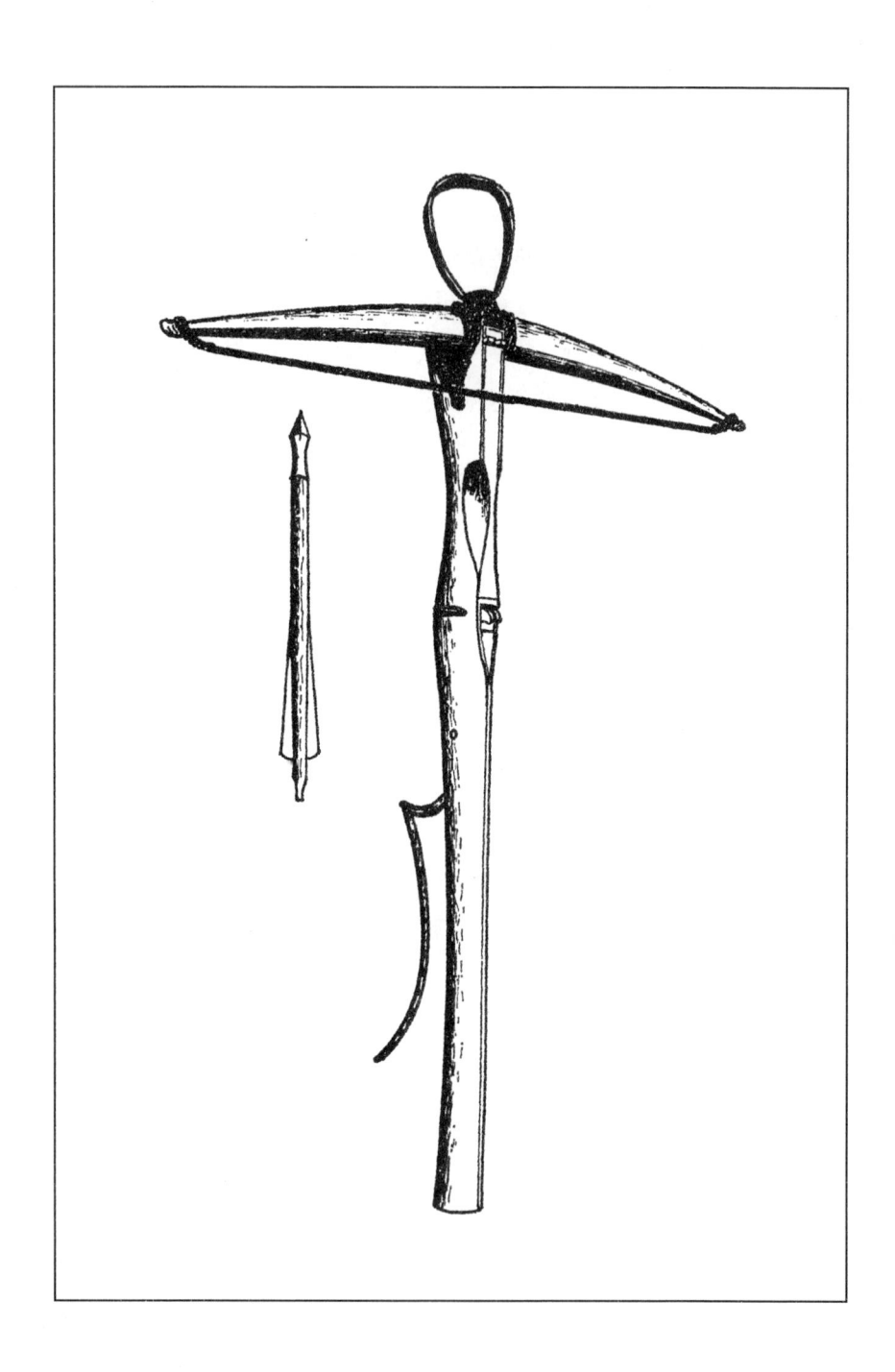

骑士一同构成了机动性最高的火力输出和最强的防卫力量。不过，骑射手的数量虽不断增长，但总是赶不上步兵弓箭手的人数。需要说明的一点是，因为无法在马上射击，弓箭手在作战时必须下马。此外，还要着重强调的是，弓箭手本质上是防御部队，只有在合适的地形条件下，在面对敌军的冲锋时才能发挥决定性作用。

在此之前，在英格兰疆域之外，长弓的杀伤力还不为人所知。法国人最喜欢的远程武器是十字弓。这是一种复杂的器械，用牛角和筋腱强化弓的力量。发射之前，十字弓手要把脚放在弓前端的蹬板上，把弓弦挂在腰间皮带的钩子上，这就意味着他先要弯腰屈膝蹲下，然后站起身子拉动弓弦，直至弓弦连上扳机。十字弓有一个瞄准器，能发射方镞箭一类较小较重的箭支。它的优势在于射程远、精度高、箭速快，劣势则是

十字弓

军用十字弓流行于14世纪后半叶和15世纪。弓长30英寸，宽26英寸，重约4.75磅。

弓托由木头制成，顶部覆盖着一层鹿角。实际的弓体由多种材料制成，包括木头、牛角和牛筋。弓前端有一个钢制踏板，便于用脚蹬上去撑开弓弦，把皮带和钩爪拉回到发射器上。

图中所示的弩箭是在战场上运用最为广泛的一种。箭体约15英寸长，箭轴为木制，箭羽则是皮革、牛角或木头。箭柄末端削成特殊形状，可以插入发射螺栓的耳片中；前端镶着一个鹿角制成的有沟槽的托。

器械自身较重（达 20 磅），射速较慢——一分钟内最多射出 4 支箭。

除此之外，在 1346 年，爱德华似乎还拥有了枪炮。这在历史学上仍是一个有争议的问题，但爱德华在 1345 年的确曾下令制造 100 架"风琴炮"。风琴炮由许多小管子组成，架设在手推车上，有点像 19 世纪 70 年代的米特留雷斯枪。除了对开炮者之外，这种武器几乎没什么杀伤力，而且它还会制造大量的噪音、火焰和刺鼻的黑烟。

爱德华军中还有很多轻装步兵，他们的日佣金是 2 便士。这些人充当侦察兵和散兵，他们来自威尔士、康沃尔，还有一些是爱尔兰"轻步兵"，装备短剑和标枪，"一些兵痞带着大刀步行作战"。这类兵种的特长是在重装骑士们的马下穿行，用刀捅马肚子。不过很多时候，他们只是负责割断受伤敌兵的喉咙。

现代研究者发现，中世纪军事供给的复杂程度要大大超过弗鲁瓦萨尔对"伟大而光荣的战争功业"的描写。大部分军队都依赖乡村为生，但在大军集结时，仍需设立补给仓库。军粮包括烟熏或腌制的肉、鱼干、奶酪、面粉、燕麦和豆类，以及大量的麦芽啤酒。这些通常是由各郡治安官在全英格兰范围内征收上来的，然后用马车沿着泥泞崎岖的道路、用驳船顺河流，甚至强征商船沿海路运送到军队集结点。除此之外，还有燃料和军火——包括攻城器械（石弩、石弓、抛石机和重型投石车）、兵器（尤其是弓木、箭头和弓弦）、火药和炮弹。在远征中，军队还需要大量的马匹。通常情况下，国王的巡佐强行"抓捕"运送军队和军需品的船只,连船上的水手也一并征用,并强制卸下船上原有的货物。征用船只需要花费很多时间,军队常常不得不在港口停留很长一段时间,之后才能出海。

1346年7月13日,英国舰队在瑟堡北部的拉奥格登陆。就像1944年的诺曼底登陆一样,诺曼底人完全没有料到英国军队会从这里登陆。而且,阿尔库尔的戈德弗鲁瓦所言一点不差,很多诺曼底城市都没有城墙。第二天,爱德华在科唐坦半岛发动"骑行劫掠",命令其军队烧毁磨坊、谷仓、果园、干草垛和玉米堆,敲碎酿酒桶,推倒并烧毁村民的茅草屋,将村民和牲口的喉咙全部割断,故意破坏这片富饶的土地。可以想象一下,农民们通常会遭受哪些折磨——男人饱受酷刑,不得不吐露财富的收藏地;女人遭多次强奸和凌辱,孕妇被开膛破肚。每次"骑行劫掠"必然伴随着恐怖活动,爱德华显然决意发动最大规模的"全面战争"(dampnum)——指中世纪以袭扰其臣民的方式向敌国国王发动的攻击。英国全军上下都尝到了劫掠的甜头。巴夫勒尔城投降之后并未免遭厄运,"(英军)在那里发现了许多金银珠宝,占领城市的恶棍们都不穿别的,只穿上好的毛皮大衣"。英军还烧毁了瑟堡、蒙特布尔及其他城镇,"获取了难以想象的大量财富"。阿尔库尔的戈德弗鲁瓦率500名重装骑士骑行"6至7里格①",一路烧杀抢掠,发现了令人惊叹的巨大财富——"农庄里装满粮食,房舍里全是

---

① 里格是一种古老的长度单位,用于表示海上和陆上的距离。用于海上时,1里格等于3.18海里,通常约等于3海里;用于陆上时,1里格等于3英里,即4.827公里。

财宝，市镇议员非常富裕，到处是运货马车、马匹、猪、绵羊和其他牲畜……但骑士们没有向国王以及任何一位指挥官报告其所得"。那些市民很有可能被押回英格兰以索要赎金，巴夫勒尔的全体市民的遭遇大抵如此。

7月26日，爱德华的军队抵达卡昂。这个城市比英国除伦敦外的所有城市都要大。英军很快攻破了城门吊桥，待守军投降后开始抢劫、强奸和杀戮，"士兵们都冷酷无情"。绝望的居民们开始从屋顶上向狭窄的街道内投掷石块、木棍和铁棒，杀死了500多名英国士兵。爱德华下令处死全城居民，烧光整个城市。尽管在阿尔库尔的戈德弗鲁瓦劝说下，国王收回了成命，但"英军还是在城里犯下了许多暴行，包括杀戮和抢劫"。劫掠持续了3天，约3000名城镇居民死亡。一名编年史家记载，英军"只拿镶有珠宝的衣服或非常值钱的装饰品"。英军用驳船把战利品运回海上舰队。爱德华获得的战利品比任何人都多，据弗鲁瓦萨尔记载，国王的"舰队装满了从卡昂收获的衣服和珠宝，还有一船又一船的金子、银子和其他财宝，全都运回英格兰；此外，还有被俘的60多名骑士和300多名市镇议员"——这些人是用来换取赎金的。

其中一名俘虏是卡昂的女修道院长，她当时一定强烈抗议道，俘虏她是违反基督教战争原则的。爱德华国王依照惯例，命令军队不得袭扰教堂等宗教设施，但尽管如此，很多修女惨遭蹂躏，很多宗教建筑也未能幸免于难。热兰的小修道院被彻底烧毁，后来，防守严密的特罗阿恩修道院也迅速被攻陷了。

卡昂的战利品中还有腓力六世1339年颁布的下令入侵英

格兰的国王令。爱德华拥有相当现代化的宣传鼓动天赋，他立即下令将其大量复制，在英格兰每一个堂区教堂里宣读。在伦敦，坎特伯雷大主教在一次华丽壮观的主教游行之后，于圣保罗大教堂当众宣读这份文件，"以鼓动民众"。

爱德华率军持续向巴黎进发，一路继续烧杀抢掠。据让·勒贝尔记载，士兵们除了战利品之外，还能得到国王支付的丰厚报酬。远方燃起的熊熊战火、惊恐的难民潮不断向腓力宣告英军的到来。腓力集结了尽可能多的兵力，形成一支大军，并派兵支援鲁昂——他很可能非常担心，如果爱德华占领了这座诺曼底首府，他将控制塞纳河下游，从佛兰德斯招募新兵。爱德华实现了他的主要目的，成功地把法国人的注意力从吉耶纳和布列塔尼移开，减小了兰开斯特和达格沃斯在另两条战线上所面临的压力。

英军最终来到普瓦西，其先头部队已烧毁了圣克劳和圣日耳曼两个小镇，法军从巴黎城墙上就能看到它们。英国国王无意进攻法国的首都——他没有合用的攻城装备，而且腓力在巴黎郊外的圣丹尼镇集结了一大支军队，从军队数量上看，爱德华无论如何都不是腓力的对手。法国人还拆掉了塞纳河沿岸所有桥梁，想把英军困在原地。但是，爱德华修复了普瓦西的桥梁，沿这条路向北撤退，一路上又尽可能地摧毁了所有可以摧毁的东西：他烧毁了马勒伊的城镇、堡垒甚至小修道院。此后，爱德华又被索姆河拦住，沿河的桥梁同样被法军拆毁。幸运的是，当地一个农民为他指点了阿布维尔下游一处砂质浅滩——又被称为"白底通道"。索姆河对岸有数千名敌军驻守，其中一些是热那亚十字弓手。英国弓箭手多次万箭齐发，使英军得以"在艰难的战斗中"在法军防线上撕开一个口子，冲出了包围圈。腓力的军队紧随其后，甚至还缴获了英军的一些装备，但河水突然上涨，把法国追兵阻拦在索姆河对岸。

渡过索姆河后，爱德华对上帝的仁慈表示感谢。此时，尽管兵力对比悬殊，爱德华再也不惧怕同法军一战了——如果情势不妙，他能马上撤退到佛兰德斯。无论如何，爱德华的大军由于被迫连日急行军，必须马上停下来休整；并且，英军的粮食、葡萄酒，甚至士兵的鞋子都已经用光了。于是，爱德华在克雷西－蓬蒂厄附近开阔的白垩山丘上安营扎寨。

爱德华在一片高地上发现了一个绝妙的位置。他的面前是"教士谷"，他的前面和右面有一条叫"麦河"的小河，防守条件极佳。他的侧翼是克雷西大森林，全长10英里，纵深有4英里。爱德华最有可能遭到来自前方的袭击，但这是一条向下延伸的斜坡，英国弓箭手能够拥有无比清晰的射击视野。英军经过减员后，还剩2000名重装骑士、500名轻装枪骑兵，还有7000名英格兰和威尔士弓箭手和1500名刀斧手，总共约1.1万人，但不同研究者估算的结果略有差异。看到敌人已近在咫尺，爱德华命令军队排成战斗队列。在右侧麦河边的斜坡上是时年16岁的黑太子率领的由4000名士兵组成的第一纵队（雷诺德·科巴姆爵士、约翰·钱多斯爵士和阿尔库尔的戈德弗鲁瓦等一干老将从旁协助）。这支部队的核心是800名重装步兵，组成一个长长的队列，大约有6排；两个侧翼特别安排了2000名弓箭手，当法军向中间的重装骑士发起冲锋时，他们可以从两翼向其射击；弓箭手后面则是刀斧手。在左侧，爱德华布置了第二纵队，由北安普敦伯爵和阿伦德尔伯爵率领，共有500名下马作战的重装骑士和1200名弓箭手，队形与右侧相仿。两个纵队的弓箭手在阵前挖掘了大量地洞，每个洞长宽与深度均为一英尺，以便绊住敌军的马腿，使其摔倒。爱德华亲自率领第三纵队——700名重装步兵、2000名弓箭手以及其余的刀斧手——他们在后方某个地点驻扎，充作后备力量。

据让·勒贝尔记载，爱德华点兵完毕后，"来到军中同每个士兵谈笑，鼓励他们不辱使命；在他的激励下，每个胆小鬼都变成了勇士"。他还命令士兵们，在得到他的允许前，不得劫掠受伤的敌军。让·勒贝尔写道："做完这些之后，他让士兵们打乱阵形，豪吃痛饮，直到战鼓响起。"（在附近的勒克罗图瓦城，军需官们找到了大量的葡萄酒，将一群群家畜赶进爱德华的军营。）弗鲁瓦萨尔写道："随后，每个士兵卸下头盔和弓箭，躺在地上休息，以便在敌军到来时精力更加充沛。"同时，在第三纵队驻扎的高地上，爱德华在一间磨坊里设立了指挥部，从这里可以纵览整个战场。当日中午，法军正在朝这边逼近的消息传来，爱德华下令吹响号角，士兵们迅速组成战斗队形。

这一天是1346年8月26日，星期六。腓力在阿布维尔待了一夜，满怀自信，因为他的兵力几乎是爱德华的三倍——至少有3万人，包括2万名重装骑士。但腓力很不幸，当他做完弥撒，迎着朝阳骑马走出阿布维尔时，他的大军还在陆续赶来，并且一整天都没有到齐。腓力像往常一样谨慎，派出4名侦察兵探寻敌军的部署情况。一位名叫巴泽耶的勒莫瓦涅的骑士回报说，英军队形齐整，整装待战。他对腓力说："或许您会很不高兴，但我还是建议您和您的军队今晚先原地休整，因为……现在天色已晚，士兵们都很疲累，军容不整，而我们的敌人正精力充沛，随时做好交战的准备。"这位骑士继续劝道，到第二天早晨，腓力的军队就能整队完毕，找到合适的突破口向英军进攻，"您的军队肯定会服从您的指挥"。腓力认为这是个好提议，于是下令军队停止前进，就地扎营。

但实际上，控制一支极其庞大的中世纪军队是非常困难的，而当时这朵"法兰西之花"已然彻底失控。前军试图停下来，而后面的重装骑士仍继续往前走，前军只得再次前进。"法国大军骄傲地向前冲，毫无秩序，几乎不成队列，直到他们看见英军在前方严阵以待，这时候再撤退就显得太羞耻了。"同时，从阿布维尔通往克雷西的道路两旁挤满了农夫和城镇居民，他们挥舞着宝剑和长矛，大声叫嚷着："砍倒他们！杀光他们！"最终腓力意识到他再也无法控制住自己的军队了。绝望中，他下令冲锋——"以上帝和圣丹尼之名，让热那亚人冲在前面，开始战斗！"这时已是傍晚，太阳开始落山。

号角与战鼓齐鸣，热那亚十字弓手排成一列横队，前进至英军前方150至200码范围内。这时，一场短暂且猛烈的雷阵雨几乎让他们浑身湿透。当热那亚人开始卸下方镞箭准备射击时，英国弓箭手已抢先一步射出了箭，速度如此之快，"就像下雪一般"。热那亚人背负着沉重的装备，已经走了很长一段路，极有可能在路上就已经丢弃了十字弓手在装载箭支时通常

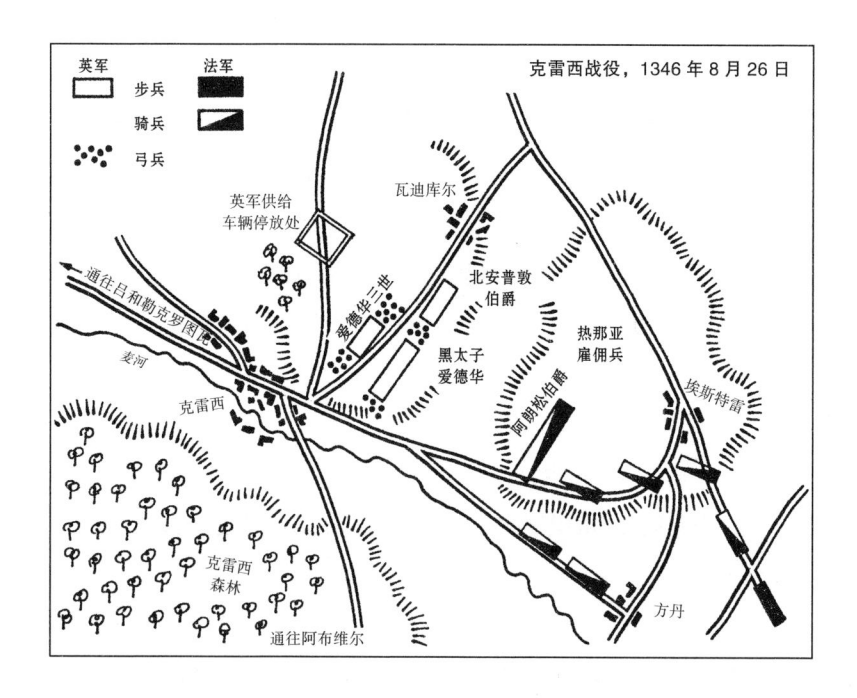

[克雷西战役示意图，1346年8月26日。图中标注：英军（步兵、骑兵、弓兵）、法军；英军供给车辆停放处、瓦迪库尔、北安普敦伯爵、爱德华三世、黑太子爱德华、热那亚雇佣兵、阿朗松伯爵、埃斯特雷、克雷西、克雷西森林、方丹；通往日和勒克罗图瓦、麦河、通往阿布维尔]

使用的防护大盾。这支热那亚前军非常脆弱，立时在密集的箭雨下纷纷倒地，这种滋味他们可从未尝过。他们疲惫不堪，士气低落，而落日恰巧穿过乌云重新出现，阳光晃得他们睁不开眼，幸存者们开始四散逃跑。这一阶段的战斗可能只持续了不到一分钟。

阿朗松伯爵被眼前的景象惊呆了，他认为热那亚十字弓手都是临阵脱逃的胆小鬼，于是呼喊道："驱马上前，踩倒这群挡路的乌合之众！"他麾下的重装骑士立即响应号召，发起冲锋，队形依旧凌乱不堪。可怜的热那亚十字弓手被马蹄踩踏，发出阵阵哀号，后面的法军以为英军正在被屠戮，也纷纷向前挤过来。结果，法军在坡下挤作一团，场面十分混乱，而英国弓箭手在坡上严阵以待，百发百中，几乎没有浪费一支箭；每个人都瞄准了目标，羽箭穿过盔甲，射穿了骑士的脑袋和身体，马匹发疯似的乱窜乱撞。有的马在慌乱中脱缰而逃，还有一些高高抬起前蹄，或转过身背对着敌军。"呼喊声震天动地，"让·勒贝尔写道。他曾经同战场亲历者交谈过，他记载道，当时马尸一具具堆叠起来，就像"一窝凌乱的猪仔"。

可以肯定的是，爱德华的枪炮也加剧了现场的混乱。至少有一名编年史家记载，爱德华的火炮——他仅仅提到了3门——让马群惊慌失措。这些大炮作为武器可能并没有什么大用，但它们发出的声响和烟雾一定让那些从没见过大炮的人感到害怕。

出人意料的是，在这种情况下，还是有一些法国骑士冲到了英军阵前，却被英国的士兵用剑和战斧砍倒了。或许就是在这时，或不久之后的另一次冲锋时，16岁的威尔士亲王被撞下马。他的掌旗官理查·德·博蒙特做出了一件惊人的壮举：他用威尔士旗盖住王子，奋力赶走袭击者，直到王子能够重新站起来。弗鲁瓦萨尔据此写了一个传奇故事：当时王子的同伴向国王寻求帮助，爱德华却拒绝了。"让那个男孩自己赢得胜利，上帝保佑，我希望他拥有全部的荣耀。"但另一个编年史家乔弗里·勒贝克说，事实上爱德华的确挑选了20名骑士去解救自己的儿子。这些骑士发现，王子和同伴们靠在剑和戟上休息，在一大堆尸体面前静静等待敌军的下一次冲锋。

其中一位冲到英军阵前的将领是波西米亚的盲人国王约翰。他命令仆从骑士带他一起冲锋，"这样我就可以用自己的剑刺向敌人"。这一小队人马用缰绳互相绑在一起，想办法冲过了英国弓箭手布下的防线，向重装骑士发起冲锋。波西米亚人同他们的国王一起倒在阵前，只有两人砍断缰绳逃了回去，向法军报告发生的一切。第二天，他们的尸体被找到时，仍然紧紧绑在一起。威尔士亲王被这位老国王的英勇感动，他将国王的徽饰"三根羽毛"和其上的座右铭"我尽忠职守"（*Ich dien*）当作自己的徽饰与座右铭。

法国军队共发起了15次冲锋，"从太阳落山直至后半夜"。在英军的箭雨下，每次冲锋都在混乱中开始、在混乱中结束。弗鲁瓦萨尔说，不在现场的人根本无法想象，更无法描述这混乱的场面，尤其是法军毫无组织和纪律的乱象。威尔士和康沃尔刀斧手将这场杀戮推上顶峰，他们"砍杀了许多倒在地上的人，无论是伯爵、男爵、骑士，还是扈从"。法军发起最后一次冲锋时已届深夜，四下一片漆黑。那时法军已经不剩多少骑士了——除倒在战场上的人之外，还有许多人趁夜幕降临悄悄逃走。腓力脖子上中了一箭，坐骑也战死了至少一匹。他在绝望中发起最后一次冲锋，发现自己只能召集到约60名重装骑士。埃诺伯爵拉住国王的缰绳，劝他离开战场："陛下，时候到了，从这里撤退吧！不要如此自暴自弃，这次输了不要紧，下次您还能东山再起。"他们骑马奔向6英里以外的拉布罗耶城堡，到达城堡时只剩下6个人。腓力向城堡主大喊："快打开城门，这就是法国的命运！"国王只停下喝了口水，又连忙在星夜下赶路，在亚眠找到了更安全的栖身之所。

夜已深了，英军还不知道自己的攻击造成了多大伤亡。他们在原地睡了一觉，因免遭灭顶之灾而如释重负，虔诚地感谢上帝保佑。英军一方的伤亡还不到100人。第二天一早起了很大的雾，"人看不到周围一英亩地以外的任何东西"。爱德华下令禁止追击，派出一支由500名重装骑士、2000名弓箭手组成的侦察部队，由北安普敦伯爵率领。这支队伍很快遭遇了一些地方武装，随后又遇到一些来晚了的诺曼底骑士。北安普敦伯爵很快击退这些残余军队，杀死了很多人。爱德华这时才发现自己已经获得大胜，命传令官清点尸体。他们发现了1500多具领主和骑士的尸体，包括洛林公爵、阿朗松伯爵、欧塞尔伯爵、布拉蒙伯爵、布卢瓦伯爵、佛兰德斯伯爵、弗雷伯爵、格朗普雷伯爵、阿尔库尔伯爵、圣波尔伯爵、萨尔姆伯爵和桑塞尔伯爵。弗鲁瓦萨尔或许夸大了法国军队中"普通士兵"的阵亡数字，但事实上肯定超过了1万。

爱德华打赢了西欧历史上的一场大胜仗。在克雷西战役之前，人们很少将英国人看作军人，认为法国拥有欧洲最强的军队。从战术和军事技术上来看，这场战役等同于一场军事革命，火药战胜了冷兵器。英格兰国王爱德华三世成为基督教世界中最有名的军事指挥官。

然而，爱德华也没有能力再把胜利往前推进一步。尽管腓力的军队已被摧毁，爱德华仍不敢率领疲惫的英国军队进攻巴黎。8月30日，他率军向海岸进发，想要占领一个港口。他选择加莱作为目标，并在9月4日抵达这里。加莱距佛兰德斯边境只有几英里，是距英格兰最近的海港。很快，英国舰队带来了补给和增援，把受伤的士兵连同战俘、战利品一起带回英国。爱德华本以为能毫不费力地拿下加莱，却发现该城的防御比他想象的还要坚固——加莱周围都是沙丘和沼泽，无处安放攻城器械，深邃的沟渠也使挖掘攻城隧道失去了意义。此外，让·德·维埃纳——一名英勇的勃艮第骑士——率领着一支顽强的守备军，决心在冬季来临前死守城镇，直到英国人被迫撤退。但爱德华拿下加莱的决心也同样坚定，他修建了很多小木屋，让军队得以过冬。让·勒贝尔说，爱德华"将小木屋整齐排列，布局犹如一条条街道，他还找来芦苇和干草盖在屋顶上，整个区域就像一个小小的城镇"。这个"小城镇"甚至还有赶集日，生意十分红火。很多英军士兵死于疾病，但其余的人在严酷的寒冬中继续围困加莱，破坏了城外约30英里范围内的乡村地区。春天到来时，爱德华又从英国召来更多援军，防止腓力趁机解围。英国议会非常配合，为远征提供了必要的资金。到1347年，聚集在加莱附近的英军达3万多人。这是军事管理史上的一项伟大成就——英国人不仅要把援军运过海峡，还要运送养活这一大支军队的大量的粮食和补给。

爱德华的真正武器是运用战船对附近海域进行严密封锁。牛津郡编年史家乔弗里·勒贝克说，爱德华认为"饥饿能钻进紧闭的房门，消磨被围困者的抵抗意志，并最终征服他们"。海边高耸陡峭的悬崖使小船无法沿海岸为城中守备军运送补给。一支庞大的英国舰队始终守候在海港外，他们还修建了一座木塔，塔顶装有投石车，用来击毁任何试图溜进港内的驳船。加莱市民们驱逐了500个穷人以节省食物，但春天到来时，城里的粮食也快吃完了。他们最终决定，如果到8月腓力还不来解围，他们就只能向爱德华投降。

爱德华之所以能聚集起这样一支大军，很重要的一个因素就是，近期来自苏格兰的威胁已经解除：

> 当英格兰雄鹰在外翱翔捕猎时，
> 苏格兰黄鼠狼偷偷溜进她不设防的巢穴，
> 吸食她高贵的蛋。

1346年10月，苏格兰国王大卫二世入侵诺森伯兰和达勒姆郡，在达勒姆郡附近一个名叫"内维尔十字"的地方遭遇惨败，全军覆没。国王本人被俘，在伦敦塔监狱里待了9年。苏格兰最高贵的圣物"苏格兰黑色十字架"也被挂在达勒姆大教堂里，作为胜利的象征。

1347年7月，腓力终于率军前来解救加莱。这时他的军队已不如前一年那么庞大，战斗意志也不强烈。他在桑加特悬崖上扎营，俯视相距只有一英里之遥的英国军营，并向爱德华下了战书，要求他出兵迎战。但爱德华拒绝离开他那舒服又坚固的防线。腓力知道，如贸然进攻，就会导致克雷西的悲剧重演，于是他试图同爱德华讲和，但没有成功。8月2日，他下令军队撤营，并放火烧毁营帐。法军撤退时，甚至可以听见对面加莱市民面对灭顶之灾时绝望的哭喊——加莱守备军拔下法国王旗，扔进了水沟里。

在这个时候，加莱城内即便最富有的人也因粮食短缺濒临饿死。在腓力撤退的第二天，让·德·维埃纳出现在城垛上，向爱德华喊话，表示守备军已做好了谈判的准备。他听说，爱德华对加莱的抵抗十分愤怒，投降后城里的人只有任其宰割，或被杀，或被勒索赎金。最终，爱德华听从劝告，把惩罚的范围限定于6名主要的市镇议员。这6人必须披着衬衣，脖子上套着绳索来觐见爱德华。"国王厌恶地看着他们，因为他极其仇恨加莱市民。"随后，爱德华下令砍下他们的脑袋。王后菲丽帕怀着身孕，眼中满含泪水，跪下恳求国王："尊敬的陛下，我历尽千难万险跨过海洋，对您别无所求。现在我恳求您，看在耶稣和您对我的爱的分上，饶了这6名市镇议员。"这6人最终免于一死。不过，爱德华还是将所有市民驱逐出镇，除身上穿的衣服外，什么都不能带走。之后，他又从英国本土召来一群殖民者，让他们住进城里，把商店、酒馆和住宅分配给他们。爱德华把许多富人的好房子都分给了他的朋友们。

在此后的两个世纪，加莱都是英国进入法国的门户——既是货物集散地，又是桥头堡。一位历史评论家曾经写道："加莱对英国人至关重要。试想，如果法国人在战争中占领了英国的多佛港，会因此得到多大的优势。"很快，英国人对加莱产生了深厚的感情。现代法国史学家腓力·孔塔米纳曾说，"在两个世纪中，加莱是英国在欧洲大陆上的一小片领土"，而且加莱还隶属于坎特伯雷主教区。

但我们不应孤立地看待英国占领加莱这一历史事件。克雷西-加莱战役只是爱德华三世的大战略中3个相互关联的部分之一。在西南部，德比伯爵站稳了脚跟；他曾被围困在艾吉永，当诺曼底公爵听说自己的父亲腓力六世战败，立马解除了围困，率军前往卢瓦尔河以北。促使腓力最终放弃加莱的一个原因是：他听说英国人在布列塔尼的拉罗什德里安又打了一场胜仗，而之前，法军曾将一支英国守备军围困在那里。1347年6月27日，托马斯·达格沃斯爵士歼灭了布卢瓦的查理所率领的军队，俘虏了查理，并把他送去伦敦塔陪伴苏格兰国王。只有在佛兰德斯，英国人的地位才稍稍有所削弱，新来的伯爵路易·德·马勒是极端亲法派，他设法夺回了几座城镇。

教宗为爱德华的征战所造成的惨剧悲痛不已。1347年，教宗克莱门六世写信谴责爱德华，抗议"穷人、儿童、孤儿、寡妇遭受的悲伤，不幸的人所遭受的劫掠和饥饿，教堂和修道院被毁，圣物与祭器被偷盗，修女被囚禁、抢劫"。

在教宗干预下，1347年9月，英法两国同意缔结停战条约。腓力处于绝望的境地，他的军队被击败了，钱也花光了，但他仍须立即着手重建军事力量，防止敌人再次入侵。在当年11月于巴黎召开的三级会议上，这位骄傲的国王自卑地低下了头。会议发言人对他说，"你因听信谗言失去了所有，却一无所获"。发言人还不忘补充说，国王"极其丢人地"被敌人从克雷西和加莱赶回巴黎。三级会议表示，不会再给国王拨任何款项。费了九牛二虎之力，腓力的官员们才从地方议会和教士手中挤出了一点钱。在忍受多年的挫折和屈辱之后，腓力仍在筹划入侵英格兰。

爱德华则沉浸在臣民的赞美声中。议会档案记录，上院和下院通过了议案，为国王所取得的胜利赞美上帝，并一致认为此前投票拨给国王的钱都花得很值："英格兰王国得到了尊

爱德华三世不满腓力六世强行收回阿基坦的行径，在1337年10月向法国国王腓力六世下战书，宣称对法国王位拥有继承权，拉开了百年战争的序幕。据说爱德华三世长了一张上帝一样的脸。

爱德华三世时期开始铸造的金币"诺博"。金币正面是国王手持剑与盾牌站立在一艘船上，盾牌上是爱德华设计的三狮与百合花结合的纹章，背面的花纹也同时包含了三狮与百合花这两种元素，是英国第一种大量发行的金币。

爱德华三世的印鉴

斯鲁伊斯海战是英国在百年战争中最初的几场胜利之一，且是在使用的战船与武器并不有利的情况下获得的重要海上胜利。

沃尔特·德·米尔米特在 1326 年的著作《论高贵、贤明与精明的国王》（*De nobilitatibus, sapientiis, et prudentiis regum*）中绘制的火炮。这大概是世界上第一份火炮的图画。爱德华三世从这本书中受益良多。

"黑太子"伍德斯托克的爱德华是爱德华三世的爱子。他率领英军在克雷西和普瓦提埃大败法军,死后被葬在坎特伯雷大教堂。

1348至1349年,黑死病在欧洲肆虐。欧洲的人口减少了约三分之一,经济与财政也陷入停顿。英法两国在此后几年中不得不放弃了大规模军事行动。

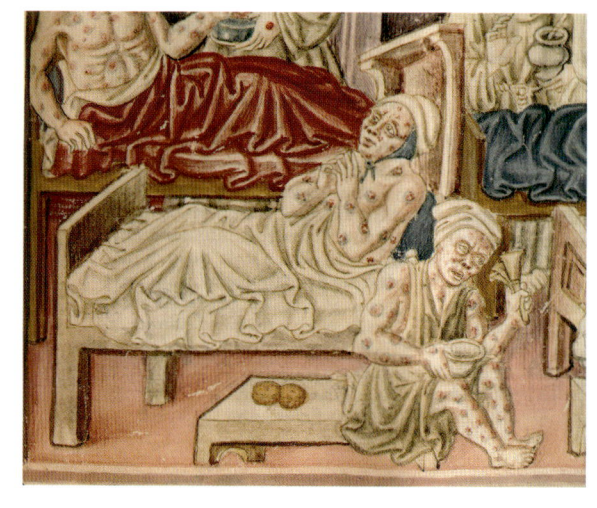

兰开斯特公爵格罗斯蒙特的亨利在百年战争初期在外交方面为英国做出了很大贡献，他是1360年《布雷蒂尼和约》谈判的英方主力，为英国争得了许多利益。图中，他身披蓝色的斗篷，左胸佩戴的就是嘉德骑士团的标志。

约翰·德·科巴姆爵士（1365年卒）。他的家族在百年战争的前半段内发挥了重要的作用。他怀中抱着的很可能是一座他用从法国获得的战利品建造并控制的教堂。他所使用的铠甲常见于普瓦提埃战役中的英军队伍。（出自肯特郡科巴姆的一个教堂的黄铜纪念碑拓片）

法国国王"智者"查理五世（1364—1380年在位）。他在统治期间通过焦土政策、游击战与贿赂收回了被英国占领的大量领土。

苏塞克斯的博迪亚姆城堡，据说是布雷斯特指挥官爱德华·达林格里奇用法国战利品修建的。

百年战争期间，伦敦塔曾经关押过许多大贵族或国王，苏格兰国王大卫二世、法国国王约翰二世都曾在伦敦塔度过了一段漫长的时光。15世纪初，在阿金库尔战役被俘的奥尔良公爵查理也曾被关在伦敦塔。

敬、补偿和充实,它所享受的荣耀是那个时代任何其它国王都未见过的。"

可能就是在 1348 年 6 月,爱德华于温莎正式成立了嘉德骑士团,这个团体的前身是几年前仿照"圆桌骑士"而组建的一个骑士组织。关于嘉德骑士团的传说可能是真的:美丽的索尔兹伯里伯爵夫人在跳舞时,她的吊带袜(Garter,即"嘉德")掉了下来,深爱着她的爱德华国王将她的吊带袜系在自己的膝上,说"心怀邪念者可耻"(*Honi soit qui mal y pense*),将她从窘境中解救出来。(与现在嘉德勋章的蓝色不同,当时的蓝色毫无疑问是取自法兰西纹章上的"皇家蓝"。)骑士团成员都是在百年战争中立下过赫赫战功的。值得注意的是,包括英格兰和吉耶纳人在内,到战争结束为止获得过嘉德勋章的将领人数众多——夸张一点说,这个数字可以同拿破仑时代半岛战争中英国授予的巴斯三等勋章的数量相比。

索尔兹伯里伯爵夫人和吊带袜的故事据说发生在加莱,在庆祝胜利攻取加莱的晚宴上。爱德华差一点丢掉了这座新占领的城镇,因为新城主——一名意大利雇佣兵——打算将加莱卖给法国人。不过,爱德华听到了风声,劝说这位城主与之合作,并偕同威尔士亲王悄悄渡过海峡来到加莱,没有任何人知道他就在加莱城中。法国人前来接收加莱城时,遭遇了英军的伏击,全部被俘。爱德华穿着惯常的打扮,"仅戴一顶珠冠",在新年之夜用一顿奢华的晚宴招待了他的俘虏。

1350 年,爱德华又赢得了一场战争。当时,佛兰德斯伯爵允许卡斯蒂利亚人在斯鲁伊斯港聚集一支舰队,从那里出发,不断骚扰英国商船，威胁着英格兰同吉耶纳的海上联系。8月，爱德华在桑威奇港召集一支海军，让他的第三个儿子冈特的约翰（当时只有10岁）与他一同出海迎敌。卡斯蒂利亚舰队有40艘船，由卡斯蒂利亚王室的一位王子——卡洛斯·德·拉塞尔达率领。弗鲁瓦萨尔在一段著名的文字中描述了爱德华出现在"托马斯"号战船——10年前爱德华在斯鲁伊斯海战中的旗舰——上的样子："国王站在船首，身穿黑色天鹅绒外套，头上戴一顶黑色河狸皮帽，与他十分相配；（据当时在场的人说）爱德华从来没有那么高兴过。"他让吟游诗人演奏一曲刚刚被约翰·钱多斯爵士引入英格兰的德意志舞曲，命令钱多斯爵士同吟游歌手一起唱，为此开怀大笑。爱德华时不时抬头看向桅杆，因为他命令一名士兵爬上桅杆顶的瞭望台，观察卡斯蒂利亚舰队的动向，一旦看到敌军的踪迹就要马上向他报告。瞭望的士兵一看到敌人，爱德华就大声叫道："噢！我看到一艘船驶过来，我想它是一艘西班牙船！"当看到一整支卡斯蒂利亚舰队时，爱德华说："上帝保佑我，我看到了那么多船！我都数不过来。"当时已经是傍晚，"大约到了晚祷的时间"。爱德华叫人端来了葡萄酒，同他的骑士们一起畅饮，随后他戴上了战盔。

这场战斗——温切尔西海战，也被称为"海上西班牙人之战"——比斯鲁伊斯海战还要危险和激烈。前文已经提到，地中海桨帆船相较于英国柯克船具有巨大的优势，而且卡斯蒂利亚人装备了投石机、巨型十字弓和加农炮。他们还有海风助阵。爱德华和威尔士亲王乘坐的战船都沉没了，不得不登上敌人的船。这场激烈的海战一直持续到日落,14艘卡斯蒂利亚桨帆船被俘(有人认为,实际俘虏的船只应多于这个数字),船员被扔进海里,其他战船都逃走了。全英格兰都为胜利而欢呼雀跃,尤其是南部靠海的几个郡。

这时,法国刚刚遭遇了一场更为深重的大灾难:黑死病(腺鼠疫)在马赛暴发,于1348至1349年席卷全国。据一名编年史家记载,仅在巴黎就有8万人死亡。人们都说世界末日已经到来。法国国王显然认为,这是上帝因法兰西之罪而对其做出的惩罚,于是实施了一个不同寻常的"卫生预防措施":严禁亵渎上帝。初犯者会被割掉一片嘴唇,再犯者被割掉另一片嘴唇,而第三次违犯禁令者将被割掉舌头。史上鲜有哪个国王比统治后期的腓力六世更不开心了。

然而,这场瘟疫还是跨过了海峡。1348年8月,在英国的多塞特出现首个病例,此后黑死病蔓延至全英格兰,直到1349年末才逐渐消失。人们通常认为,大约有三分之一的人口死于黑死病。大量土地抛荒,地租下跌或根本收不上来,导致税收直线下降。不夸张地说,由此导致的人口和金钱短缺打消了英法两国国王再次入侵或采取大规模军事行动的想法。

1350年8月22日,法国国王腓力在诺让勒鲁瓦逝世。"此后的那个星期四,他的遗体被掩埋在圣丹尼教堂的祭坛左侧,内脏(除心脏外)被埋在巴黎雅各宾修道院,心脏被埋在瓦卢瓦的布尔封丹的加尔都西会女修道院。"他在历史上留下了可悲而失败的一笔。因为克雷西之败,法兰西从没有原谅过他;历史学家们也责怪他为征敛钱财许诺了过多特权和免税权,从而削弱了法国王室的地位。但克雷西之败的原因只不过是战术错误。腓力在一个几乎不能正常运转的财政体系下，成功建立并维持了一支庞大的军队，并在同地方议会讨价还价的过程中，使他们意识到英国人对整个法国的威胁。尽管失去了加莱，腓力还是为法国留下了比之前更加广阔的疆域：1349 年，他从马略卡国王那里买下了蒙彼利埃；同年，在漫长的谈判之后，他又以自己孙子——未来的查理五世——的名义从最后一位阿尔邦伯爵手中买下了多菲内（即阿尔邦伯爵领）。这是圣路易统治法国以来最大的一桩领土买卖，法国的疆域最终扩大到阿尔卑斯山。腓力的孙子查理五世将成为最伟大的法国国王，他还将继承腓力六世的许多政策。

爱德华三世还会再次回到战场，但"海上西班牙人之战"的胜利是他作为百年战争主角的谢幕。他已经向敌人证明，自己是一个优秀的战士，并且狠狠地羞辱了他的瓦卢瓦对手。虽然爱德华并没有离法国王位更近一步，但他仍然保持着坚定的信念，要把瓦卢瓦王室的领土夺过来，若不能全部占有，至少也要夺取其中相当大的一部分。他也时刻准备着，等待重启战端的最好时机，不过到那个时候，领兵作战的主帅已经换成了别人。

第 3 章

普瓦提埃和黑太子

1350—1360

给我一身万世不朽的甲胄吧！我要去征服国王……

——莎士比亚《爱德华三世》

我们穿过图卢兹，看到许多华美的城镇和要塞因这片土地的富有和丰饶被付之一炬。

——黑太子于 1355 年

百年战争的第二阶段，即1350至1364年，是腓力六世的儿子约翰二世与爱德华三世的儿子"黑太子"登上历史舞台的时期。黑太子最终在吉耶纳站稳了脚跟。威尔士亲王伍德斯托克的爱德华以"黑太子"之名闻名于世（这一称号得自其甲胄的颜色），是英国历史上有名的大英雄。同大多数英雄一样，他的现实经历可能与传奇有一些差异。但毫无疑问的是，黑太子是最符合爱德华三世心意的儿子。1350年，黑太子刚满20岁，他对战争荣耀的渴求绝不亚于其父爱德华三世。但在当时，他必须稍稍收敛一下他对战争的狂热情绪，耐心等待，因为在14世纪50年代早期，英法两国的冲突大多仅限于谈判桌上。

很少有谈判者像"好人"约翰那样无能，他很有可能是史上最愚蠢的法国国王。约翰二世原来是诺曼底公爵，生于1319年。按照中世纪的标准，他登基时已届中年，个头很大，相貌英俊，留着浓密的红胡子。他在骑士比武场上技艺高超，在战场上既鲁莽又英勇，因此获得了"好人"的称号，但这个绰号于他似乎并不恰当。他总是毫无理由地发脾气，又很容易惊慌。约翰二世最主要的优点是，当他表现较为得体的时候，会因风度翩翩而散发出魅力。

爱德华三世从未放弃自己的野心，但 1350 至 1355 年是百年战争的低潮期（除布列塔尼之外）。英国国王可能采取了同对手一样的做法，试图迫使约翰让步；爱德华也可能只是在拖延时间，等待英格兰从黑死病的打击中恢复元气。爱德华·佩鲁瓦认为："爱德华三世并非不知道，这位新任法国国王是多么脆弱和惊慌，他不断推迟新一轮进攻，好延长法国国王的恐惧，并从中取乐。"我们唯一可以确定的是，在 1353 年之前，除了签订一系列停战协定之外，两国之间并没有什么建设性的外交举措。爱德华借教宗调停之机，表示可以放弃法国王位，以"曾为他的祖先所拥有"的吉耶纳（因此，爱德华所要求的吉耶纳也包括普瓦图和利穆赞地区）和诺曼底的领土以及佛兰德斯地区的宗主权作为交换——但是，爱德华暗示，他打算慷慨地放弃诺曼底。事实上，到了第二年，爱德华的要价变高了，又加上了加莱、安茹和曼恩地区。不可思议的是，在 1354 年 4 月于吉讷签订的一份临时协约中，约翰二世同意了爱德华的要求。不过，约翰随后拒绝如约交付这些领土——他有可能也只是为了拖延时间。

与此同时，英国人成功入侵布列塔尼。英军主要派兵驻守在布列塔尼公爵领西部讲布列塔尼语（属凯尔特语族）的地区，如布雷斯特、坎佩尔莱、瓦讷等港口城市，还有一部分驻守在讲法语的东部地区，如普洛埃梅勒。托马斯·达格沃斯爵士是爱德华派驻布列塔尼的总督，他手下的驻军将士发起了一次又一次"劫掠"。1352 年，托马斯爵士遭到伏击，被一名布列塔尼叛徒杀害，他的继任者沃尔特·本特利爵士的英勇程度绝不亚于他。同一年，沃尔特爵士率弓箭手在莫隆打赢了一场重要战役。

相对来说，布列塔尼的战争的规模比较小，但从编年史的记载来看，这在当时的"战斗阶级"中闹出了不小的动静。在当时看来，"三十勇士之战"是百年战争中最重要的事件之一，佩鲁瓦称之为"一场精彩而血腥的马上比武"。它清晰地反映出1351年军官阶层的心理和精神状态。那年，罗贝尔·德·博马努瓦率领一支法国军队袭击了普洛埃梅勒的英国驻军。为避免被法军围困，英国驻军统帅理查德·班博鲁夫爵士提议，在普洛埃梅勒附近的一片开阔地上举行一场骑士比武，双方各派出30名重装骑士参赛。班博鲁夫告诉他的骑士（除英国人外，其中也包括布列塔尼和德意志雇佣兵），要奋力一战，"让后世的人们在殿堂中、宫廷里、广场上以及世界的每一个角落传颂这场战斗的故事"。这些参赛者都下马，用重剑和长戟拼杀，直到4名法国人和2名英国人战死，所有人都已精疲力尽。双方不得不停战休息。其间，受了重伤的博马努瓦摇摇晃晃地站起身，想要去找些水喝，一个英国人嘲笑他说："博马努瓦，喝点你自己的血就不渴了。"决斗立刻又开始了。英国人肩并肩紧挨在一起战斗，看起来好像坚不可摧。最后，一名法国骑士偷偷溜走，骑上战马回阵冲锋，一下子就把对手全砍倒了。法国人趁势猛扑过去，杀死包括班博鲁夫在内的9名英国骑士，其余的人全部扣押为俘虏。罗伯特·诺利斯与其同母异父兄弟休·卡尔维利也在被俘的人当中，之后我们会听到更多关于他们的故事。

百年战争之所以在当时全英国广受各阶层欢迎,是依靠一些不那么有骑士精神的行为,那就是通过各种办法利用占领地的人口赚钱。利润最高的当然是索要赎金——要求一名俘虏用金钱换取自己的自由。一个诸侯或大贵族可以卖一大笔钱,但赎金市场并不仅限于贵族,一名富有的市镇议员或重要教士也同样值钱。事实上,在英军围困加莱时发生了一件有名的丑闻,一个叫约翰·巴拉德的人俘虏了巴黎教区的执事长,把他偷带回伦敦,据说只贱卖了50英镑。索取赎金很像现代的绑架勒索,连小商人和农夫都有相应的价格,甚至庄稼汉也能卖几便士。有些时候能从中赚一大笔钱——爱德华率军穿越诺曼底时,英国人俘虏了一名法国骑士,约翰·哈尔斯顿爵士从他身上赚取的赎金分成就高达1500英镑。这种生意也不仅仅是上层人士在做,一名最卑微的弓箭手在国内或许只是个农奴,却能因此在一夜之间暴富。

爱德华本人也参与了赎金贸易,扮演着中间商的角色。他从捕手那里以较低的价格买下一些有价值的俘虏,以期从俘虏的家人或代理人处索取全额赎金。国王还拥有专营此类交易的行政机构,所以捕手们把俘虏卖给他也相当划算。1347年,托马斯·达格沃斯爵士以2.5万金克朗(约5000英镑)的价格把布卢瓦的查理卖给国王,毫无疑问,爱德华最终赚了一大笔钱。其他一些大贵族也做赎金中间商,购买高阶俘虏来投机。与其他在市场上交易的商品一样,有时候,俘虏会历经多次转手。加莱后来成为这一交易的中心。赎金不一定都是用钱支付的，也可以是实物，如马匹、衣服、酒、武器等。

布列塔尼的英国驻军还从事一项更为邪恶的活动——收取"保护费"(pâtis)。每个村庄都必须定期向驻扎在当地要塞中的英军缴纳钱款、牲畜、粮食和酒；如果不交，就会遭到任意烧杀。英军设立了许多路障、收费站等，旅行者须购买通行证或付很多过路费才能安全通行。收上来的"保护费"成为英军合伙经营的财产：士兵们上交三分之一的战利品给驻军指挥官，后者将之与他自己所收取的"保护费"合并在一起，取总数的三分之一上交给国王。1359至1360年，普洛埃梅勒、贝谢雷和瓦讷三地的英国驻军共收取"保护费"10785英镑，平均每个教区41英镑。英军如此巧取豪夺，引发多次武装暴动，有时候居民也纷纷逃离所居住的村子。在1352年的一份报告中，沃尔特·本特利爵士说，近来在一些从布卢瓦人那里新夺取的要塞附近，农民们很快会变得特别害怕英国士兵，甚至不敢去耕种自己的田地。沃尔特解释说，他的军队中很多士兵都不是骑士或扈从，而是低等级出身，上战场只为个人私利，在对村民、镇民和农夫的劫掠中致富。当地居民十分痛恨英国士兵。1347年，法军夺回拉罗什德里安镇，当地人冲向英国驻军，"用棍棒和石头杀死了他们，就像杀狗一样"。不久，"保护费"制度推广到所有英军占领的土地。

当时的英国人把法国看作某种"黄金之国"。全英格兰遍地都是从法国掠夺来的战利品。编年史家沃尔辛厄姆在1348年写道："很少有妇女不拥有一两件从对岸的卡昂、加莱或其他城镇流传过来的东西，例如衣服、皮毛或靠垫。在每个家庭里都可以看到桌布和亚麻。英国妇女们用从法国主妇那里夺来的东西装饰自己，前者欢欣鼓舞，后者黯然神伤。"军队的薪水也很高。一名骑射手每天可以领到6便士，相当于本土一名工匠师傅的日薪；一名步兵弓箭手每天可得3便士，而一个勤劳的庄稼汉能赚2便士就很不错了。此外，重装骑士和弓箭手们入伍时签订了契约，这保证他们可以得到一部分战利品。不过，用富勒博士的话来说："吸引人们上战场的并不是一份确定的利益，而是抓到头奖而暴富的机遇，而获此头奖的概率通常不过百分之一。"尽管战争意味着再次征收重税，很多人还是满怀期待地等候着国王重启战端。

爱德华三世对这种战争的狂热了如指掌，也知道该如何运用它。他已经展示了自己卓越的宣传家天赋，充分利用了在当时还非常原始的大众传媒。此前我们已经说过，爱德华曾下令在每个教区教堂宣读腓力的战争动员令，这不过是其中一个事例罢了。爱德华还在市场、郡县法庭中宣读公告。这项措施执行得非常彻底，甚至被比作"一种通讯社"。这些公告对入侵诺曼底、克雷西大捷、占领加莱等重大事件仅寥寥数笔带过，而详细地描述法军入侵英格兰的威胁，无论这类威胁是多么微不足道。此外，爱德华聪明地利用了教士阶层，要求主教们为战争举行集体祷告，许多教区肯定都举办了类似活动。1346年，多明我会修士——当时公认最好的传教者——被赋予一项使命，即向国王的臣民们解释他为何要争夺法国王位、为何要向法国开战。因此，14世纪30年代的几次战役和40年代的几次胜利的消息广为流传，这在当时很不同寻常。

黑死病流行过后，爱德华更缺钱了，但他至少对自己所能负担的费用有了更加清晰的认识。1345年之后，国王的司库一职改由温彻斯特主教威廉·艾丁顿担任，他是一个天才人物，1356年又担任了国王的大法官。艾丁顿把所有政府财政大权都集中到财政部下；只有集中所有财政收入，他才可能为国王的战争筹集足够资金。议会也愿意合作。著名的英国历史学教授麦基萨克认为，在同议会打交道时，爱德华的策略是"把战争描述为一个为守卫国土和争夺法国王位而进行的股份合作制的伟大事业"，同时不断向议会报告战争进展情况，并在外交事务上反复咨询议会的意见。艾丁顿娴熟的财政管理技巧使国王得以在不过多增加税赋的情况下筹到了足够的资金。

此外，英国在法国找到了一个新盟友——年轻的纳瓦尔（又作"纳瓦拉"）国王。他的绰号是"坏人"查理。他不仅是纳瓦尔这个位于阿尔卑斯山另一头的小国的国王，他在诺曼底境内和巴黎附近拥有许多伯爵领地和富饶的大庄园，并在法国王位归属问题上比爱德华三世更有发言权。他的母亲是路易十世（1316年去世）的女儿，在继承顺位上比她的姑妈伊莎贝拉（爱德华三世的母亲）更靠前，但她的叔叔们想办法排除了她的继承权——大部分原因是她母亲混乱的性关系。无论如何，如果查理在1328年已长大成人，法国王位更有可能落到他头上，而非瓦卢瓦的腓力。结果，这位风度翩翩、巧舌如簧、毫无道德原则的年轻人（1350年刚满18岁）因命运的不公而怒火中烧。更糟糕的是，除了丢掉法国王位之外，他还被剥夺了香槟和昂古莱姆伯爵领；为弥补他的损失，法国国王约翰二世将自己的女儿许配给他为妻，却始终没有支付嫁妆。查理认为，他的最优策略就是为爱德华提供帮助，然后劝说约翰二世出钱收买纳瓦尔王国，进而挑起金雀花王朝和瓦卢瓦王朝之间的争斗。查理似乎对阴谋诡计有近乎狂热的痴迷。

但是，纳瓦尔国王在1354年的首次行动一点都不巧妙。他一直以来都极度憎恨法国骑士统帅卡洛斯·德·拉塞尔达（"海上西班牙人之战"中卡斯蒂利亚军的司令），因为约翰把昂古莱姆赐给了他。查理将这位大统帅引诱至自己在诺曼底的领地，对他进行伏击后杀掉了他。纳瓦尔国王欣喜地宣称，"我是在上帝的帮助下杀死了西班牙人卡洛斯"，随后他又"向法国国王致歉"。约翰二世对宠臣被杀感到十分恼怒，但他听说这位危险的外甥与爱德华三世相互勾结，又害怕得要命，不仅假装原谅他，还试图用科唐坦的一大片土地收买他。查理丝毫不为所动。英国人得知查理对法国国王非常不满，更加下定决心要重启战端。

爱德华再次采取同样的策略，从三个方向同时向法国发动攻击。起初，他计划亲自率领一支军队深入皮卡第，兰开斯特公爵（曾经的德比伯爵格罗斯蒙特的亨利）率盎格鲁-纳瓦尔联军进攻诺曼底，威尔士亲王则出兵吉耶纳。但实际上，尽管爱德华三世于1355年10月到达加莱，但不出一个月他就率军返回英格兰了。这次出征的主要战役就变成了由被委任为吉耶纳总督的黑太子领导的"骑行劫掠"，他们于当年9月抵达波尔多。1355年10月，黑太子率军从波尔多出发——重装骑士和弓箭手加起来最多2600人，一律骑马作战。此后的两个月里，这支军队在朗格多克一路烧杀抢掠，最远甚至到达蒙彼利埃和地中海沿岸。他还席卷了纳博讷和卡尔卡松的下维莱，得到粮食和葡萄酒作为补给，并将两座城镇中绝大多数房屋全部烧毁。卡斯特诺达里、利穆和其他许多小镇也遭遇了同样的命运。在黑太子600英里长的行军路线上，数不清的村庄连同磨坊、庄园和教堂被烧毁。黑太子的一名书记官写道："自从战争开始后，敌人从未像现在这样遭受如此巨大的破坏和损失。"黑太子自己则得意地宣称："许多美丽的城镇和要塞都被摧毁了。"这并不是无谓的残忍，黑太子也不是破坏狂。"骑行劫掠"行动的目的就是突出敌人的弱点，通过破坏土地和财产等税收来源，截断敌人的财路。"在被摧毁之前，这些土地和富有的城镇能够交给法国国王的税收总额比半个英格兰的税收还多，"黑太子的首席行政官说道，"我在收税官家中找到的文件可以证明我的说法。"

骑士精神与之毫无关系——只有在战场上，人们才讲究骑士精神。在这种情况下，这支盎格鲁-加斯科尼劫掠者几乎没有遇到任何抵抗，其行为明显没体现半点骑士精神。根据弗鲁瓦萨尔的记载，这支军队偏好银质餐具和钱币，但也没忽略任何值钱的东西，尤其是地毯。他们带回了满满一车队的战利品，一回到波尔多，就"愚蠢地花掉了抢来的所有金银"。尽管法国国王为被破坏地区颁布了重建计划，包括免除赋税、赠予木材、招募石匠和木匠等，这些地区仍过了好多年才慢慢恢复原状。

在这类"骑行劫掠"中,英军会杀光所有俘虏(那些可以用来勒索一大笔赎金的人除外),因此一些没法逃进城堡或镇子里的人就必须找个地方藏起来。一些人躲进洞穴或地下——许多城堡和设有防御工事的教堂下面都挖了一些相互连通的甬道和地下室。其他人则逃进森林,在里面盖了一些小屋,尽管有时候英国人会系统地搜索森林。那些住在平原上的农民——法国的典型地貌就是这类平坦、开阔的平原——就特别容易受到威胁。

整个法国都为朗格多克传来的消息所震惊。于是,1355年10月在巴黎召开的三级会议同意为战争征税——包括将盐税扩展到全法国,使约翰得以在一年内维持一支3万人的大军。结果,纳税人的财富被消耗殆尽,拒绝缴税。无论如何,国王还是召集了一支大军,于次年春天在沙特尔集结。

这时,"坏人"查理也没有闲着。他四处散布谣言,声称要同英格兰的爱德华国王结盟,以此为要挟,迫使约翰做出更多妥协。但这次纳瓦尔国王玩得有点过头了。他刻意巴结法国王太子,后者深深被他吸引,与他形影不离,导致国王开始怀疑儿子要同查理联手废黜自己。1356年4月,多疑得发了狂的约翰二世突然造访鲁昂,冲进王太子和纳瓦尔国王正在欢宴的大厅,抓捕了在场所有人,并砍掉了4个人的脑袋,其中包括阿尔库尔伯爵和3名诺曼底贵族。纳瓦尔国王查理则被关进卢浮宫的地牢。

尽管爱德华已经猜到约翰决心为克雷西之败雪耻,但他并没有被约翰所做的战争准备吓退。当年夏末,他命兰开斯特公爵率6000人的军队由布列塔尼进入诺曼底，一路煽动纳瓦尔国王的支持者，随后进攻安茹，最终同威尔士亲王率领的同样规模的军队会合。威尔士亲王于1356年8月4日从贝尔热拉克出发，朝东北方向进行一场漫长的"骑行劫掠"，穿过利穆赞和贝里，用"希腊火"或燃烧的石脑油围困并攻下了罗莫朗坦城堡，一支曾试图伏击他的法国小分队就躲藏在那里。随后他又转向西北，朝图尔进发，焚毁了图尔市郊。这时，他已然成为法国军队的主要目标。爱德华试图转移约翰的注意力，但他刚到法国一两天，就听说苏格兰人占领了贝里克，不得不打道回府。兰开斯特公爵成功给法军带去了不少麻烦，却没能渡过卢瓦尔河同威尔士亲王会师。

即使兰开斯特公爵与黑太子成功会师，与法军相比，他们军队的人数还是少得可怜。他们两人都不想同法军正面对抗，只打算四处"骑行劫掠"。9月初，黑太子来到图尔城下时，突然发现有4万敌军正在猛烈追击他那支满载战利品的部队。他立马下令撤退，以最快的速度撤往波尔多。

然而，约翰还是从侧翼迂回，先黑太子一步到达普瓦提埃，截断了黑太子前往波尔多的退路。约翰带着1.6万至2万名士兵，大多数都是重装骑士，还有一支轻装部队，包括2000名十字弓手。9月14日，英军先头部队突然在拉夏伯特里遭遇法军后卫部队，两位指挥官才发现他们相互之间居然离得那么近。一场小型遭遇战后，黑太子前往一个名叫莫佩尔蒂的小村庄扎营，那里位于普瓦提埃东南方向，距城镇约7英里。

黑太子急于避战，因为他的部下满载着战利品撤退至此，显然已疲惫不堪。但他们向南的退路被一条叫密欧松的小河挡住了。如果贸然涉水，就有可能被敌军打个正着，全军覆没。幸运的是，黑太子有约翰·钱多斯爵士这位极具战争天赋的老将从旁协助。因此，黑太子为战斗做好了准备，亲自指挥主力部队，把钱多斯带在身边。其他分队由索尔兹伯里伯爵和沃里克伯爵率领，后者也负责指挥吉耶纳军团。三个分队都有约1200名重装步兵、少量弓箭手、一些下马作战的加斯科尼枪兵，以及几个威尔士刀斧手。我们现在无法知晓当时战场的确切地形，但这种组合无疑是非常适合在这类土地上作战的——起伏的丘陵上覆盖着灌木丛、树篱、葡萄藤，还有片片沼泽。阵前有一条壕沟作为防线，在缓坡顶上还有一道长长的结实的树篱，左侧是浓密的森林，而后方和右翼都是河水。英军可以站在小丘上观察法军动向，还能在很大程度上隐藏自身——黑太子的一部分队伍隐藏在灌木丛中，马匹都拴在暗处。

约翰准备在第二天清晨发起进攻。但这一天恰好是星期日，教宗使者佩里戈尔枢机主教向约翰进言，让他先尝试与敌军谈判。枢机主教花了一天时间，满怀希望地在两军之间奔走。黑太子表示，愿意归还在"骑行劫掠"行动中占领的城镇和堡垒，释放所有战俘，并发誓在7年内不再同法国国王兵戎相见。他还提议支付约翰一大笔钱。但约翰决意要让黑太子连同100名英国骑士无条件投降，除此之外任何条件一概不接受——"这是黑太子无论如何都不会同意的"。与此同时，英军用了一整天时间疯狂地加固防线，"在弓箭手周围修建巨大

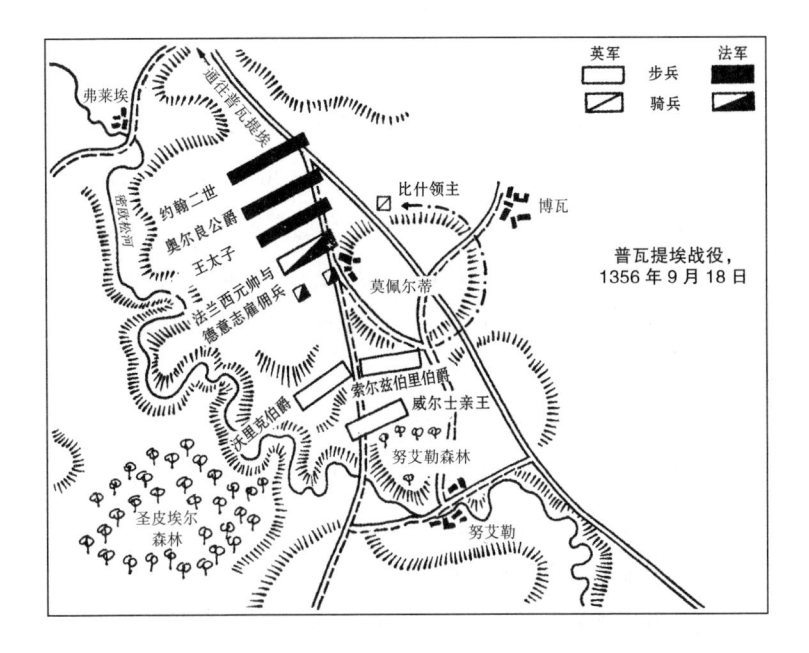

的长堤和树篱"。即便如此,黑太子仍期望能够避免战斗,安全地退回波尔多。

在这之后到底发生了什么,史学界仍在争论。但到了第二天早晨,英军似乎就开始偷偷溜走,索尔兹伯里伯爵的部队负责殿后。这时,约翰还没能完成军队的集结。他计划派遣一支由300名重装骑兵组成的前锋部队,从树篱之间的一个缺口突入——这个缺口可容纳4名骑士并排行进,先解决那些令人恐惧的英国弓箭手,之后主力部队再发起总攻。由步兵和一些德意志雇佣兵组成的主力第一分队紧随前锋部队,之后是法国王太子率领的第二分队(约4000人),再后是奥尔良公爵率领的第三分队(3000人)和国王亲率的第四分队(6000人)。按照苏格兰骑士威廉·道格拉斯的建议,最后3个分队的重装骑士全部穿着沉重的铠甲下马步行。

大约到了早上10点,约翰发觉英军试图逃走,但他的几个分队仍未整军完毕。无论如何,他命令那300名精心挑选的重装骑士在克莱蒙元帅和奥德雷海姆元帅的率领下进攻英军据守的树篱。英国弓箭手安然待在树篱后方,向分成两列的法军射击,"杀伤了很多骑士和马匹,马儿感到尖锐的箭雨袭来,不肯再向前冲,前蹄高高翘起或转身奔逃,许多马儿反应如此激烈,以至于倒在了骑士的身上"。两位元帅手下许多骑士躺在地上动弹不得,索尔兹伯里伯爵的骑士趁机从树篱后面冲出来,将他们纷纷砍杀。克莱蒙元帅战死,奥德雷海姆元帅被俘,威廉·道格拉斯则逃之夭夭。跟在他们后面的德意志雇佣兵和步兵姗姗来迟,因阵地十分凌乱而队形不整,但还是冲到了英军据守的树篱前面。不过,他们也未能再前进一步。这时,黑太子远远看到阵地上的情形,率部回转解救索尔兹伯里伯爵。一队英国弓箭手出现在树篱远端,站在泥泞的地区以防重兵的攻击,并远远地向德意志雇佣兵侧翼射击,最终将这支分队挡了回去。

这时,法军主力部队仍在,约有1.3万名下马作战的重装骑士。法国王太子率领剩下3个分队中的第一分队向树篱冲锋,穿过荆棘和灌木奋力爬上缓坡。"在一片直冲云霄的'圣乔治!'和'圣丹尼!'的高呼声中",他们冲到英军阵前,跨过壕沟,试图突破树篱。法军攻势十分凶猛,黑太子不得不将所有兵力都压向树篱,只留下最后400名精锐重装骑士作为后备部队。最终,法国王太子的分队离开树篱,全面后撤。

英军的情况并不比法国人好。"一些士兵将受伤者移到灌木和树篱下；一些士兵武器受损，不得不从敌军尸体上取下长矛和剑；弓箭手甚至从半死的敌军身上拔下羽箭重新使用。"除黑太子留下的一小支后备队外，"所有人都或多或少受了一点伤，在苦战之后筋疲力尽"。随后，他们发现奥尔良公爵（约翰二世的弟弟）准备发起下一次冲锋。但令人惊讶的事情发生了，奥尔良公爵的分队突然转向，会同王太子的残军离开了战场。这让英军大松了一口气。如果奥尔良公爵没有泄气的话，英军即便能挡住他的攻势，也一定会元气大伤，被法军最后一波进攻击溃。

当最后一波法军向树篱冲过来时——这是约翰亲率的6000骑兵，个个精神抖擞——英军已经筋疲力尽，不知该如何抵挡这最后一击。一名经验丰富的老骑士站在黑太子身旁，喃喃地说着"我们没希望了"。黑太子怒气冲冲地朝他喊道："你说谎！你这个可悲的懦夫——只要我还活着，说我们已经被击败了就是在亵渎上帝！"不过，士兵们仍以为末日就要降临。英国弓箭手们"因绝望而疯一般地快速移动"，射出的箭比任何时候都要精准，但法军把盾牌举在头顶，挡开了很多箭。黑太子派出最后400名重装骑士，向钱多斯爵士吼道："约翰，上前去——今日我不会后退，我要一直驰骋在最前面！"他下令掌旗官沃德兰的沃尔特擎着他的旗帜向约翰二世直冲过去，"像雄狮一般勇猛而残暴地"向其发起冲锋。"突然间，威尔士亲王大吼一声，手执利剑向法国人砍去，削断长矛，挡开羽箭，砍倒向他扑过来的敌人，扶起倒下的士兵。"这时，战场转移到了树篱前的开阔地带，英国弓箭手们用完了最后一支箭，纷纷越过树篱，抽出战斧和长剑同重装骑士们并肩作战。这是一天之中战斗最激烈的时刻——双方拼杀时兵器砍在头盔上的声响在 7 英里之外的普瓦提埃都能听见。

突然间，法军背后出现了圣乔治旗①的踪影。黑太子派比什领主②率领 60 名重装骑士和 100 名弓箭手抄一条隐蔽小路穿过山谷出现在敌军的背后。法军没意识到比什领主的这支队伍是多么地小，军心有所动摇。此时，黑太子发起最后一轮冲锋。（弗鲁瓦萨尔的记载与史实不符，黑太子的军队仍是步行而非骑行——他们并没有足够的时间牵来马匹骑上去。）法军阵形立时溃散，"旗帜摇摇晃晃，掌旗官倒在地上……垂死的人们在血水里挣扎"。黑太子杀出一条血路，直奔约翰二世的方向而去，却遇到了法军"勇敢顽强的抵抗"，但其余法军已经开始逃离战场。

下午 3 点左右，约翰二世仍在挥舞着他那把巨大的战斧奋勇作战，他的身边只剩下 14 岁的腓力王子了。一大群士兵认出了他，立时包围上来，渴望用他换取一大笔赎金。约翰向一名阿图瓦的骑士投降，却仍然没有摆脱险境，因为一群加斯科尼人和英格兰人开始为他争吵不休，甚至打了起来。最后，他和他的儿子被沃里克伯爵和科巴姆爵士救下，送到了黑太子那里。

---

① 白底红十字旗，为英格兰的旗帜。
② 比什领主（Captal de Buch）即让·德·格拉伊三世，是加斯科尼大诸侯。Captal 是法国的领主的封衔，仅用于比什、埃佩尔农、特伦和比查古的领主，他们都拥有至少两块领地。

这时，黑太子已经休战，约翰·钱多斯爵士告诉他战斗已经结束了。钱多斯爵士建议黑太子将旗帜插在矮树丛上，好让四下分散的队伍朝这个方向集结——"殿下，我现在看不到任何法国方面的旗帜。请您休息一下吧，您擦伤了，浑身一定又酸又痛。"号角随即响起，黑太子摘下头盔，侍从帮他卸下铠甲。英军搭起一顶红色的帐篷供黑太子休息，并为他和他的伙伴们送来美酒。

与此同时，"英军一直追击到普瓦提埃城门口"。弗鲁瓦萨尔记载道："许多人和马被杀死或打倒，普瓦提埃人关上城门，不愿让任何人进城。因此，城门前的那条街道上演了残忍的杀戮。"根据黑太子的报告，当天约有2500名法国重装骑士战死，其中包括许多大贵族。弗鲁瓦萨尔说："所有法兰西之花都凋零了。"英军的损失显然要小得多，但对此没有可靠的记录——还有一些英国骑士追击得过于迅猛，被法国人抓住做了俘虏。

被俘的法国人同战死的一样多，其中共有17名伯爵，还有很多别的领主。在场的"钱多斯传令官"[①]写道："你会看到许多弓箭手、骑士、扈从四面追击，抓捕俘虏。"弗鲁瓦萨尔写道："许多英国弓箭手有4名、5名甚至6名俘虏。"事实上，俘虏实在太多了，英国人没办法看住全部，只好释放了一部分，要他们保证在圣诞节前来波尔多交付赎金。英国人借此

[①] "钱多斯传令官"（Chandos Herald）是钱多斯爵士的传令官，留下了一首用盎格鲁-诺曼语写作的歌颂黑太子爱德华的诗歌。在钱多斯死后，他进入英国宫廷服务，成为理查二世的首席文章官。

战大赚了一笔。沃里克伯爵抓到桑斯大主教，赚得尤其多，约有8000英镑；他还享有勒芒主教赎金的四分之三，这又是一大笔钱。扈从罗伯特·克林顿是这位主教的实际抓捕者，他把自己拥有的主教赎金份额卖给了爱德华国王，得了1000英镑。爱德华以2万英镑的价格买下了3名黑太子的俘虏，黑太子又以父亲的名义，花6.6万英镑购买了另外14名俘虏。

"所有在战场上同黑太子并肩作战的人都发财了，"弗鲁瓦萨尔告诉我们，"无论是靠索取赎金，还是靠掠夺金银、器具和珠宝。"财富是如此之多，以至于昂贵的盔甲都无人问津。法国领主们华丽的帐篷还搭在法军营地里，英国掠夺者在这里获得了大丰收。有几名从柴郡来的弓箭手发现了一艘银制的船——无疑是一艘大帆船模型或大盐碟。这艘船本属于约翰二世，他们把船卖给了黑太子。黑太子还得到了约翰的珠宝盒。

不可否认的是，在普瓦提埃战役中，英法双方的胜率非常接近。法国人本可能很容易就赢得胜利。要不是奥尔良公爵懦弱怯战的话，就算有约翰·钱多斯爵士这样一名优秀的参谋长为黑太子出谋划策，英军的防线也极有可能被击溃。

法国国王的不幸给了对手一个展示骑士精神的机会。当天晚上，黑太子宴请约翰和他的儿子，许多被俘的大贵族也在座。黑太子亲自跪着为约翰上菜。（直到查理一世时期，英国国王一直都享受这一礼遇。）食物取自法国装运供给的马车，而英国人已经将近3天没吃东西了。黑太子对约翰说："阁下，看在上帝的分上，不要把这当作对您的恶意和羞辱。"他还向约翰保证，爱德华国王会以最高的礼遇对待他。黑太子对约翰的勇敢表示赞赏，说他在战场上比任何人都要英勇，虽败犹荣。对约翰来说，这可算不上什么大的安慰，他同英军一起回到波尔多，而后者"满载着金银和俘虏"。尽管英国人很有礼貌，约翰却再也没能拿回他的珠宝。

在海峡对岸，"听到普瓦提埃战役的消息，得知英军打败了法国人、俘虏了国王时，英国人一片欢腾；全英格兰的教堂都举行了隆重的庆祝仪式，人们点起篝火彻夜狂欢"。次年春天，黑太子带着约翰及其儿子得意洋洋地回到伦敦。1357年5月24日，被俘的法国国王骑着一匹白色纯种马进入伦敦，身边的黑太子则非常得体地骑着一匹黑色小马。约翰住进萨伏伊宫殿，"英国国王和王后常来看望他，为他举办丰盛的宴会和娱乐活动"。爱德华非常喜欢他这位不幸的表弟，还把他带到温莎去，"四处打猎、训鹰，哄他开心"。约翰遇到被俘11年的苏格兰国王大卫二世时，一定不怎么开心。

与此同时，法国国内一片混乱，中央政府几近崩溃。查理王太子只是个病恹恹的18岁男孩，他的统治天分此时还没有完全显现出来。目前的事态已经超出了他的承受限度。他被父亲的不幸和眼前的困难击倒了。纳瓦尔国王的追随者们在诺曼底起事；英格兰和加斯科尼逃兵——甚至还有法国人——组成自由雇佣兵团（free companies），又称匪兵（routiers），在全法国境内四处占领城堡，自立为强盗诸侯，对周边大片土地实行恐怖统治，征收"保护费"。

普瓦提埃战役结束几周后，三级会议在巴黎召开。代表们群情激愤，要求进行彻底的行政改革，减免税收，罢免王室顾问，并坚持要法国王太子听从一个由骑士、教士和商人组成的常设会议的指导。商人们有一个令人敬畏的领袖——艾蒂安·马赛，他是一个富有的布料商，并担任"商会会长"（the Provost of Merchants，类似于巴黎市长）一职。商人们还同纳瓦尔国王一派结盟，要求令人讨厌的纳瓦尔国王出任法国摄政，这使商人的势力更具有威胁性。王太子逐渐失去了对局势的控制。1357年底，纳瓦尔国王逃出监狱来到巴黎，迫使王太子赦免了他。纳瓦尔国王召集了一次会议，解释了自己之前的倒行逆施，"他的语言是那么优美动听，受到人们广泛赞扬。巴黎民众逐渐爱上了他，他的声望甚至超过了摄政（即王太子）"。但是，狡猾的纳瓦尔国王拒绝留在巴黎，因为马赛等人开始日渐变得难以约束。1358年2月，他们闯进王太子的卧室，谋杀了香槟元帅和诺曼底元帅，"这一切就发生在王太子的眼前，他的衣服上都沾满了两位元帅的鲜血，自己也处于极度危险之中"。这群暴徒还强迫王太子戴上红蓝双色的软帽——这两种颜色是巴黎的象征色。

　　1358年5月，法国爆发了扎克雷起义。农民们与躲在城堡里的领主和躲在高墙后的商人不同，他们无力自卫，常常遭到英国人的蹂躏。白天，只有在教堂塔楼有人放哨、警戒敌情的时候，他们才敢到田间干农活；夜晚，他们躲在洞穴里、矮树下或森林中。奥诺雷·博内在《战争之树》一书中写道，士兵们"榨取了过多的赎金……他们从耕种田地和葡萄园的穷苦劳动者手中获得的赎金尤其多"，"在看到和听到他们无情地折磨穷苦劳动者，制造大批牺牲者时，我的心中充满了悲伤"。

农民还被自己的领主欺凌，他们抢走农民的粮食和牲畜，用来支付赎金或弥补黑死病带来的税收减少造成的损失。最终，博韦西的苦工不堪折磨，拿起匕首和棍棒反抗未能保护他们的领主老爷们。可怕的传闻开始四处散播——据说一名淑女在遭到十几个男人强暴后，被迫吃下自己那被烤熟了的丈夫的肉，最后与儿女们一同被残忍地折磨致死。不久，塞纳河北部聚集了数千名"扎克"①，他们四处抢劫，焚烧城堡和大庄园。艾蒂安·马赛想招募他们做预备军，于是派出军队帮助他们——这可谓一项具有灾难性后果的政治举措。纳瓦尔国王比马赛更狡猾，他派军队在莫城附近一举绞杀了这群装备简陋的暴民，并因此在法国贵族阶层中赢得了广泛赞誉。

王太子在3月逃出了巴黎。到此时，商人们开始反对艾蒂安·马赛，他在7月末被一名自己的支持者用斧头砍死。王太子随后回到巴黎，接受这群善变的巴黎市民的欢呼。纳瓦尔国王仍然逍遥法外，并于次月在莫康塞击败了一支王室军队。

此时，法国使臣正在同英国人谈判，希望他们可以释放国王约翰二世。1358年1月，双方缔结了第一次《伦敦条约》，法国王太子同意把吉耶纳的主权连同利穆赞、普瓦图、圣通日、蓬蒂厄等其他一些地区——同样包括完整的主权——让渡给英国，这些地区至少占法国领土的三分之一。此外，约翰的赎金为400万金克朗。相应地，爱德华会宣布放弃对法国王位的主张。尽管第一次《伦敦条约》的条款都是爱德华自己提议

---

① 扎克（jaques）意为"乡下佬"，是法国封建领主对农民的蔑称。

的，但当他看到法国王太子所面临的困难局面时，决定再狠狠多敲一笔——他还要求得到安茹、曼恩、诺曼底、"加莱海峡"地区（Pas-de-Calais），以及布列塔尼的领主权。三级会议认为，第二次《伦敦条约》"既不可接受也不切实际"。事实上，爱德华可能从来都不期望法国人会答应这些新条件，提出它们只是为今后进一步军事入侵提供借口。

爱德华准备亲自上阵，发起最后一次征伐。可想而知，所有人都受到普瓦提埃胜利的鼓舞，渴望到法国去劫掠战利品，他毫不费力就聚集了一支3万人的大军。大部分诸侯和他的4个儿子都与他一同出征，每个人也都通过契约招募了一大批随从。几个有名的将领收到雪片一般的入伍申请：约翰·钱多斯爵士极负盛名，虽然他只是一个骑士，但他的部下比一些伯爵还要多。军队中包括6000名重装骑士，数不清的马车满载着厨具、帐篷、磨坊、锻造炉，甚至还有可折叠的皮划艇。可惜的是，国王原计划于春天出击，但直到10月28日才抵达加莱港。

这次出征的主要目的是发动一场大规模的"骑行劫掠"，最终让爱德华在兰斯登上法国王位——那是法国国王传统的加冕地。一些德意志雇佣军和许多"匪兵"（包括罗伯特·诺利斯）也加入了英军。爱德华于1359年诸圣节（11月1日）从加莱启程，经阿图瓦、蒂耶拉什和香槟前往兰斯，按惯例一路烧杀抢掠。兰斯大主教—公爵得知爱德华来袭，为抵抗长期围攻准备了充足的粮草。英军于12月的糟糕天气中抵达兰斯坚固的城墙下，并不得不在雪中扎营。

杰弗里·乔叟也在爱德华的远征军中，他很可能是一名重装骑士。他在布列塔尼的一次战斗中不幸被俘，爱德华善意地捐助了16英镑作为他的赎金。显然，这位诗人的日子并不好过。在此之后，他写道："许多人高喊着'战争！战争！'，却几乎不知道战争究竟意味着什么。"

1360年1月，爱德华的人马吃了很多苦头，不得不放弃占领兰斯的计划。他转道前往上勃艮第，对该地区造成了极其严重的破坏——英军在托内尔就喝光了3000桶酒——被俘的勃艮第公爵很庆幸他只花了20万金穆顿（约合3.3万英镑）就赎回了自己的自由。随后，爱德华进攻巴黎，顺路蹂躏了尼韦奈地区。他在皇后镇上扎营，却认为自己的兵力不足以攻下首都。一位名叫韦内特的约翰的加尔默罗会托钵僧当时正在巴黎城内，记录下城郊所有居民逃入城内避难的情景："在耶稣受难日和复活节前夕，英国人点燃了蒙丽瑞、隆瑞莫和周边许多城镇，烟气直冲云霄，在巴黎城内很多地方都能看见。"

（颇具讽刺意味的是，此时在海峡对岸发生的一个事件震惊了全英国。1360年3月15日，一些法国战船袭击并烧毁了温切尔西。尽管入侵者只在英格兰土地上停留了一个夜晚，这也算是近20年来闻所未闻的大事件。英国人对此恐惧异常，恐慌甚至蔓延到全国范围，然而法国人已经忍受了此类遭遇数十年。）

爱德华希望法国人出城与之决战。他派使节给法国王太子下挑战书，但王太子明智地拒绝了。沃尔特·曼尼爵士骑马到城墙边并朝墙内扔了一支标枪，这一优雅的挑衅行为也没有起到任何效果。因此，在巴黎城郊停留了两周后，英国人再次启程前往博斯平原，对该地区造成破坏。在沙特尔附近，英军遭遇了一场罕见的冰雹，整个军队陷入一片混乱。那一天被称为"黑色星期一"。

随后不久，克吕尼修道院长前来劝和。兰开斯特公爵也指出，虽然爱德华国王打了一场漂亮的胜仗，士兵们也收获良多，但这场征伐的花销实在是太大了，而且很可能会一直持续下去，终其一生也不能结束。他建议爱德华接受克吕尼修道院长的和谈条件："因为，我的陛下，我们在一天之内失去的可能会比 20 年中得到的还要多。"国王同意了。这已成为他有生之年耗时最长的战役，而且从战略角度来衡量，他已经失败了。法国王太子已同纳瓦尔国王讲和，执政地位不断巩固，这或许也影响了爱德华的决策。

1360 年 5 月 1 日，英法双方在沙特尔附近的布雷蒂尼村举行和谈。不到一周，黑太子就同法国王太子达成了协议。约翰二世的赎金减为 300 万金克朗（约合 50 万英镑），同时英国对法国的领土要求缩小到第一次《伦敦条约》所划定的范围——吉耶纳的完整主权，还有利穆赞、普瓦图、昂古莫瓦、圣通日、鲁埃格、蓬蒂厄等其他许多地区的完整主权。10 月 24 日，《布雷蒂尼和约》在加莱正式签署生效。双方约定，当上述地区被转交到英国人手中后，约翰二世宣布放弃这些地区的主权，同时爱德华宣布放弃对法国王位的主张。最终，爱德华不再自称法兰西国王，但双方始终没有正式宣布。

法国的力量已经消耗殆尽，王太子真诚地同英国人签和约，他不太可能有任何秘密的保留条款（一些历史学家曾做出如是推测）。1361年秋，法国开始移交领土。到了第二年春天，除了少数小块地区之外，大多数都已转由英国统治。爱德华已成为独立的吉耶纳和阿基坦在主权意义上的最高统治者，这个地区占据了法国三分之一的领土。尽管这时候还谈不上什么现代民族主义精神，但毫无疑问，一些被割让领土上的居民对变更统治者非常抗拒——或许，部分原因是英国人曾给他们带来巨大痛苦，部分原因则是害怕因此失去既得特权。不过，只有在拉罗歇尔有人公然表示对英国统治的憎恶。一位市民声称，拉罗歇尔人"只会口头表示效忠，但内心绝不服从"，其他市民则宣称情愿把财产的一半拿来交税，也不愿服从英国人的统治。然而，从来没有过真正的反抗，也没有谁为此流血牺牲。事实上，几乎没有发生任何改变，从前的大部分市长都得以留任；一些英国人被委任了更重要的城主、总管等职位，但大部分行政权还留在法国人手中。这片土地的统治者并不是英国国王，而是在波尔多的黑太子，他已被爱德华封为阿基坦公爵。

1360年10月，在法国支付了40万金克朗，即赎金第一期款项的三分之二后，爱德华三世允许约翰二世回家，并留下他的3个儿子作为人质。（这笔赎金部分来自食盐、酒及其他商品的消费税，税源不太稳定；部分来自约翰嫁女所获得的收入——他把自己年仅11岁的女儿伊莎贝拉许配给声名狼藉的米兰公爵吉安·加莱亚佐·维斯孔蒂的儿子，有人说"法国国王出卖了自己的骨肉"。）不幸的是，安茹公爵——约翰作为人质的儿子之一——打破了誓言，去与自己年轻美丽的妻子相会，拒绝再回到伦敦。约翰二世很讲骑士精神，他于1364年再次回到伦敦接受关押，受到了国君一般的礼遇。事实上，他受到的礼遇是如此之高，据说那些宴席和聚会都让他有些吃不消了。1364年4月8日，约翰在萨伏伊宫去世，年仅44岁。圣保罗大教堂为他举行了一场盛大的安魂弥撒，他的遗体被送回法国，埋葬在圣丹尼教堂。

虽然爱德华三世没能赢得法国王冠，但在同时代的人眼中，他也一定大赚了一笔。毫无疑问，《布雷蒂尼和约》是一项伟大的成就。像英格兰这样贫穷、弱小、以前同"军事"毫不沾边的国家，也能让法兰西这样富裕、强大的邻国屈服，这的确是一件了不起的壮举。

当然，这对法国人来说是一场灾难。爱德华的胜利并不仅仅意味着"法国王室蒙羞"和几场战役的惨败。修道院长韦内特的约翰讲述了法国战败对他造成的影响："香槟附近的韦内特是我生长的地方，它连同附近许多村子都被战火吞噬了，这令人悲痛万分。"他还说，再没有人修剪葡萄藤、阻止其衰败腐烂，也没有人到田间播种、犁地，没有绵羊和牛群供野狼猎杀，道路荒草丛生。"房屋和教堂也不再因新修缮的屋顶而闪耀着令人愉悦的光辉，到处都散落着黑烟滚滚的废墟，荨麻和蓟草四处疯长，其景象令人忍不住悲伤落泪。动听的钟声仍时时敲响，但不是为了召集大伙儿聆听布道、虔奉上帝，而是警告敌人来袭，以便人们在敌人到来之前找到藏身之所。对此，我还能说些什么呢？"

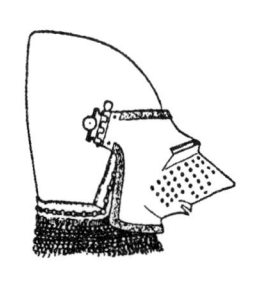

第 4 章

"智者"查理

1360—1380

啊，法兰西！你对你朋友善意的拥抱为什么这样顽固？

——莎士比亚《爱德华三世》

去他的英国国王！

——《百年战争之歌》

法国国王查理五世统治时期，也是爱德华三世和黑太子尝到失败滋味的时期。英国人丢掉了从《布雷蒂尼和约》中得到的一切，只剩下吉耶纳和加莱。金雀花王朝第一次遭遇比他们更强大的对手。

查理五世是法国一位真正伟大的统治者。他有着一张不讨人喜欢的骨感瘦削的脸，带着一丝揶揄的表情。（有那么几年，卢浮宫地铁站里装饰着一座中世纪查理五世雕像的仿制品，其原件是查理同时代的人以圣路易的形象为他塑造的，使他看上去颇具魅力。）他的身体状况极差，患有溃疡病，血液循环也不好，还经常因某种诊断不出来的病症而备感疲惫，必须卧床休息。即便他想成为一个充满行动力的人，他的身体状况也不允许。事实上，他非常虔诚，极其喜爱读书，对神学和历史充满兴趣，在卢浮宫的高塔里设置了一个约有1200册藏书的图书馆，在那个时代可称得上是一位真正的学者。编年史家称他为"智者"查理（*Calorus Sapiens*），其本义更多是指他是"博学之士"而非"明智之士"。与其父一样，他也认为"王权"这一概念是非常宏大、壮丽的——他拥有令人惊叹的华丽宫廷。但是，查理五世有着非常独特的才能，这使他得以用一种颇为精妙的法律手段实行统治；他对程序的正确性和微小细节有着律师一般的热情。

这位法国新君一开始并不打算直接对抗英国，也不想推翻《布雷蒂尼和约》，这为他带来了喘息的时间。他首先需要解决另外4个问题——布列塔尼战争、纳瓦尔国王、佛兰德斯爵位继承问题和自由雇佣兵团（匪兵）。

历经20年的血腥战争，蒙福尔家族和布卢瓦家族还在为布列塔尼公爵领的归属征战不休，而英国人则像以往一样贪婪地持续不断地从中取利。（曾经随母亲撤退到英格兰的）布列塔尼公爵约翰四世已于1362年回到故乡，并于1364年9月（在约翰·钱多斯爵士和休·卡尔维利爵士的卓越指导下）在欧赖最终击败并杀死了他的竞争对手——布卢瓦的查理。尽管这位亲法国的候选人落选了，但布列塔尼终于恢复了和平与稳定，约翰公爵也在1365年向国王查理五世宣示效忠。

纳瓦尔国王"坏人"查理则是一个更为棘手的问题，因为他的领地靠近巴黎，能够对法国首都进行封锁。约翰二世把勃艮第公爵领封给了他自己的儿子腓力。而通过祖母的血缘关系，纳瓦尔国王对勃艮第的继承权要优先于瓦卢瓦家族的表兄弟们，因此，他又一次被剥夺了继承权。这个举动彻底激怒了纳瓦尔国王，促使他于1364年初再次造反。他召集了诺曼底的追随者，招募"匪兵"以及在可畏的比什领主领导下的加斯科尼雇佣军。然而在1364年5月，加斯科尼人在科舍雷尔被法军彻底击溃，随后法军深入诺曼底，攻占了纳瓦尔的要塞。次年，纳瓦尔国王同法国国王讲和，放弃了自己在巴黎附近的所有领地。在此之后，纳瓦尔国王仍是法国国王的死敌，但再也不能对法国王室造成真正的威胁了。

佛兰德斯又一次即将落入英国人之手。这次，佛兰德斯伯爵路易决定把女儿和继承人玛格丽特嫁给英国王子、剑桥伯爵埃德蒙；而爱德华三世愿意将法国北部的所有领地赠予他的儿子。查理五世对此非常警觉，让教宗下令禁止了这桩婚姻，理由是双方有血缘关系。经过多年的外交努力，查理最终成功地让玛格丽特嫁给了他的兄弟勃艮第公爵腓力。在此之后，瓦卢瓦家族或许会对两个大封地的联姻懊悔不已，但这至少比法国北部成为又一个"吉耶纳"要好得多。

自由雇佣军团的"匪兵"是所有问题中最棘手的一个。他们人数众多，许多老兵不愿意回到贫困的生活状态甚至农奴身份中去。他们通常都曾在黑太子手下服役，在军队解散后远离故土，在法国谋生。匪兵非常专业，每个抢劫队都有像样的指挥体系，包括负责收集和分配战利品的秘书和分派官（butinier）；有的抢劫队还有自己的制服，例如由可怕的主祭阿尔诺·德·塞尔沃率领的"白军"。匪兵里有布列塔尼人、西班牙人、德意志人，当然还有英国人，但大多数都是加斯科尼人。不过，指挥官几乎都是英国人，例如约翰·霍克伍德爵士、罗伯特·诺利斯爵士、休·卡尔维利爵士、约翰·克雷斯威尔爵士等。

这些匪兵经常"毫无理由地破坏整个乡村地区，抢走所能得到的一切，不论老幼、毫无怜惜地侵犯和玷污妇女，残忍地杀害男人、女人和儿童"。按惯例，俘虏都惨遭酷刑折磨，以期从他们口中得到财富的藏匿地点，就连粮食也不放过。匪兵生活中的不确定性和其暴力程度一样强烈：主祭阿尔诺搜刮了一大笔财富，却被自己的部队私刑处死；一位名叫塞甘·德·巴德福尔的加斯科尼头领总是"带着大批战利品和财宝"回到吉耶纳，却因愚蠢地向纳瓦尔国王索要欠款而被毒死。英国的首领们同样贪婪，对拥有上好酒窖的修道院兴趣浓厚，但命运似乎比其他人要好一些。据说，约翰·哈尔斯顿爵士为部下举行了一次宴会，用从香槟地区的教堂抢来的 100 个圣餐杯喝酒。值得注意的是，法国人将这些自由雇佣军团通通称作"英国人"，无论其原籍在哪里——梅济耶尔的腓力[①]说：这些英国人是上帝降下的灾祸。

《布雷蒂尼和约》缔结之后，匪兵的活动更加猖獗，"英国人、加斯科尼人和德意志人声称自己需要生存"，拒绝从堡垒中撤出。此前，他们以这些堡垒为中心收取"保护费"，在榨干周边地区后转移并攻取下一个堡垒。他们只不过是实践英国人之前的发明："骑行劫掠"和收"保护费"。这些匪兵小分队聚集在一起，组成更庞大的"大匪团"(Grand Company)。大匪团以国籍划分为好几"路"，危险性更高。1361 年，一支大匪团进入位于罗讷河谷的阿维农，抓住教宗勒索赎金；另一支被称为"后来者"的大匪团尤其恶毒，在里昂地区肆虐。1363 年，主祭阿尔诺在布里涅击败了由波旁公爵率领的一支大军，后者最终因伤势过重而死去。

[①] 一名法国士兵、作者（1327—1405），生于皮卡第的梅济耶尔堡。

查理既没有军队，也没有钱来对付这些害虫。地方官员们不得不一次又一次出钱让他们离开自己的管辖地。国王也曾努力劝说他们到别处去抢劫。他雇用了一位不知名的下层侍从——曾与匪兵们一同抢掠的布列塔尼人贝特朗·杜·盖克兰爵士，劝说这些匪兵成为十字军，帮助受到土耳其人威胁的匈牙利人，但这个计划失败了。1365年，一个绝佳的机会来临。特拉斯塔马拉的亨利觊觎卡斯蒂利亚王位，请求查理帮助他对抗亨利同父异母的兄弟、卡斯蒂利亚国王"残忍的"佩德罗。查理非常高兴，派杜·盖克兰率领他能找到的所有匪兵团翻越比利牛斯山帮助亨利。他们获得大胜，亨利登上了卡斯蒂利亚的王位。但两年后，黑太子在纳胡拉击败了亨利，匪兵团再次涌入法兰西。

"残忍的"佩德罗向阿基坦公爵（即黑太子）求救，并许给他吉普斯夸地区和丰厚的报酬。黑太子也是比斯开湾沿岸的统治者之一，他积极回应了佩德罗的请求，率领一支由吉耶纳人、纳瓦尔人、流亡卡斯蒂利亚人和"鲁特人"（rutters，当时英国人对匪兵的称呼）组成的军队南下前往埃布罗河。1367年4月2日，他在纳胡拉打了一场大胜仗——"这是一场极其危险的战役，伤亡巨大"——并让佩德罗再次登上王位。这不仅仅是一场充满骑士精神的冒险：如果卡斯蒂利亚对英国友好，就不会让法国利用卡斯蒂利亚桨帆船对抗英国。不幸的是，为了履行骑士准则，黑太子拒绝将俘虏的特拉斯塔马拉的亨利交给佩德罗，而1369年佩德罗再次被亨利推翻，并最终被杀害，这位亨利显然不会是英国的朋友。更糟糕的是，佩德罗没能如约支付黑太子60万弗洛林,而黑太子还指望用这笔钱支付远征的费用。这位王子殿下现在只能用自己领地的钱来买单了。(黑太子唯一可见的收获是一颗大"红宝石"——实际上是一颗石榴石,这颗宝石原属格拉纳达苏丹所有,现在仍是镶嵌在英国的帝国皇冠上的一颗著名宝石。)

从一开始,黑太子在阿基坦的统治就不十分稳固。他和王妃在波尔多和昂古莱姆拥有大片领地,这片土地"如此广阔,在基督教世界中首屈一指"。(1361年,他娶了自己金雀花王室的堂姑母,美丽的肯特女伯爵琼安;她年过30,结过两次婚,其中一位前夫还活着,而且她还身无分文。教宗为她颁发了豁免令,宣布她与这位前夫的婚姻无效。)尽管钱多斯传令官曾激情四溢地写道,黑太子的宫廷"充满高贵、喜悦和欢宴,既慷慨,又充满绅士风度和荣耀感,所有臣民都热爱他。"但在各地,抱怨的声音还是有很多。太多英国人追随黑太子来到阿基坦,最好的职位都被他们占据了。吉耶纳人不喜欢这个充满活力的统治者,"既不够高贵,也没有优雅的举止",而且这位统治者就在眼前,而非远在海峡另一侧。黑太子的行政改革和迅速扩张的官僚体系激怒了他们。对吉耶纳人而言,英国统治的魅力曾经在于它给他们带来的和平,而现在这种魅力也因新的行政机构消失了。最可恨的是那些新加的税赋。黑太子华丽的宫廷、宴会和骑士比武都需要有人来买单。他连续3年(1364、1365和1366年)在统治全境征收高额炉灶税。因为佩德罗国王没能支付报酬,他又征收了5年的炉灶税。阿基坦的财政大臣是一名英国人,名叫约翰·哈维尔,他在尼奥尔的一次会议上劝说大部分阿基坦贵族同意征收新税，但他们内心都极不情愿。约翰·钱多斯爵士曾警告黑太子，劝他放弃征税，但黑太子并不同意，于是他退隐田园，回到了自己在诺曼底的领地。不仅在那些新获得的领土上，就连在英属吉耶纳的核心地区，人们也开始考虑改变他们的效忠对象。

1368年，在阿马尼亚克伯爵（他在许多事情上都与黑太子意见相左）和阿尔布勒特领主阿尔诺·阿玛尼厄的领导下，一些吉耶纳高级贵族拒绝在自己的领地上征收炉灶税。当时，阿尔布勒特领主正在巴黎迎娶查理五世的妻妹（即波旁家族的玛格丽特），阿马尼亚克伯爵也出席了婚礼，他们突然决定向查理五世申诉，反对黑太子过度征税。如果查理同意接受他们的诉讼，就侵犯了阿基坦的主权，是明白无误地违反《布雷蒂尼和约》的行为。不过，法国王室从未正式宣布放弃吉耶纳的宗主权。查理五世对法律兴趣浓厚——爱德华三世曾嘲笑他不过是一名律师——他很快就意识到，巧妙地利用法律程序能够破坏英国人在法国的地位。

查理已经为战争做了很长时间的准备，他保留并扩展了为筹集约翰的赎金而征收的严苛的消费税，包括间接税、人头税和盐税。虽然查理还欠英国约一半的赎金，他的战争财务主管却能保证他的军队比以往更加准时地收到军饷。法国已停止向英国支付赎金，查理从特殊税里获得的收入也达到爱德华三世征收的战争税总额的10倍。多年来，查理在军事事务方面颁布了许多极富想象力的诏令，最终建立了一支长期军队——尽管还不能称其为常备军——包括3000至6000名重装骑士和

800名十字弓手，由新征收的税金来供养。他尝试建立初级的指挥系统：重装骑士每100人编成一队，由一名司令官统率，上面是副官和骑兵队长。他收紧了对调集和检阅军队、发放军饷的管理，杜绝指挥官吃空饷。查理还要求城镇居民练习射箭，以便在战时保卫自己的城镇；命令城堡主修缮防御工事，定期巡逻，还资助领主们维持一定数量的守备队。一些前线城堡被收归国王所有，毫无防御能力的城堡则通通拆除。卢浮宫的军械库重新被填满，鲁昂的大造船厂开始打造新战舰。

查理从来没有上过战场，但他策划了统治时期内所有的军事行动。他的战略是焦土政策和游击战的结合，并禁止法军同英军开展大规模正面战争。他还雇用了一些新的指挥官，他们都是名不见经传的小人物，要么曾在前线守备军中表现出高超的指挥能力，要么干脆就是匪兵。查理要的就是游击战指挥官，而不是什么高贵的圣骑士。不久，查理麾下就汇集了一帮可畏的将领——克利松的奥利维埃、布锡考特、克拉翁的阿莫里、维莱讷的"口吃的"皮埃尔、海军司令让·德·维埃纳以及被任命为法国骑士统帅的贝特朗·杜·盖克兰。

说到查理的足智多谋，没有比大胆任用杜·盖克兰更好的例子了。佩鲁瓦认为，杜·盖克兰"赢不了一场战役，甚至赢不了任何规模的包围战，只不过善于利用那些将他视为统帅的匪兵，并因此自命不凡罢了"。这个评价并不十分公正。必须承认，杜·盖克兰是一个腐败透顶的将领，但他至少能领会查理国王的费边战术，意识到在正面对抗中法国无法击败英国的弓箭手和重装步兵组合。他虽然不能赢得一场战役，却能赢得整个战争。查理有意地推动这样一名丑陋、毫无天分的小人物转变成为一位平民英雄，为他支付数额极其夸张的赎金，封他做伯爵，最后还把他同法国国王们一起葬在圣丹尼教堂。

整个1368年，查理的密探在阿基坦搜集到近900件针对黑太子的申诉，有大贵族和扈从的，也有城镇、主教和修道院长的。这些都在暗中进行，查理直到年底才公开宣布自己有权受理这些申诉。1369年1月，他向波尔多的黑太子发出诏令，要求他对这些诉状做出回应："我命令你前往巴黎，出席我的贵族会议。"黑太子显然感到十分震惊，他摇了摇头，瞪视着前来送信的法国使臣。"先生们，我很愿意前往巴黎，"他冷冰冰地回应道，"但我向你们保证，我会身穿铠甲，带上我的6万精兵到达。"然而，尽管黑太子能够召集这样一支军队，他也无法与之一同作战了。在西班牙的征战结束后，黑太子就时常被腹泻和无法解释的高烧困扰，还犯了水肿病——此时他只能被担架抬着走。疾病还影响了他的情绪和判断力。

爱德华三世比自己的儿子要精明许多，他看到灾难即将降临，就让黑太子取消了炉灶税。爱德华恳求查理不要受理阿基坦的申诉，建议双方履行10年前的《布雷蒂尼和约》，正式宣布放弃相应权利。查理不予理会，还向爱德华递交了一封正式的挑战书。据弗鲁瓦萨尔记载，这封挑战书是由一名身份极其低微的人递送的，这让爱德华怒不可遏。1369年6月，爱德华向查理宣战。11月，查理宣布收回阿基坦。

在英国人还没搞清楚状况的时候，法国人就占领了阿布维尔和蓬蒂厄伯爵领。战斗还在佩里戈尔、凯尔西和阿让奈打响，整个鲁埃格都落入法国人之手。到 1369 年底，英国人伤亡惨重。黑太子紧急召回约翰·钱多斯爵士，而钱多斯却于新年前夜在黑暗中的小型遭遇战中身亡。连他的对手都对他的死表示哀悼——查理五世说，如果钱多斯还活着，他就能实现长久的和平。

英国人再次使用了经过实践检验的旧战术。爱德华第三个儿子冈特的约翰——现在是兰开斯特公爵——率领一支"骑行劫掠"队于 1369 年仲夏、收获季到来前进入诺曼底。英国政府没钱支付军饷，只能许诺将战利品分给士兵，为此还特地指派了负责收集战利品的官员，因此这支军队更像一个大匪团。事实上，冈特的约翰军中很多人都是匪兵，还有一大群英格兰最穷凶极恶的罪犯，为获得赦免而上战场。第二年，罗伯特·诺利斯爵士被委任为一支更庞大的"骑行劫掠"队的首领——他曾夸口说，既不为英国国王、也不为法国国王而战，只是为了自己。军中许多英国贵族都极其厌恶诺利斯，不愿听命于这位"老土匪"，纷纷自行其是。诺利斯爵士大胆向"法兰西岛"进发，沿途破坏乡野，一直扫荡到巴黎城门下。查理在圣波尔宫中就能看到远处村庄燃烧冒出的黑烟，但坚持不让自己的军队出城应战。最终像 1360 年一样，英军悻悻地离开了。

总之，法国人就算在兵力占优的情况下，也不愿打一场阵地战。法国骑士统帅杜·盖克兰的战术就是突击、埋伏、夜袭和侵扰。他总是集中兵力对付孤立的城镇和堡垒，攻击粮草队和补给车，切断通讯，不时发动突袭以消磨敌军的士气。在包围战中，他会为敌军开出较好的条件，甚至送上钱财，促其早日投降，并且总是信守承诺。他的总战略就是鼓动阿基坦的法国人起义，为达到这一目的，劝诱、贿赂甚至威胁等手段都用上了。对于那些害怕英国人打击报复的人，杜·盖克兰指点他们躲在城墙内直到英国人离开，只攻击那些落单的士兵；他还保证给他们武力支援。

杜·盖克兰的战术在一个名叫利摩日的小镇却不那么有效。1370年，当地主教让·德·克罗率领全镇起义，反抗英国人。黑太子震怒不已，因为这位主教是他儿子的教父，本应是他亲密的朋友。他"以父亲的灵魂"发誓，要让利摩日居民付出高昂代价。整个10月，英军都在利摩日城墙下挖隧道。（中世纪的攻城隧道挖在墙基下，用木头支撑，整个隧道挖好后，一点燃木头，城墙就坍塌了。）守备军试图阻止挖掘却没有成功，而英军挖的隧道有一天突然摧毁了一大片城墙，碎石填平了护城河。守备军还没意识到防线已被突破，英军就如潮水般攻入城内。黑太子躺在担架上被抬进城里，命令士兵们不要给当地居民任何慈悲。"看到男人、女人和儿童跪在王子面前苦苦哀求，真是可怜。然而王子怒火中烧，完全不理会他们。"超过3000名平民惨遭屠杀。守备军的3名指挥官逃过了一劫，只是因为他们同冈特的约翰、其弟剑桥伯爵以及彭布罗克伯爵等3人进行了一对一搏斗，而这3人接受了他们的投降。冈特的约翰还救了主教一命。但利摩日的厄运并没能阻止其他城镇起来反抗英国人。

这场战役几乎是黑太子的最后一战，"因为他的疾病不断恶化"。此外，他的长子之死也对他造成了巨大打击。在医生的建议下，黑太子于1371年1月返回英格兰，让冈特的约翰留下来做统领。他在英国稍稍恢复了一些，于次年再次出航远征，却被恶劣的天气所阻。1372年10月，他最终辞掉了阿基坦的封邑，回到位于伯克姆斯特德的城堡养病。此后，他极少公开露面，更多的时候卧床不起。1376年4月，这朵"英格兰骑士之花"凋零了。他的塑像仍竖立在坎特伯雷大教堂——他穿着盔甲，正如他在普瓦提埃战役时一样。他留下了一段精彩的传奇故事。莎士比亚在《理查二世》中写道：

> 当年那个出类拔萃的青年在战争中虽比狮子还凶猛，在和平时期却比温驯的羔羊还要和善。

英格兰新一代王室骑士是冈特的约翰，他的头衔是卡斯蒂利亚国王和兰开斯特公爵。他可能是英格兰历史上最有权势的臣民。兰开斯特公爵领是一个独立的巴拉丁领地（palatinate）①，英国国王的令状在其中没有效力。冈特的约翰还拥有数不清的富饶领地和财产，遍及全英格兰，上至壮美的萨伏伊宫殿，下至皮克区的大片牧场。他的年收入和扈从仅比其父爱德华三世少一点点。此外，作为"残忍的"佩德罗的女婿，他还是卡斯蒂利亚的正统国王。不过，尽管他充满活力、野心勃勃，却并没有他父亲和哥哥那样的才能，反而是一个软

---

① 其统治者的权力相当于国王。

弱无能的人——他并不能阻挡住法国人的步步进逼。

查理五世不断收回国土。普瓦提埃的市长支持英国人，但市民于1372年打开城门迎接杜·盖克兰，整个普瓦图地区立刻归顺。同年6月，在拉罗歇尔附近，一支卡斯蒂利亚舰队击败了由新任阿基坦总督的彭布罗克伯爵率领的英国舰队，击沉了运送军饷的舰船，并将伯爵本人带回西班牙关押。结果拉罗歇尔的市长制服了英国守备队，迎接杜·盖克兰。这位法国骑士统帅还占领了奥弗涅的乌松，整个昂古莫瓦和圣通日也落入了法国人之手。英国守备军兵力不足，敌人似乎无处不在。英军在诺曼底和布列塔尼的要塞也逐渐失守，就连根西岛也遭法军入侵——为首的将领是威尔士的伊万，原圭内斯地区统治家族的成员。

此时的爱德华三世已年迈昏聩，失去了妻子，被爱丽丝·佩勒斯这位贪婪的情妇玩弄于股掌之间，还可能有些酗酒。他做了最后一次远征努力。1372年8月底，400艘战舰从桑威奇启航，载着4000名重装骑士、1万名弓箭手和正在生病的黑太子，爱德华本人乘坐"上帝恩典"号。在6周时间里，英国舰队总是遇上逆风，不断同海浪搏斗，却一次又一次偏离航向，直到水手们完全绝望，只得原路返航。这次中途夭折的远征花费了90万英镑巨款。"上帝和圣乔治，帮帮我们吧！"年迈的爱德华呼喊道，"法国从来没有过如此邪恶、让我如此头疼的君主。"

第二年，坎特伯雷大主教要求信徒为又一次"骑行劫掠"祝祷，这也是英国应对法国新战术的唯一办法。1373年盛夏，冈特的约翰率3000名重装骑士和8000名弓箭手从加莱出发，踏上最为冒险和大胆的一次征途。他们一路穿越皮卡第、香槟、勃艮第、波旁、奥弗涅和利穆赞，在法国中部开辟出一条可怕的烈焰与破坏之路。他于深冬艰难地穿越奥弗涅群山，因严寒和饥饿丧失了大部分兵员和所有的马匹，最终到达波尔多时只剩下约6000名快要饿死的士兵。这是一次了不起的壮举，毕竟他率领军队在5个月内行军超过600英里。但他没能攻下任何一座城池，也没能找到任何愿与其一战的敌军。

到了1373年底，阿基坦公爵领已不复存在。就连吉耶纳也消失了：在这一年里，安茹公爵拿下了加隆河英占区一侧的巴扎斯，还有通往波尔多的门户拉雷奥尔。阿尔布勒特家族原是金雀花王朝的封臣，现在已投向瓦卢瓦王朝，这如同在阿基坦公爵领内部插入了一根楔子，而现在这一公爵领的面积还不如1337年爱德华发动战争时那么大。更糟的是，包括所有英军要塞在内，布列塔尼的大部分地区都被法国人占领了，布列塔尼公爵已经前往英国避难。在北部，只有加莱和诺曼底的一支守备军仍然坚守。

到了1374年，双方都逐渐对战争感到厌烦了，尤其是在阿基坦。爱德华三世沉溺酒色，耗尽了精力，变成一个留着长长白胡子的糟老头。在他统治的最后几年，真正的权威掌握在冈特的约翰手里，但他的大臣都很不受民众欢迎，他似乎也没能力筹划一场战争——至少不像1340至1350年间那样，有一个整体的战略。国库十分空虚。1369年战争重启之前，法国为约翰二世支付的巨额赎金就已经花光了，英国经济和王室收入还没从黑死病的打击中恢复过来。曾经卓有成效的"骑行劫掠"和其他战术已经完全失灵。冈特的约翰对那次极不愉快的穿越奥弗涅山区之旅还记忆犹新，只盼望早早同法国议和。另一方面，从这一年起，查理五世的健康状况不断恶化，除原有的疾病之外，他还患上了痛风。杜·盖克兰也认为拿下吉耶纳核心地带的希望非常渺茫。1374年1月，杜·盖克兰和冈特的约翰在佩里格签署了在阿基坦全境停战的协议。1375年6月，双方再次签署两年停战协议，除阿基坦外还覆盖了法国全境。教宗格里高利十一世是利穆赞人，家乡在战争中备受摧残，他竭尽全力要让双方缔结一项永久性的和平协议。1375至1377年，一个有些现代化色彩的和平会议在布鲁日召开，双方的枢机主教担任谈判代表，冈特的约翰和勃艮第公爵也参加了会议。在和会上，双方就领土问题达成妥协，但任何一方都不愿意在涉及吉耶纳主权的老问题上让步。尽管如此，在和会结束之日，勃艮第公爵慷慨地为与会各方举办了一次宴会。

1377年6月21日，爱德华三世去世，享年65岁，在当时算是相当长寿了。遗憾的是，因为爱丽丝·佩勒斯这个最不受欢迎的国王情妇，英国臣民对爱德华之死并不感到十分悲痛，尽管他从前是一个伟大的国王。查理五世虽称不上一位游侠骑士，却也不乏骑士精神，他宣称爱德华可与世界上最伟大的英雄们齐名，"他的统治风格既高贵又勇敢"。他召集了全法国的领主，在西岱宫的圣礼拜堂为爱德华举行了追思弥撒。爱德华的继承者是黑太子刚刚年满10岁的儿子，波尔多的理查。

英法战争于1377年再次爆发，这次形势完全转向了另一面。在英国方面,仅有5艘"国王战舰"仍可服役;而法国人一直在鲁昂的大造船厂为海军建造战船,1370年间,他们已经拥有至少25艘战船。尽管英国人能从五港联盟①获得被称为"巴林格"(balinger)的有桨驳船,他们还是需要雇用热那亚人的战船。法国还有一位名叫让·德·维埃纳的优秀海军司令,其战略目标是控制英吉利海峡,阻止英国增援军抵达吉耶纳和布列塔尼,他的指挥大大增强了法国海军的战斗力。爱德华三世去世当月,约50艘战船搭载着4000名法军跨过海峡,扫荡拉伊之后,深入内陆烧掉了刘易斯市,随后再次启航烧毁了普利茅斯。8月,法军回返,烧毁黑斯廷斯,但随后在南安普敦和普尔市被击退。与英军在法国所做的一切相比,这几次突袭几乎算不了什么,但全英国都对此怨愤难当。1380年,法国人还对温切尔西和格雷夫森德发动了几次袭击,但这类"打完就跑"的战术没能切断英国的海上运输线。这条运输线仍由法国加莱到巴约讷一线的滨海要塞所拱卫。

1377年,安茹公爵和法国骑士统帅再次入侵吉耶纳。9月,吉耶纳总管托马斯·费尔顿爵士在埃梅战败被俘,贝尔热拉克也陷落了。但吉耶纳人拒不归降,仍忠于金雀花王朝。弗鲁瓦萨尔对"加斯科尼人"的评价很能说明问题:"他们一点都不坚定(*ils ne sont point estables*)。"——他们并不坚定地支持哪一方,但更喜欢英国,而且一厢情愿地认为英国人总是能

---

① 中世纪英格兰东南部英吉利海峡沿岸诸港的同盟,专为王室提供战船和水手,主要包括黑斯廷斯、新罗姆尼(后被拉伊取代)、海斯、多佛和桑威奇,以及其他一些小镇港口。

赢。确实，虽然法国人用一大笔钱来引诱他，那位来自朗德的加斯科尼大诸侯、比什领主、嘉德勋章骑士让·德·格拉伊三世宁愿死在监牢里，也不愿背叛英国。1379年，一位真正能干的总督来到波尔多，他是嘉德勋章骑士拉比的内维尔男爵，来自达勒姆郡。他采取攻势，像杜·盖克兰那样四处袭扰，沿吉伦特河逆流而上，重新占领了莫尔塔尼。据说，他在担任指挥官的一年时间里，重新占领了80多个城镇、要塞和堡垒。

在其他战线上，英军也挡住了法国人的攻势。法国人占领了布列塔尼，但没能拿下布雷斯特港——白金汉伯爵（爱德华三世的小儿子，未来的格洛斯特公爵）率舰队为这里解了围。查理五世还犯了一个错误：他试图像没收阿基坦一样，从约翰公爵那里没收布列塔尼。布列塔尼人全部都站在他们的公爵一边——他们根本不愿意成为法兰西王国的一部分。约翰公爵在罗伯特·诺利斯爵士的陪伴下回到布列塔尼，受到热烈欢迎。他迅速收复了西部地区，最终重新控制了整个公爵领地。随后，他把布雷斯特港割让给了英国盟友。

1377年，加莱代理长官休·卡尔维利爵士出兵袭扰布洛涅，大肆抢掠并烧毁船只。加莱的马尔克要塞一度落入法国人之手，但当天就被他夺回来了。1378年，纳瓦尔国王又回到人们的视野中：他似乎把埃夫勒让给了冈特的约翰，以此换取与其女儿凯瑟琳的一纸婚约。他还设计毒害查理五世（据说他不久前用此法摆脱了一位烦人的枢机主教），但他的两名密探被捕，暴露了这一计划。法国骑士统帅杜·盖克兰立即入侵了纳瓦尔国王在诺曼底最后的领地。在逃回位于比利牛斯山以南的自己的国家之前,"坏人"查理把瑟堡卖给了英国人,后者迅速派一队守备军入驻其中。

诺曼底、布列塔尼和加莱海峡地区的普通居民继续忍受着英国驻军的烦扰。1370年,科唐坦半岛圣索沃-勒维孔特的英国驻军奴役着263个教区,从每个教区榨取的钱财超过13英镑。布列塔尼的英国人更加贪婪:1384年,他们在布雷斯特的160个教区平均敲诈了近40英镑。他们在瓦讷、普洛埃梅勒和贝谢雷也一样贪婪。在《布雷蒂尼和约》缔结之后的那段平静时期,以及之后英军抵抗法国人的"再征服"活动期间,他们一面勒索着可怜的农民,一面从赎金中大赚了一笔。有些时候赎金高得吓人。1365年,马修·古尔尼爵士用让·德·拉瓦尔榨取了近5000英镑,1375年德雷顿领主巴塞特也从一名俘虏身上榨取了2000英镑。除了赎金和掠夺之外,英军还有其他敛财的办法。1375年,圣索沃-勒维孔特的英国驻军得到9000英镑,条件是他们须放弃这座城堡、平静地离去。(此后,瑟堡代替圣索沃-勒维孔特成为诺曼底的痛苦之源。)

只要士兵努力为英国国王服役,其最残忍的暴行也能被容忍。据让·勒贝尔说,罗伯特·诺利斯爵士曾是最早的"匪兵"之一,他在1358年成为大匪团的司令,当年就敛财10万金克朗(约1.7万英镑)。当时他掌管着卢瓦尔河谷的40座城堡——据说当地农民只要听到他的名字就害怕得投河自尽——带兵袭击了奥尔良城郊,在阿维农对教宗本人进行言语威胁。烧得漆黑的山墙被民众称作"诺利斯的冠冕"。但诺利斯爵士在法国造成的破坏让爱德华三世十分满意,爱德华还正式赦免了他。

后来，诺利斯还成为爱德华的主要将领之一，在1370年率领前面提到的"骑行劫掠"队出击，在1380年又成为另一支劫掠队的参谋长。（1370年，他的日薪是8个先令，即一年146英镑，这可是王侯的待遇。）诺利斯爵士累积了"国王一般的财富"，在伦敦建了一栋像宫殿一样的房子，还买了许多地产。他死于1407年，得享天年，受人敬仰。甚至约翰·钱多斯爵士那位可敬的朋友——休·卡尔维利爵士——也在14世纪60年代末率领2000名"匪兵"蹂躏了阿马尼亚克。卡尔维利爵士是诺利斯的同母异父兄弟，同这位兄弟一样，他也因犯有重罪需要求取国王的赦免。后来，他成为加莱的代理长官，其后又做了布雷斯特的总督。

1376年，议会下院请求国王为尼古拉斯·霍克伍德爵士颁布同诺利斯爵士一样的赦免令。霍克伍德是"鲁特人"中最著名的一个。他是一个埃塞克斯鞣皮匠的儿子，年轻时在伦敦做过裁缝，刚入伍时是一名普通的弓箭手，但在1360年就率领"后来者"匪团敲诈教宗了。两年后，他率领臭名昭著的"白军"翻过阿尔卑斯山，在意大利开始了漫长而荣耀的雇佣兵队长生涯。他最终娶了一个维斯孔蒂家族的私生女为妻，从佛罗伦萨共和国领取了3000金杜卡特①退休金。

还有一个例子可以说明战争期间的社会流动性。诺福克郡某个名叫索尔的农奴于14世纪40年代应征入伍，在布列塔尼服役。到了1373年，他已成为罗伯特·萨尔爵士，担任加莱

---

① 杜卡特（Ducat）是中世纪在多个欧洲国家通用的金币。

附近马尔克要塞的驻军长官。他被爱德华授予骑士爵位,连弗鲁瓦萨尔这样的势利眼也钦佩他的英勇善战,尽管他的最终结局并不那么美好。1381年,他在家乡被一群眼红的农民杀死。(一位编年史家说,罗伯特"是一名强壮勇猛的骑士……也是一个大盗和打手"。)

这场战争在很长一段时间都被看作社会底层向上流动的绝佳契机。15世纪一位名叫尼古拉斯·厄普顿的传令官写道:"那段时期,很多在法国战场上服役的穷人变成了贵族。"除罗伯特·萨尔之外,其他农奴也可能变成穿铠甲的绅士。此外,一些乡绅家族被杀光后,也会为新晋人员留出上升的空间。

许多豪宅大院都是用从法国掠夺来的财富建造的。1364年,科巴姆男爵就是这样修建了肯特的库林堡,爱德华·达林格里奇爵士(1388年布雷斯特的驻军长官)在苏塞克斯的博迪亚姆堡也是如此。此外,约克郡的博尔顿堡大概也是如此——战争中有名的长官理查德·斯科罗普爵士花了12万英镑,费时18年才建成。一些渴望获得救赎的人用这些肮脏的财富修建了宗教设施,例如罗伯特·诺利斯爵士出资修建的庞蒂弗拉克特教堂、沃尔特·曼尼爵士修建的伦敦加尔都西会修道院(Charterhouse)。

英军,尤其是普通的士兵败坏了祖国的名声。以当今国界论,弗鲁瓦萨尔并非法国人,而是比利时人。他认为,英国人"不可一世、脾气暴躁,总是一点就着,很难使其平静下来,也很难与其讲道理。他们以战争和杀人为乐,总是觊觎别人的财产,天生不能同邻国发展友好关系或是结为联盟。天底下没有比英国中等阶级更不值得信赖的人了"。而且,"虽然上流人士天性忠诚正直,普通人却残忍、背信弃义……他们绝不允许上等阶级不花一分钱就拿走任何东西——就连一只鸡、一枚蛋也不行"。

但在战争中,英国贵族与普通人一样贪婪。如前面所说,赚了大钱的并不仅仅是那些冒险家。用已故历史学家K. B. 麦克法兰的话来说,"那些邪恶的上层人士——中世纪英格兰的土地贵族们"也从中获益。他声称:"有理论认为,贵族发动了战争,而雇佣兵结束了战争,这是不对的。"他还列出一连串在战争中扮演关键角色、大量敛财的贵族。在1375年的"贤明议会"①中,嘉德勋章骑士威廉·拉蒂默(曾在克雷西作战)被指控在贝谢雷任指挥官期间敛财8.3万英镑——毫无疑问,他为自己的产业增添了12座庄园。阿伦德尔和萨里伯爵、嘉德勋章骑士理查德·菲查伦——以"圆锥帽"的绰号著称——在1376年死后留下了价值6万英镑的金币和金条。菲查伦是一个很有想象力的投资者,曾大规模放债。不过,在麦克法兰看来(他是研究中世纪英国贵族最权威的学者),阿伦德尔伯爵的财富之源就是百年战争。沃里克伯爵的博尚家族也从14世纪法国的大小战役中大赚了一笔,斯塔福德家族也是如此。为奖励其在战场上的表现,国王让科巴姆家族进入贵族的行列。无论是冒险家还是大贵族,无论是"匪兵"还是资金紧缺

---

① 当时英国人对议会的称谓。大多数英国人都认为官廷腐朽不堪,而议会为改良政府做出了许多真诚的努力。

的弓箭手，所有人都希望战争能够持续进行下去。

在这里必须强调一点，虽然每个人都抱着发财的愿望上战场，但并不是真的每个人都能在百年战争中发财。在富瓦伯爵位于奥尔泰的城堡里，"有一名55岁的加斯科尼扈从，是个名叫莫来翁的巴斯克人，擅长使用武器"。他同弗鲁瓦萨尔一起坐在火炉旁守夜，等待伯爵开始吃晚餐，他迫不及待地要向弗鲁瓦萨尔讲述他的故事。这位巴斯克人（Bascot，或许是"私生子"，即bastard一词的误读）是一个小贵族的私生子，只能靠当兵打仗养活自己。"我的第一场战役是在普瓦提埃，听从比什领主的号令，"巴斯克人说，"那天我抓获了3名俘虏，包括1名骑士和2名扈从，从他们身上赚了4000法郎。"后来他前往普鲁士与条顿骑士团一同作战，之后又回到法国剿灭扎克雷起义，随爱德华三世进攻兰斯。《布雷蒂尼和约》之后，他成为一支匪兵团的首领，与霍克伍德一同前往阿维农勒索教宗。后来，他在休·卡尔维利爵士手下在布列塔尼服役，在欧赖战役中抓捕俘虏——"我从中赚了2000法郎"，他还随黑太子去过西班牙。当英法战争再起时，他抓住获利良机，在阿尔比附近占据了一个城堡，对他来说"值10万法郎"（很有可能是靠从周边村庄敲诈钱财），但"我一直恪守规矩，做个好英国人，在有生之年都会如此"。不过，尽管这位巴斯克人到过许多地方，生活奢华，"就像一位大贵族一样"，他还是认为"损失与收获几乎一样多"，自己在有些时候相当贫困——"如此穷困潦倒"——甚至买不起一匹马。在经历了那么多场战役、抢夺了那么多战利品之后，他最终做了富瓦伯爵家的一名仆役。许多英国士兵也一定像他这样，未能如愿发财致富。

1378年，一名意大利人当选新任教宗，即乌尔班六世。宗座已于1369年从阿维农移回罗马，乌尔班决定进行较为激进的改革，消除法国在罗马教会内部的影响力。一部分枢机主教感觉受到威胁，宣布乌尔班的当选无效，另选出一名教宗，即克莱门七世。查理非常高兴，邀请克莱门在阿维农设立宗座。这就是绵延近半个世纪的西方教会"大分裂"。除法国外，只有苏格兰和那不勒斯人承认克莱门七世，大多数国家都保持中立。当然，英国人热烈支持乌尔班。在此之前，教宗在推动谈判与促进和平方面做出了巨大贡献，但现在再也没有一个国际性的机构来承担调停任务了。

查理五世此时病得更重，他痛苦的一生即将走到尽头。他在近一段时期内都没能取得什么胜利，感到心灰意冷，于是向英国人求和。他同意将多尔多涅河以南的阿基坦地区连同昂古莱姆一起割让给英国，还愿意将自己的女儿嫁给英国国王理查二世；但乌尔班手下的一名枢机主教为年轻的英国国王安排了另一桩婚事，查理的努力宣告失败。此外，查理五世严酷的税收政策让法国人越来越不耐烦，但要打仗就必须花钱。在朗格多克已经发生了几起暴动，收税官被民众处死。虽然暴动都被镇压下去，但国王的意志已有所动摇，他取消了最重要的炉灶税，对战争至关重要的常规财政收入因此而大幅度削减。

英国人唯一的长处就是坚忍不拔。西部元帅阿伦德尔伯爵于1378年圣灵降临节袭击了阿夫勒尔，但遭到激烈抵抗，不得不匆忙撤回到自己的船上。同年，他和冈特的约翰围攻圣马洛，也没有取得什么战果。1380年7月，伯爵的弟弟、英格兰元帅约翰·阿伦德尔爵士率军突袭布列塔尼。这次卑鄙的袭击充分显示了英国人的残暴，以及他们对阿维农教宗的仇恨。约翰·阿伦德尔爵士的军队闯进了一座女修道院，强奸并折磨修女后，带走了其中一部分不幸的女人，好在接下来的旅程中继续享乐。然而，上帝似乎并不赞成对所谓"裂教"和"正统"的修女进行区分。在约翰爵士乘船回英格兰的路上，一场可怕的风暴将他的舰队掀翻，20艘船和1000名士兵沉入海底。只有休·卡尔维利爵士和其他7个人活了下来，被冲到了海滩上。

同月，白金汉伯爵和罗伯特·诺利斯爵士从加莱出发，开始了又一次"骑行劫掠"。他们绕道而行，沿途经过博斯、旺多姆，与布列塔尼公爵约翰在雷恩会师，最终抵达布列塔尼。他们一路上没遇到敌人，只好像往常一样大肆破坏一番，没讨到什么便宜。

同样是在1380年7月，贝特朗·杜·盖克兰在围攻奥弗涅的一座城堡时因病去世。查理五世也仅仅多活了不到3个月；9月16日，他在万塞讷因心脏病发作去世，年仅43岁。他在有生之年虽没能将英国人全部赶出法国，但还是赢回了很大一部分被爱德华三世占领的土地。

第 5 章

理查二世：失落的和平

1380—1399

你（理查）总是让法国人欢喜，以英国的混乱和羞辱为代价，给他们带来和平。

——弗鲁瓦萨尔

对英国人来说……如果放任波尔多的理查胡作非为，他终有一天要毁掉一切。他的心总是向着法国，不可抑制，总有一天他将为自己的所作所为付出代价。

——弗鲁瓦萨尔

1380年的英国和法国国王都还是未成年人。英国国王理查二世1367年出生于波尔多，生性挑剔严苛、专横跋扈、妄自尊大，总是神经过敏，容易树敌。法国国王查理六世比理查小一岁，像他的祖父约翰二世一样耽于享乐、喜好争斗、脾气暴躁、喜怒无常。这两位国王身边都有一些贪心、顽固的叔叔。在英国，冈特的约翰拥有巨大的财富和权力，认为自己也应该坐上王位，当时一些人还猜测他试图取代年轻的理查。另一位叔叔剑桥伯爵（后来的约克公爵）则是一个胆怯的小人物，"一位喜爱轻松生活、捣鼓自己那些小事的王子"。但最小的叔叔——白金汉伯爵、未来的格洛斯特公爵伍德斯托克的托马斯——却是个野心家，性情残暴，后来还杀气腾腾地谋划推翻自己的亲侄子。当时，英国暂由议会选举的御前会议管辖，而这3位英国王室公爵都不愿默默服从、无所作为。另一方面，在法国，勃艮第公爵"大胆的"腓力很快就独掌统治权，安茹公爵专注于争夺那不勒斯王位，贝里公爵则只顾热心赞助艺术创作。[1]

---

[1] 勃艮第公爵、安茹公爵和贝里公爵分别为约翰二世的第四子、第二子和第三子。

这些年的国际战争并不仅仅局限在英国和法国之间。理查二世统治之初，英国议会总是充满担忧地谈论在"法国、西班牙、爱尔兰、阿基坦、布列塔尼和其他地区的战争"，战火随后又蔓延到佛兰德斯、苏格兰和葡萄牙。阿维农和罗马的大分裂使各国间的冲突更加复杂化，再也没有一位不偏不倚的教宗能够居中调停了。现在，法国成为吉耶纳和海上的侵略者，英国人反而害怕起法国入侵来。

理查二世的御前会议面临一项最为紧急的任务，即组建一支足够强大的舰队，击败正在袭击英国南部海岸的法国和卡斯蒂利亚联合舰队；此外，他们还需维持在法国海岸线上的守备军，以保障英国本土至吉耶纳的海上通道。英国在法国海岸需要驻防的城市包括加莱、瑟堡、布雷斯特和巴约讷，是"法国领土的屏障"。仅1377年，为维护这条通道的花销就高达4.6万英镑。英国下院抗议说，为到国外去打仗筹集资金不是他们的义务。到了1380年，英国的御宝已被典当出去，几笔大的国防借款已无法偿还，国库也完全耗尽了。在法国的守备军已有20个星期没有拿到军饷，白金汉伯爵在布列塔尼的军队甚至被拖欠了6个月的薪资。"既为了保障国土安全，也为了维护海上控制权"，议会只好同意对除乞丐之外的英国全体民众征收分级人头税。

每人一"格罗特"（4便士）的税对那些在土地上辛劳耕耘、没有薪水收入的农奴来说是个相当沉重的负担。黑死病造成人口大量减少，使这个等级开始具有一定流动性：他们开始出售劳动力。但农奴还不能离开主人的庄园，外出寻找支付薪水的工作。1381年5月，肯特、苏塞克斯、埃塞克斯和贝德福德的农奴起义，带着弓箭，以圣乔治旗为号令进军伦敦。（值得注意的是，肯特的农奴军拒绝任何住在距海岸线12里格之内的人加入，因为他们的职责是保卫海岸线。）一路上，这些"真正的平民"（true commons）[①]杀掉了所能抓住的每一个收税官，洗劫庄园和修道院，还猥亵了王太后。在伦敦，他们杀了一部分佛兰德斯人和富有的市民，释放监狱里的囚犯，烧毁冈特的约翰的萨伏伊宫和圣约翰骑士修道院[②]，席卷伦敦塔，砍掉坎特伯雷大主教和圣约翰修道院长的头（这两个人分别是当时的大法官和司库）。弗鲁瓦萨尔说，"英格兰此时一败涂地，难以从战乱中恢复"，但又轻蔑地补充道，"这些人中有四分之三都不知道自己的诉求是什么，只是像野兽一样跟在别人后头"。农奴迫使年轻的国王在史密斯菲尔德出面接见他们，但当农奴首领瓦特·泰勒被伦敦市长当面砍掉脑袋之后，"这些粗野的人"陷入恐慌，四散逃跑，起义就这样结束了。对起义者的绞刑持续了整个夏天。毫无疑问，战争税就是点燃农民起义的火星。

在法国，沉重的税收也引发了类似起义。安茹公爵路易

[①] 英国的议会下院即平民院（The Commons），有权决定税收和战争拨款，是平民的代表。这些起义者认为下院支持战争的决议不能代表平民的利益和想法，所以自称为"真正的平民"。
[②] 圣约翰修道院（Knights of St. John）即耶路撒冷圣约翰医院骑士团的修道院。医院骑士团是欧洲历史上三大修士骑士团之一，在欧洲各国都有自己的分支修道院，其修道院长就相当于骑士团团长。

1382年启程去那不勒斯。他之前曾是御前会议的主席，他在短暂的统治期间重新开始征收查理五世废除的税种。愤怒的巴黎市民冲进武器库抢夺武器，自命法国首都的主人，猎杀收税官。在法国北方的部分城市也发生了类似暴动，南方则爆发了全面起义。全靠勃艮第公爵腓力的沉着应对才挽救了局面，他在短时间内迅速集结军队，平息了暴动。在接下来的6年里，他成为法国的实际统治者。

经济问题使英国无力作战，更不用说征服他国了。过度征税扼杀了羊毛贸易，葡萄酒的价格也上涨了一倍。吉耶纳许多葡萄园都因法国军队的破坏而抛荒；因为需要武装舰船护航，波尔多和南安普敦之间的航运费用也贵了许多。1381、1382和1383年，议会都拒绝为战争再征税。守备军的日子很不好过。在此期间，瑟堡指挥官的薪水从1万英镑减少到2000英镑，军队几乎全靠勒索赎金和"保护费"度日。

这时，勃艮第公爵正在收紧对佛兰德斯的控制。从1379年起，他的岳父、佛兰德斯伯爵路易·德·马勒就在同根特的纺织工人交战，1382年路易战败。不久，纺织工人的摄政腓力·范·阿特维尔德（爱德华的老朋友雅各布·范·阿特维尔德的儿子）控制了整个伯爵领。路易向女婿勃艮第公爵求助，阿特维尔德则向英国人求助。英国国王理查二世准备领兵支援佛兰德斯，但议会下院拒绝为他出钱。1382年11月，法军在罗泽贝克击败佛兰德斯枪兵，"毫无怜悯地屠戮了他们，仿佛他们不过是狗"，阿特维尔德也被杀了。路易伯爵于次年去世，此后勃艮第公爵腓力就继承了佛兰德斯伯爵的爵位。

拮据的英国政府找到了教宗乌尔班六世这个盟友。乌尔班对法国"克莱门支持者"的节节胜利感到不安,于是给英国主教们写信,下令对教会财产征税,资助一场针对"敌教宗"(Anti-Pope)支持者的十字军运动。英国主教们卖力地宣传,于是许多英国人相信,若不为如此神圣的事业出资,死后就不能进天堂。仅在伦敦主教区,教会就"征集到满满一大桶金银"。这支"十字军"由年轻的主教诺里奇的亨利·狄斯潘瑟率领,此人喜好战争,有一面华丽的个人旗帜。他带着约2000人,于1383年4月登陆加莱,休·卡尔维利爵士也在其中。他们沿佛兰德斯海岸前进;虽然佛兰德斯人都是坚定的乌尔班支持者,他们还是攻占了几个城镇并围困伊普尔。一支庞大的法国军队前来与之会战,这批人却极不光彩地迅速撤退了,还被围困在格拉沃利讷,不得不向布列塔尼人求救。这位主教回到英格兰后,受到了广泛诘难。

英格兰现在有了一位新的大法官——迈克尔·德·拉波尔,是著名的赫尔羊毛商人威廉·德·拉波尔的儿子——以及新的抚慰政策。德·拉波尔认为,英国王室因连年战争逐渐陷入债务的泥潭,可能会因此丧失对中央政府的控制,使其落入议会手中。他对战争代价的看法是正确的,但他试图维持和平的手段却带来了灾难性的后果。他导致英国本土所有人分为"主战派"和"主和派",还抛弃了英国最忠实的海外盟友。

根特市曾请求英国派一名王子来做摄政,但德·拉波尔只派了约翰·鲍彻爵士和少得可怜的400名士兵。1385年底,根特向勃艮第公爵腓力投降,后者迅速控制了大部分低地国家,还让自己第二个儿子娶了布拉邦的女继承人,从而获取了这片与佛兰德斯同样大小的土地的继承权。这时,英格兰不得不担心法国对其进行经济封锁,扰乱羊毛贸易了。德·拉波尔还激怒了爱德华三世的宠臣、布列塔尼公爵约翰四世,因为他释放了与约翰争夺公爵领的布卢瓦家族成员。1386年,约翰带兵包围了布雷斯特的英国守备军。德·拉波尔为缓和关系所做的一切努力,不但使英国丢掉佛兰德斯和布列塔尼的全部盟友,还导致敌人进攻英国本土。一支法国–苏格兰联军袭扰了英格兰北部地区。此后,这一地区还将出现更加严重的威胁。

德·拉波尔现在已经是萨福克伯爵了,但他仍没有充分认识到英国所面临的威胁。他允许冈特的约翰率一支远征军前往卡斯蒂利亚争夺王位,约翰声称自己的权利来自第二任妻子——"残忍的"佩德罗的女儿。冈特的约翰在1386年7月时离开英国,这简直就是疯狂之举,因为当时英国正面临14世纪初以来最大规模的一次入侵。3万多来自法国各地的军队聚集在斯鲁伊斯港——"入侵英国,攻击那些可恶的英国佬,他们在法国土地上犯下了那么多罪孽,造成这么大的破坏,让我们为那些死在他们手中的亲人朋友报仇!"法国人设置了特殊的补给站,集中了大量粮食、军械和马匹;他们甚至还分块制作了一个可拆卸的木制堡垒,有主楼、瞭望塔和防护墙,用于搭建桥头堡。为运输如此大量的兵力和物资,约1200艘柯克船、桨帆船和驳船聚集在斯鲁伊斯港。

当英国人意识到法军入侵的威胁时,他们被吓坏了。伦敦居民"像喝醉了一样疯狂",在城外坚壁清野,而当时法国人甚至还没有登陆。许多人开始大肆挥霍,浪费了"数千英镑",因为他们坚信英国一定会输。征兵官召集来的军队没有粮饷,在乡野间四处乱窜,大肆抢劫,以至于被禁止进入伦敦城外50英里以内的区域。许多北方来的军队一到南方就被解散并遣送回家,而法国人已近在咫尺。英格兰一片骚动。

不过,英国御前会议有个绝妙的防御计划。国王的舰队将守在泰晤士河里,等敌船被引诱深入内陆后就发起攻击,截断其退路。同时,散落在英国海岸线上的小股部队将在法国人到来前撤退至内陆,并在伦敦附近与主力部队会师。

由于勃艮第公爵腓力生病,法军的入侵计划推迟到了秋天。即将出征时,法国舰队的船长们却告诉最高指挥官,这个季节海上的天气很不稳定。"最强大可敬的领主老爷们:说实话,海上不太平,夜晚也太长、太黑、太冷、太湿、风太大了。我们的补给不够,也没有满月和有利的风向。此外,英国的海岸和港口都很危险,我们很多船只年久失修,很多船只则太小,容易被大船击沉。从9月29日至11月25日,海上的天气是最糟糕的。"于是,在1386年11月中旬,法国决定取消这次入侵。

毫无疑问,如果法国人成功登陆英格兰,他们在英格兰造成的破坏一定不会比英国人在法国造成的破坏少。一些历史学家指出,法军对待本国居民的方式跟英军对待他们的方式同样恶劣,这也表明中世纪晚期的法国并不是一个国家,而是许多个国家的集合。但同样有很多证据表明,所有地区的法国人都把战争的混乱无序、血腥屠杀归因于英国人;值得注意的是,尽管匪兵中有不少法国人,全法国的人都把他们称为"英国人"。法国人极其痛恨英国人,以至于一些奇怪的传说也流传开来,例如,英国人都长着尾巴(这也许是因为威尔士步兵都把长刀挂在背后的腰带上)。

百年战争在英国民族主义崛起的过程中扮演了重要角色。当英国人开始把法国人看作他们天然的猎物时,对法国人的仇恨和轻视情绪就逐渐滋长。尤斯塔歇·德尚①在一首诗里借一名英国士兵之口说:"法国无赖,你除了酗酒什么都不做。"正如法国人一样,英国人这种共同的仇恨超越了地区性认同和忠诚。

尽管如此,当时也有一些最伟大的英国思想家反对战争。受"罗拉德派"追捧的约翰·威克利夫②在《论君主的治理》一书中谴责所有战争,认为战争与上帝"爱邻人"的教导相违背。他还对"任何人都有权利称王称霸、并以此为目的的大开杀戒"这一思想提出质疑。多明我会修士约翰·布罗姆亚德并不是异端分子,他在《传道士大全》一书中也对战争引起的堕落表示忧虑——贪婪、漠视生命、对道德法则毫无顾忌,这在那些拿不到军饷的队伍中尤其常见。

英国议会在 1386 年 10 月的一次会议明显地体现了对法国人的仇恨,这时英格兰还认为自己即将被法国入侵。冈特的

---

① 德尚(1340—1406),中世纪法国诗人,又名尤斯塔歇·莫雷尔。
② 威克利夫(约1320—1384),英国经院神学家,宗教改革先驱,曾将拉丁文《圣经》翻译成英文。

约翰是个温和派，但他远在卡斯蒂利亚，无法对议会施加影响。国王的叔叔白金汉伯爵现在已成为格洛斯特公爵，以他为首的一派反对大法官萨福克伯爵。理查二世以一贯的傲慢态度回应称，他的臣民正在发动叛乱，要向"我的表亲法国国王"寻求帮助，扑灭暴乱。反对派回击道，如果一位国王"在荒谬的建议下鲁莽地一意孤行"，贵族们就有权"将其从王位上拉下来，让王室中另一位近亲登上王位"。格洛斯特公爵话中所说的"近亲"似乎就是他自己，他还要理查多想想爱德华二世的遭遇。他警告理查："法国国王是你的首要敌人，也是你的王国的死敌。一旦他踏上你的土地，他绝不会帮你，而是破坏、抢走你的国家，把你从王位上赶下来……想想你祖父爱德华三世、父亲爱德华王子是如何为征服法国终其一生不懈努力、挥洒汗水和热血的。他们对法国拥有继承权，你也从他们那儿继承了这一权利。"格洛斯特公爵继续说道，数不清的英国人，包括贵族和平民，"在这场战争中失去了生命"；为了打赢这场战争，"英国的普通百姓持续不断地奉献了数不清的财富"。

显然，格洛斯特公爵有很多支持者——如果说英国人不喜欢为战争买单，那么他们更不喜欢被敌国侵略。虽然极不情愿，但理查还是让步了，他撤了萨福克伯爵的职，还定了他一个"极大地损害国王和国家利益"的罪名。以格洛斯特公爵及其主要盟友阿伦德尔伯爵（理查二世非常讨厌的前家庭教师）为首的新御前会议成立了，并对法国发动了为期一年的征伐。1387年3月，在与马尔盖特隔海相望的卡德赞德，阿伦德尔伯爵率60艘战船袭击了一支由拉罗歇尔驶往斯鲁伊斯港的佛兰德斯葡萄酒运输队。伯爵俘虏了55艘佛兰德斯船只，缴获了1.9万桶上好的葡萄酒。这些酒被迅速运回国内后低价卖出，受到民众的极大欢迎，新一届御前会议也一时风头无两——"伯爵受到民众的普遍称颂"。然而，阿伦德尔伯爵继续劫掠佛兰德斯海岸，丧失了占领斯鲁伊斯港，把整个佛兰德斯制海权抓在手里的良机。随后他又向布列塔尼进发，解救了布雷斯特，并试图同约翰公爵达成和解，邀其一同进攻法国。但约翰始终对英国人抱有敌意，他只得返回英格兰。

1387年8月，理查二世宣布亲政，还从亲信中挑选人手组建了新的御前会议。格洛斯特公爵和阿伦德尔伯爵起兵，在拉德科特桥击败了国王的亲信。次年，以格洛斯特和阿伦德尔为首的"弹劾派"贵族在"无情议会"上提起控诉，不顾理查二世的恳求，判决国王的亲信们死刑。随后，布列塔尼公爵终于保证为英国提供协助，格洛斯特和阿伦德尔当即下大力气准备对法国开战。然而冈特的约翰（也是吉耶纳总督）从卡斯蒂利亚回国，拒绝从西南方向入侵法国。布列塔尼公爵得到这一消息后，也决定不参战。阿伦德尔伯爵对他们的背叛一无所知，于1388年6月出发。他此行收获有限，最多只能在奥莱龙岛和拉罗歇尔附近区域骚扰一番。因为布列塔尼人不愿供应马匹，他没能向内陆进发；就算是这些小规模的活动也是在御前会议严令他回国，他却置之不理的情况下完成的。这次战役既惨淡收场，又曾向议会开口要求天文数字般的巨额补助，最终引起了下议院的强烈反感。8月，苏格兰人在奥特本大败佩西家族，震动整个英格兰北部。冈特的约翰和其他大贵族更倾向于同法国媾和了。

在海峡对岸，查理六世正在慢慢长大；和祖父约翰二世一样，他越来越热爱奢侈和华丽的生活方式。查理娶了漂亮、放荡的巴伐利亚公爵之女伊萨博为妻，她更加助长了他对奢华享乐的追求。1388年11月，他把叔叔们从御前会议解职，使他们异常愤怒，又下令父亲统治时期的大臣们官复原职（这些人的"小矮人"这一绰号广为人知，据说是因为他们的脸总是很扭曲，像门环上同样被称为"小矮人"的铺首）。这个群体中的一些人极其能干、头脑冷静，决定同英国保持和平。

在推翻了格洛斯特公爵和阿伦德尔伯爵的统治后，英国御前会议开始同法国谈判媾和。1389年5月，理查二世开始掌握实权，他也想维持和平的局面。这位国王一点也不喜欢战斗；据伊夫舍姆的修道士记载，他"胆小懦弱，在外国战场上少有成功"。此外，理查似乎打从心底里崇拜法国人；他是一个唯美主义者，很可能非常憧憬当时欧洲北部最先进的文明社会。再者，理查的司库一定向他展示了战争的巨额花销，让他明白这远远超出王室日常收入，必须依赖议会上院和下院的支持。

1389年6月18日，法国和英国使臣在加莱附近的勒兰冈签署了一项停战协定。自此之后，理查一直竭尽全力维持和平。1393年，他把瑟堡卖给了新任纳瓦尔国王（后者马上将其转卖给法国人），1396年又把布雷斯特卖给了布列塔尼人。英法双方都试图找到一个永久的解决方案。查理六世及其贵族们希望在解决同英国的问题后，踏上十字军征程，对抗土耳其人。

就连勃艮第公爵腓力也热心维持和平,他非常清楚保持同英格兰良好的商业联系对其臣民来说有多么重要。

但英格兰国内始终有一个主战派。一听说法国准备用阿基坦境内的土地换取其他地方的英占区,格洛斯特公爵抗议道:"法国人想用原本就属于我们的东西来和我们做交易。他们应该十分清楚:我们有约翰国王及其后代签署的宪章,这些文件把阿基坦的所有主权都交给了我们,后来他们又通过欺诈和诡计夺走了阿基坦的一部分。法国人日日夜夜都在试图用阴谋诡计欺瞒我们。如果我们把加莱和他们要求的其他岛屿交还给他们,他们就能掌握整条海岸线周围的制海权,我们在之前的征服中所获得的一切就白白丧失了。因此,只要我还有一口气在,就绝不允许同法国人讲和。"阿伦德尔伯爵也同样表示,自己永远不会改变同法国人决战的主张。

但理查二世的意志十分坚定,他认为吉耶纳是解开一切的钥匙。冈特的约翰已经放弃了卡斯蒂利亚王位,但他还是想做国王。有一种方法能在英法之间建立和平:把吉耶纳从英王国中分离出去,由冈特的约翰及其继承人世代领有。就连格洛斯特公爵也同意这个办法,他仅仅是为了让冈特的约翰待在国外,好让自己"在英格兰为所欲为"——至少弗鲁瓦萨尔是这样认为的。1390年,理查二世封冈特的约翰为吉耶纳公爵,1394年又把这一爵位由终身改为世袭。但吉耶纳人对黑太子时期那段不愉快的历史仍记忆犹新,他们还担心冈特的后代会与瓦卢瓦家族联姻,法国会借此吞并吉耶纳。吉耶纳人起兵反抗冈特的约翰,而后者无法平息叛乱。到了1393年,英法两国都不太情愿地签署了一项为期28年的停战协定。

1396年，理查二世娶了查理六世9岁的女儿伊莎贝尔为妻，获得近17万英镑的嫁妆。他的婚礼在加莱附近举行，这块土地后来成了有名的"金缕地"①。理查与查理会面后，显然深受触动，他甚至做出了一个灾难性的错误决定，许诺将劝说英国教会倒向阿维农教宗，迫使罗马教宗乌尔班退位。历史学家们很可能低估了理查的臣民得知这一消息后的震惊与恐惧。一些英国教士埋怨道："我们的国王已经变成法国人了，他一心想要羞辱和摧毁我们，但他绝不可能做到！"普通伦敦市民也认为理查"有一颗法国心"，对他非常不满。

弗鲁瓦萨尔尽管很不喜欢格洛斯特公爵，也不得不承认他很受欢迎。这位公爵劲头十足，"内心对法国人十分抗拒"，继续进行着与法国人的战争。1396年土耳其人在尼科堡屠杀了大批法国十字军，当这一消息传到英国时，格洛斯特公爵非常高兴，他认为"那些自诩高贵稀有的法国人"活该受此灾难，他还表示，如果自己是国王，一定会趁法国失去大量精锐部队的当口大举进攻。许多英国人都同意公爵的看法。英国已经同法国争战了半个多世纪，几乎每个夏天都有满载着年轻士兵的船只从桑威奇驶往加莱，或从南安普敦驶往波尔多。战斗仍然是贵族的理想职业；对英国贵族来说，成为法国战场上一名指挥官的意义十分重大，不亚于成为一名大使或内阁阁员对

---

① 1520年6月，英国国王亨利八世和法国国王弗朗索瓦一世在这里会面，会面的场景极其壮丽华美，后来这片土地被称为"金缕地"。

现代英国人的意义。除此之外，从格洛斯特公爵到最卑微的农奴，所有等级的英国人都认为在法国服兵役有机会发财。战争花掉了英国王室一大笔钱，却为英国人民创造了一大笔财富；对许多人来说，和平的意义并不仅仅是失业。用现代人的话来说，拒绝继续打仗就像政府突然宣布取缔足球彩票和赌马。

1397年，理查二世终于摧毁了主战派的领袖人物。在6月威斯敏斯特的一次宴会上，格洛斯特公爵给了国王一个除掉自己的机会。当时布雷斯特刚刚被卖给布列塔尼，一些曾在布雷斯特的英国驻军也在宴席上就座。觥筹交错之间，公爵问自己的侄子理查二世，这些人从没按时足量领到军饷，以后要依靠什么生活下去？国王回答说，自己会出钱让他们在伦敦附近4个美丽的村庄定居，也一定会把拖欠的款项付清。格洛斯特勃然大怒："陛下，您在考虑放弃祖先占领的地盘前，至少应该先冒着生命危险从敌人手里夺取一座城池吧！"理查非常生气，格洛斯特公爵也意识到自己失言了。8月，格洛斯特公爵、阿伦德尔伯爵和他们的朋友在苏塞克斯的阿伦德尔城堡秘密聚会，讨论如何夺取权力、把国王投入监牢。不久之后，他们就遭内奸出卖被捕。阿伦德尔伯爵被砍了脑袋，格洛斯特公爵尽管"极尽谦卑地"恳求国王慈悲，也被闷死在加莱监狱的羽毛床上。（但根据弗鲁瓦萨尔的记录，他是被一条毛巾勒死的。）

这时，理查的暴政几乎达到了极点，全然不顾英格兰的成文法和惯例。"国王在英格兰为所欲为，而没有一个人敢说一个不字。"真实的理查比莎士比亚所描写的更具悲剧性，他不仅失去了自己的王国，而且，正是由于他如此迫切地想要全面掌控自己的王国，他才失去了它。最终，他把博林布鲁克的亨利（冈特的约翰的儿子和继承人）驱逐出境，在1398年其父死后又下令将其终身流放、没收所有封地。这一次理查做得太过火了。英国的大贵族早就看不惯他的种种暴行，例如命令自己不喜欢的人缴纳一大笔钱求取宽恕。这次事件最终使他们忍无可忍。1399年，当理查前往爱尔兰时，博林布鲁克的亨利回到英格兰，很快就纠集了一大批支持者，甚至足以迫使国王退位。这时的国王——用一位现代传记作者的话来说——总是"神经质地喃喃自语，即将滑向抑郁症的深渊"。博林布鲁克的亨利即位为亨利四世，也就是兰开斯特王朝的第一位君主。几个月后理查就死了，很有可能是绝食而死——"有的人可怜他，有的人则认为他早就该死了。"弗鲁瓦萨尔如是说。抛开其过错不论，理查二世是真心想同法国讲和的，他的失败意味着战争又将拉开帷幕。

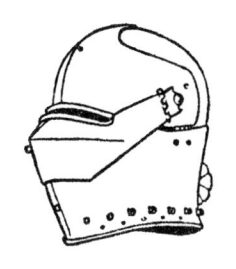

第 6 章

勃艮第和阿马尼亚克：英格兰的机遇

1399—1413

勃艮第公爵……羞愧难当，高声叫道："不要再折磨我了！这是怎样一种恶意？（法国）国王现在很不清醒，上帝帮帮他吧！快跑，我的侄子，快跑啊，国王要杀你！"

——弗鲁瓦萨尔

若不是为了阿马尼亚克的荣耀，诺曼底仍会是法国的地盘，法兰西高贵的血脉不会被分隔，王国里的贵族们不会被流放，战斗不会失败，那么多优秀的人不会在阿金库尔那一夜被杀死，国王也不会失去那么多忠诚的挚友。

——巴黎市民

在法国那一边，形势也朝着不利于两国永久和平的方向发展。瓦卢瓦家族内部争斗日益激烈，即将把法国拖入一场"玫瑰战争"①，最终法国将无力抵挡英军入侵。英国即将迎来一次绝佳的机遇。

1392年，查理六世在森林中骑马漫步时突然发疯，杀死了身边的四个护卫，甚至想杀掉自己的侄子。此后，查理整日在宫廷的走廊上像野狼一样嚎叫；他幻想自己是由玻璃制成的，怀疑每一个走近他身边的人都想把他击碎。他有时能恢复神志，但不久之后又会陷入妄想，疯癫的时间越来越长——"他病入膏肓，已无药可治。"弗鲁瓦萨尔如是说。（查理得的可能是不久前才经医学界确诊的卟啉病，后来英王乔治三世的疯病也是它导致的。）

国王发疯时，勃艮第公爵统治着法兰西，而他每年都要从国库支走八分之一到六分之一的收入，转入自己名下。国王清醒时，则由国王的弟弟奥尔良公爵路易掌权，他的贪婪程度

---

① 原指红白玫瑰战争（1455—1485），是英国国王爱德华三世的两支后裔兰开斯特家族和约克家族之间为了争夺英格兰王位而发生的内战。这里指王室家族内部不同分支为了争夺王位而进行的战争。

绝不亚于勃艮第公爵腓力。路易想利用法兰西的资源实现他在意大利的野心,通过他的妻子、吉安·加雷亚佐·维斯孔蒂的女儿和继承人瓦伦蒂娜承袭米兰的公爵爵位(这位夫人"心志甚高,对世界上一切美好的事物都充满嫉妒和贪婪")。路易开征了沉重的新税,据说还搞巫术,比勃艮第公爵更不受欢迎。法国人开始分裂为两派。但几乎没有人意识到,一场由此导致的延续30年的可怕内战即将开始,法国将任由英国践踏和凌辱。不过,战争在近20年内并没有打响。

法国人对英国国王理查二世退位的消息深感震惊。新国王亨利四世曾宣布放弃理查二世的和平政策,这是他在国内受欢迎的很大一部分原因。但他一登上王位,就迅速派出使臣前往法国,确认两国之间的停战协定仍然有效,查理六世的政府也做出了肯定的回答。这为亨利争取了时间。亨利也不同意放理查二世的小王后伊莎贝尔回国,她直到1400年7月才回到家乡,失去了所有的嫁妆和珠宝。亨利解释说,留下这些嫁妆是因为约翰二世的赎金还没完全付清。

事实上,亨利非常缺钱。理查二世统治时期,从羊毛出口贸易中征收的关税每年可达4.6万英镑,但1403年就下降到2.6万英镑,后来虽有所上涨,也仅能维持在3.6万英镑左右。加莱驻军一年就要花费1.7万英镑,亨利已经无力支付守备军的军饷。最终守备军哗变,亨利只得向各大富商举债,以平息士兵们的怒气。除此之外,亨利还被国内大贵族的反叛和整个威尔士地区的大规模起义搞得筋疲力尽。因此,亨利根本不可能腾出手来进攻法国,但所有人都心知肚明,他早

欧诺雷·博内的《战争之树》是百年战争期间一本专门指导军队将领如何打仗的书，在当时影响颇广。这张图是《战争之树》的卷首页，显示了运气的重要性和肆意发动战争给平民带来的灾难。

萨伏伊宫。"兰开斯特公爵亨利用从贝尔热拉克获得的金钱重新建造了它，共花费了5.2万马克（约3.4万镑）。"1381年起义期间，萨伏伊宫被起义者捣毁。

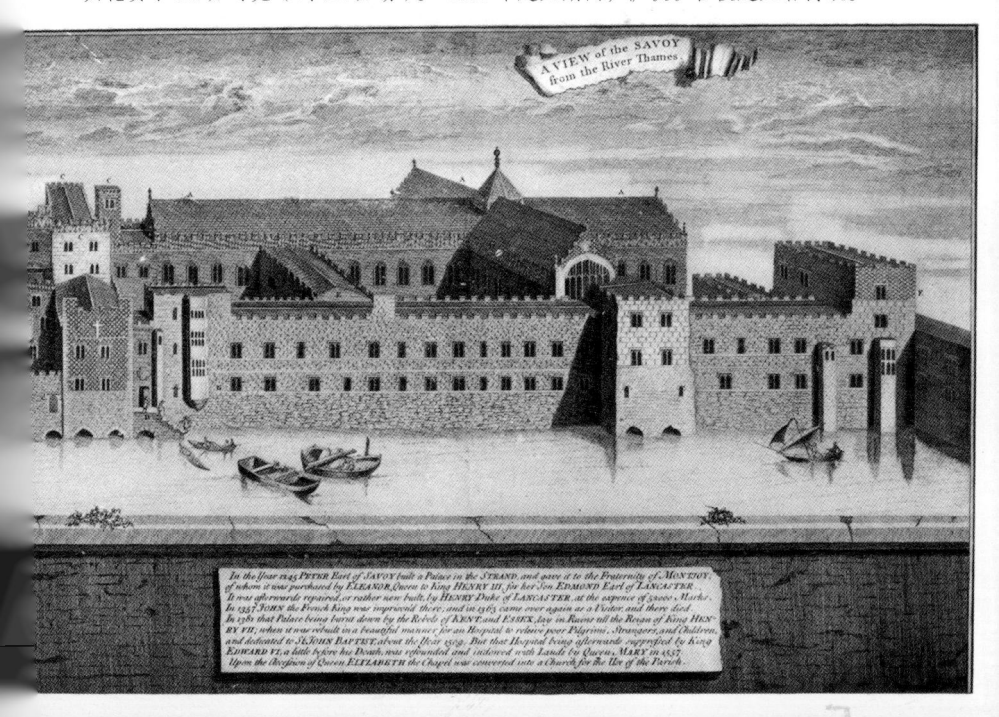

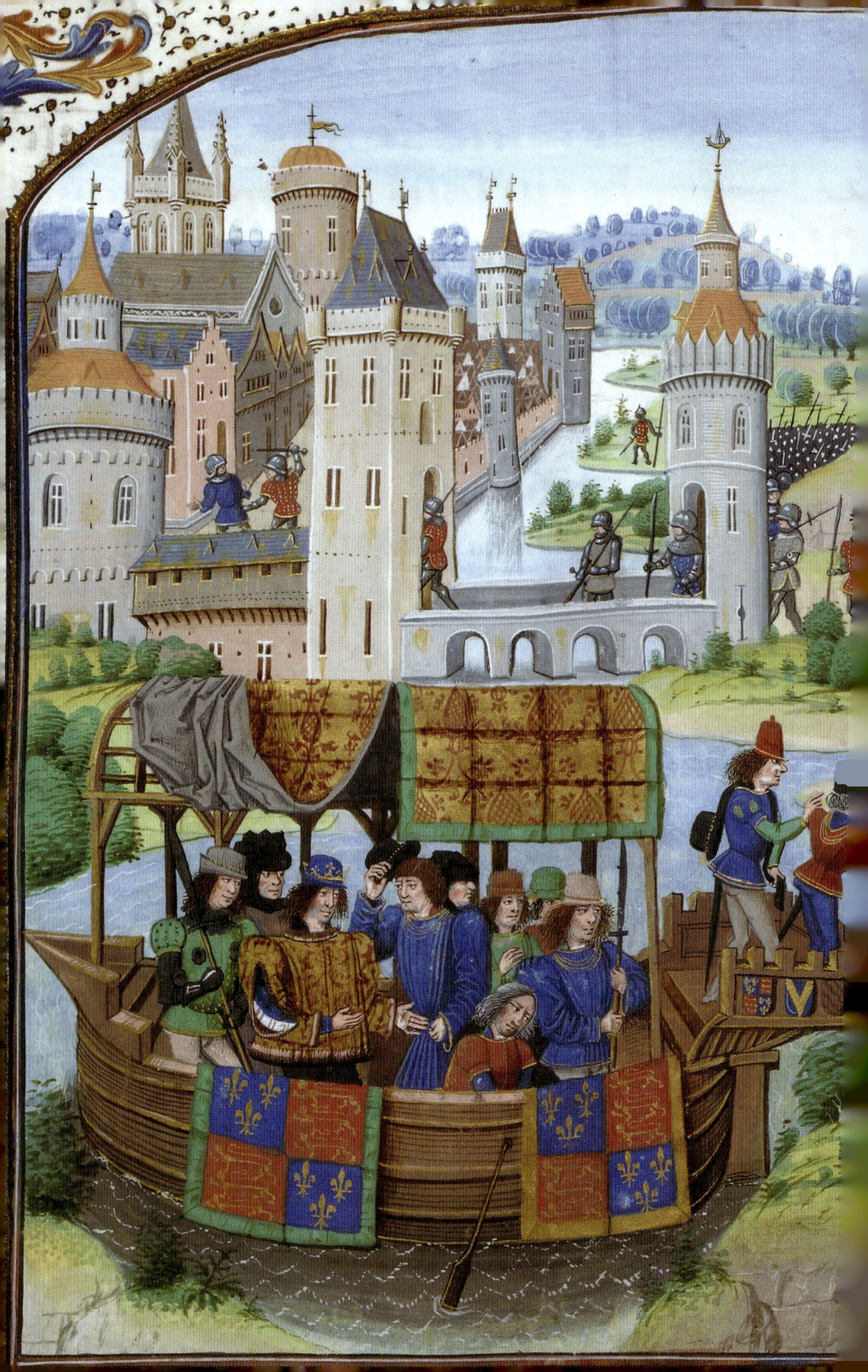

1381年6月13日,理查二世在伦敦城外接见农民起义者,这幅图出自15世纪70年代的一份弗鲁瓦萨尔编年史手抄本。

托马斯·亨格福德爵士（1397年卒）。他曾担任过下议院议长，也曾是冈特的约翰的大管家。他的家族在对法战争中大赚了一笔，还在法利亨格福德建了一座城堡。

右：弗鲁瓦萨尔是14世纪低地国家重要的编年史家，他所著的《弗鲁瓦萨尔编年史》详细记述了百年战争前半期欧洲各个国家的重大事件，他对战场的描述往往引人入胜。

FROISSART

1399年，趁理查二世在爱尔兰征战期间，冈特的约翰的儿子亨利率军进入伦敦，自立为亨利四世，受到了民众的欢迎。理查二世随后被囚禁，并离奇死亡。

英法两军在阿金库尔战场上对峙。这场战役是英法百年战争中著名的以少胜多的战役，英国的长弓在战斗中发挥了不可替代的作用。

亨利五世时期，英国在法国的控制区达到了史上最大的范围。

1419 年 9 月 10 日,阿马尼亚克派在蒙特罗的一座桥上刺杀了勃艮第公爵约翰,勃艮第派与阿马尼亚克派之间的关系变得无法挽回。

晚有一天会这么做。

奥尔良公爵路易认为，法国攻占吉耶纳的时机已经成熟。1402年，查理六世的幼子被授予吉耶纳公爵头衔。这是对亨利四世的公然挑衅，因为亨利已把这个头衔授予了威尔士亲王。1404年，在法国御前会议的支持下，奥尔良公爵路易开始逐步进攻吉耶纳，占领了几座城堡。亨利本打算亲自驰援吉耶纳，却只能派出一支小队伍，由伯克利男爵带队。1405年，吉耶纳的状况更加危险，法国骑士统帅阿尔布勒特领主查理越过东北部边境，克莱蒙伯爵的攻势已经越过了多尔多涅河，阿马尼亚克伯爵从加隆河南岸出兵，威胁波尔多。1406年，敌军抵达弗隆萨克、利布尔纳和圣埃美隆，几乎已届波尔多市郊（对那里的葡萄园造成了巨大损失），波尔多市长托马斯·斯温伯恩爵士开始为应对敌军围城做准备。波尔多大主教写信向亨利紧急求援："我们的情况万分危急，很有可能会陷落。"后来他又写了一封信指责亨利抛弃他们。不过，波尔多人最终抵挡住了法军的攻势，1406年12月在吉伦特河上的一场水战中击败了法军。其他吉耶纳城市也对兰开斯特王室效忠，就算是在法国占领期间，贝尔热拉克也向英国请求派兵保护。1407年，奥尔良公爵没能攻下布莱（吉伦特河边距波尔多最近的一座堡垒），其军队饱受疾病和无休无止的阴雨天气困扰，只得在绝望中撤退。吉耶纳又迎来和平，实力渐渐恢复。

法国人的攻势并不只限于吉耶纳方向。私掠船在英吉利海峡上肆虐；圣波尔伯爵也在1404年袭击了怀特岛，他还以理查二世王后的名义在此索要贡品，但并没有什么收获。法军对达特茅斯和加莱的进攻都以失败收场。1404年7月，查理六世同欧文·格林杜尔①缔结同盟，承认后者为威尔士国君，但法国派出支援他的1000名重装骑士和500名十字弓手因为天气原因没能渡海。第二年，法军终于在米尔福德港登陆，但这支部队规模太小，对威尔士人来说几乎没什么用处。无论如何，欧文的起义已注定要失败。1407年，法国内部形势出现了巨大变化，再也无力干涉威尔士事务，更别提进攻英格兰了。

1400年，法兰西再一次成为西欧最强大的国家。正是法国在1396年派出尼科堡十字军，帮助匈牙利人抵御土耳其人的屠杀。尽管这次十字军远征以惨烈的失败告终，但进行这样大规模的远征本身就是一次壮举。此外，法国控制着在阿维农的教宗，驯服了布列塔尼，吞并了佛兰德斯，控制了低地国家。法国还获得了热那亚的宗主权，推行着一套野心勃勃的意大利政策，下一步很有可能拿下米兰。

但法国的强大只不过是空洞的表象，主要表现为法国宫廷的恢宏气势和诸侯们的壮举，而并没有实质内容。法国全境被划分为大片诸侯领地（apanages）。与英国无封地的虚爵不同，法国的公爵和伯爵们都有实际的领地，有的还是一整个省。这些封地随爵位一起分封，组成了大大小小的半独立国家（巴拉丁领地）。（英国境内勉强与之相似的，恐怕只有兰开斯特公爵领了。）瓦卢瓦家族的这些贪婪的大领主们通常满足于在自

---

① 欧文·格林杜尔（1359—1415），威尔士统治者，长期反抗英国统治，但最终失败。是最后一位保有"威尔士亲王"头衔的威尔士本地人。

己的半独立王国里享受奢华生活，住在漂亮舒适的城堡里，哪怕四周的乡野饱受匪兵肆虐。当然，也有两个是例外：勃艮第公爵和奥尔良公爵。

勃艮第公爵"勇敢的"腓力死于1404年4月，其子"无畏的"约翰继承了爵位——这个诨号出自他在尼科堡十字军中的英勇表现。他是个沉默寡言的小个子，面容冷峻、精力充沛，毫无魅力可言，从当时一张有名的画像上看，他长得非常丑，鼻子极长，下颌突出，嘴唇扭曲。在佩鲁瓦看来，他比他父亲更有野心，并且"性格强硬，愤世嫉俗，工于心计，专横跋扈，总是阴沉着脸，令人扫兴"。他与他那堂兄——优雅、得体但有些行为不检的奥尔良公爵——恰好形成了两个极端。

这两位公爵都决心要统治法兰西，在几乎每一项重要决策上都针锋相对。勃艮第公爵约翰为取悦佛兰德斯的臣民而支持罗马教宗，奥尔良公爵路易则尊奉阿维农教宗；约翰反对同英格兰开战，担心战争会影响佛兰德斯的贸易，路易却对英国人充满敌意。御前会议被两位公爵的大声争吵和相互指责搅得乱七八糟，他们各自的追随者组成两个阵营，在街上大打出手。奥尔良公爵一派的徽章图案是一支木棒，表明路易痛击反对派的决心；勃艮第公爵一派的徽章图案则是木匠的刨子，表明要把奥尔良公爵一派的木棒刨平。1407年11月20日，约翰和路易一起在教堂领受圣体，表明双方达成了和解。但仅仅过了3天，在一个漆黑的星期三夜晚，奥尔良公爵路易看望过王后，沿着圣殿老街走时，遭遇了伏击，他的手被砍掉（这是为防止他召唤魔鬼），脑浆撒得满地都是。勃艮第公爵约翰在他的葬礼上痛哭流涕。"再也没有比这更残忍的谋杀了！"他哭叫道。两天之后，约翰意识到这桩谋杀案的真相即将被揭开，便向一位叔叔和盘托出："是我做的！是魔鬼引诱了我！"他随即逃离巴黎，向佛兰德斯疾驰。

　　法兰西，尤其是巴黎，随即陷入了勃艮第派和阿马尼亚克派两大武装阵营的对立。后者得名于他们的领袖阿马尼亚克伯爵贝尔纳，他的女儿嫁给了奥尔良公爵路易的儿子、爵位继承人查理。勃艮第派的支持者主要是巴黎的工商业者和学者；阿马尼亚克派则代表既得利益者，包括王室高级官员、一小部分更富有的工商业者、在勃艮第公爵统治区域以外的大多数贵族以及王室中的其他王子。1408年，勃艮第公爵约翰从索邦神学院雇了一位神学家，证明他谋杀堂弟的做法是正义的，论证的根据是他的堂弟是一位暴虐的统治者。随后，他回到巴黎，从国王那里领受了一份赦免令。约翰以改革先锋自居，承诺减轻奥尔良公爵路易下令征收的重税，并成功促使国王处决了自己的财政大臣。1411年，约翰完成对政府的清洗，通过慷慨赠礼得到重要的屠夫行会和其他人的支持，最终掌控了整个巴黎城。阿马尼亚克派纠集一支军队，在贝里公爵（查理五世唯一在世的弟弟）的率领下封锁了巴黎。

　　勃艮第公爵随即向英国国王亨利四世求助，承诺把自己的女儿许配给威尔士亲王为妻，将佛兰德斯的四座城镇（包括斯鲁伊斯港在内）给英国，还保证帮助英国占领诺曼底，以换取英国出兵帮助。1411年10月，英国从加莱派出800名重装骑士和2000名弓箭手，由阿伦德尔伯爵统领。亨利本想亲自领兵，但他经年累月患病，无法出征。不久，英国远征军在默朗同约翰和3000名巴黎民兵会师，突袭阿马尼亚克派在圣克劳的据点，打破了巴黎的封锁。随后，阿伦德尔伯爵率军回国。

这时，以贝里公爵为首的阿马尼亚克派也向英国求援，并给出了他们的价码。1412年5月，他们许诺依照1369年的规模将阿基坦全境交还英国，并立即移交吉耶纳边境上的20座要塞，以此换取在3个月内使用英国的1000名重装骑士和3000名弓箭手。8月，亨利四世的第二个儿子克拉伦斯公爵在科唐坦半岛登陆，向布卢瓦进军。这时传来了坏消息：勃艮第军队入侵贝里公爵领地，阿马尼亚克派投降，包括勃艮第公爵在内的所有法国诸侯都不再需要英国的军事协助了。克拉伦斯公爵不为所动，依然跨过卢瓦尔河，穿越荒凉多沼泽的索洛涅地区，顺安德尔山谷向南。法国诸侯只得承诺向英国支付21万金克朗（超过3.4万英镑），其中7.5万金克朗要立即兑现，并送上7名重要的人质作保，英国才肯退兵。英军将领们还额外敲诈了一笔钱财作为个人的报酬。克拉伦斯公爵索要12万克朗，最终得到了4万克朗，外加一个价值1.5万克朗的金质耶稣受难像（上面镶着一颗红宝石，代表耶稣体侧的伤痕，另有三颗钻石分别镶在耶稣掌心和脚心的钉痕处）。克拉伦斯公爵的表哥约克公爵索要4万克朗，得到了5000克朗，外加一个价值4万克朗的大马士革工艺金质十字架。亨利四世的姐夫约翰·康沃尔爵士得到了他索要的全额，共21375克朗。（约翰爵士很可能就是用这笔钱在贝德福德郡的安特希尔造了一栋新宅子；据利兰记载，这是用"他在法国所获的战利品"建成的。）对于英国贵族来说，没有比这更能激发他们的贪婪，并促使他们回想起父辈和祖辈从法国人那里榨取的美妙财富的事情了。克拉伦斯公爵继续率军前行，在波尔多度过了冬天，一路上像过去一样烧杀抢掠。

同一时期，在法国北部，加莱的守备军趁克拉伦斯公爵"骑行劫掠"之机，袭击并占领了巴兰盖姆。这座要塞位于加莱附近的防御线上，为拱卫加莱这座英国人的重要堡垒增添了一处战略据点。

现在，勃艮第公爵也开始对英国全方位大举入侵的可能性感到恐惧。他在巴黎召开三级会议，想要为防范入侵开征新税。三级会议开始批评政府，公爵放出了手下的巴黎刽子手，予以反击。这些人在首领卡布什率领下，开始了为期几周的恐怖统治，既打击富人，也针对阿马尼亚克派。他们的行为过于残暴，许多商人开始反对勃艮第公爵，邀请法国王太子和其他诸侯来拯救巴黎。1413年8月，勃艮第公爵"无畏的"约翰绑架查理六世失败，只得将巴黎拱手让给阿马尼亚克派和贝尔纳伯爵手下那群凶残的加斯科尼人，回到家乡，在自己的半独立王国里度过了几年。可是，他和阿马尼亚克派已经将法国摧毁了。3月20日，亨利四世在威斯敏斯特修道院的耶路撒冷厅咽下了最后一口气，英国有了一位新国王——亨利五世。

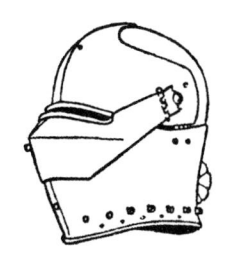

第 7 章

亨利五世和阿金库尔

1413—1422

而且关于血腥杀戮的大兵,又粗暴又狠心,手上沾满鲜血,肆无忌惮,黑了良心,像地狱一般大张着口,他们一定要四处横行,把你们娇艳的少女和初生的婴儿像割草一般剪除净尽。

——莎士比亚《亨利五世》

我们的国王向诺曼底前进,
带着神恩和骑士精神之伟力;
上帝为他显示奇迹,
英格兰大声呼唤叫喊:
"感谢上帝,
感谢上帝保佑英格兰胜利!"

——《阿金库尔颂歌》

在英国传奇故事中，亨利五世是最英勇的一位国王。他是光荣的征服者，在阿金库尔打败了法国骑士，为自己的儿子赢得了法国王位。事实上，这位王身上的很多特质让他不那么像个英雄。他与拿破仑和希特勒非常相像，只不过更有绅士风度、更具中世纪特色罢了。

亨利五世出生于蒙茅斯，是亨利四世的儿子、冈特的约翰的孙子。他于1413年3月继承王位，时年25岁。莎士比亚把他描绘成一个少年时期不守规矩、喜欢纵情欢闹的人，这可能确有几分根据，但这位年轻的国王早已深谙治国之道。他以非常血腥的手段镇压了威尔士起义，还在父亲生病时担任御前会议议长。他个子很高，身强力壮，沉重的盔甲对他来说就像一件轻飘飘的外套。他的头发剪成时下在军人中流行的布丁盆形，眼睛是棕色的，鼻子和脸都很长，容光焕发，总是表现得谦恭而疏离。他没有情妇，至少在当国王期间一个都没有。1415年，一位法国人在温彻斯特见过亨利，觉得他不像个士兵，更像一位教士。毫无疑问，亨利的品位也与教士相仿，他喜欢阅读，经常亲自动笔写信。他还资助圣乐演出，热衷于神学和教会事务。在登基之前，亨利还积极参与镇压异端的活动。有一次他亲自指挥烧死一名被禁锢在桶中的罗拉德派铁匠。当这人开始尖声惨叫时，亨利把他从桶里拉出来，向他保证，若他改变信仰就能获得一笔补偿金。这名铁匠（坚决否认圣餐变体论）拒绝改宗，随后又被放入木桶里烧死。

这位节俭的、清教徒一般的金雀花君主既专制又冷酷残忍，却也有一丝今天常说的"领袖魅力"，能使人真心效忠于他。莎士比亚认为他行止庄严，有些妄自尊大。一位维多利亚时代的历史学家认为亨利"强硬、有控制欲、野心过分膨胀、顽固偏执、道貌岸然、自以为是"，却也承认"总的来看，他毫无疑问是当时英国最伟大的人"。但在亨利的性格中，也有一些不那么"英国"的特质。一位现代历史学家（E.F.雅各布）认为，亨利五世有些意大利式的特质，像埃斯特家族或冈察加家族的人；佩鲁瓦则认为亨利"属于意大利暴君的时代"。

亨利做事一心一意，表现出他内心的某种紧张感。这或许是因为他对王位的继承权并非确凿无疑，尽管他不愿意，却又总是不自觉地承认这一点。他是爱德华三世第三个儿子的后代，而马奇伯爵是第二个儿子的女性支系后代。理查二世确实曾将一位马奇伯爵排在继承顺位的前列，马奇女伯爵的后代之后也将因自己的血统登上王位，建立了约克王朝。英国人都知道，金雀花王朝对法国王位的主张也是源自一条女性支系。亨利本人十分自信，可以慷慨地把马奇伯爵从监狱里放出来，也可以将理查二世重新安葬在威斯敏斯特的华丽王墓里，但这一丝疑问和不安感始终萦绕着他，使他有时近乎歇斯底里地坚持行使自己的正当权利——尤其在法国，这非常不符合逻辑——还使他狂热地相信，上帝就站在他这一边。

无论如何，亨利五世必然要跨过海峡，向瓦卢瓦王朝发起进攻。他的父亲亨利四世早就想这么干了，只是受制于国内事务和自身疾病而无法实现。但现在威尔士叛乱已经平定，这位年轻的英国国王自信可以解决国内一切麻烦。他毫不费力地粉碎了约翰·奥尔德斯卡尔爵士策划的罗拉德派阴谋，把它扼杀在萌芽阶段。他还阻挡了苏格兰人的入侵，并把国王詹姆士一世囚禁在伦敦塔里。亨利或许认为，通过重启英法战争，可以使英格兰团结一心。最重要的是，法国此时仍处于持续混乱状态，在阿马尼亚克派和勃艮第派的斗争中四分五裂。对于任何一位野心勃勃的英国国王来说，这都是不可错过的良机。

1413年，以阿马尼亚克伯爵和法国骑士统帅阿尔布勒特的查理为首的阿马尼亚克派控制了包括首都巴黎在内的大部分地区。勃艮第公爵约翰躲在自己的地盘里生闷气，而他的支持者在其他地区饱受迫害和屠杀。1414年初，一支勃艮第军队试图夺回巴黎，但没有成功。阿马尼亚克派借此宣布将入侵勃艮第，废黜公爵。双方都与英国国王亨利五世进行了谈判。

勃艮第公爵约翰的使者在1414年春天来到英格兰。他表示他们只需要2000名英国士兵，并保证，一旦打垮阿马尼亚克派，就会把这一派首领们占据的加斯科尼土地送给亨利，再加上昂古莫瓦。但到当年秋天，英国人狮子大开口，吓坏了约翰公爵：他们要求收回《布雷蒂尼和约》中划分给英国的所有土地，再加上贝里地区，还要公爵承认亨利为法兰西国王。

在这段时期，亨利还同阿马尼亚克派谈判，要求娶查理六世的女儿为妻,外加 1000 万金克朗作为嫁妆。亨利的使者还雄辩地指出,通过女性支系继承法国王位是十分正当的。谈判一开始,亨利的要价就比《布雷蒂尼和约》要高,还在每次会谈中继续加价。与莎士比亚的描写不同,阿马尼亚克派并不小气,他们甚至急不可耐地要献出一位法国公主,还打算将阿基坦的状态恢复到 1369 年——虽然不包括阿基坦的主权——外加支付约翰二世剩余的赎金。但亨利执意要获得阿基坦的主权,另外还要诺曼底。阿马尼亚克派的使者做了最后一次努力。在 1414 年盛夏的温彻斯特,英国大法官博福特主教通知阿马尼亚克派使者:如果亨利国王得不到阿基坦、诺曼底、安茹、都兰、普瓦图、曼恩和蓬蒂厄,他就会亲自带兵前来夺取。法国使者只能失望地回国。亨利坚持认为,法国使者对重启战争负有责任,这无疑使他们感到非常气愤;他们很清楚,亨利在前一年就开始为战争做准备了。

  同爱德华三世统治时期一样,亨利五世面临的最大问题就是财政。前文已经说过,亨利四世时期的王室正常收入已经比爱德华三世时代少了很多。不过,亨利五世的臣民对战争抱有很大期望,乐于借钱给他。1414 年 11 月,在博福特主教的呼吁下,议会为亨利拨付了一笔极为慷慨的补贴款。但这笔钱还远远不够,国王又派专员到全国各地借钱,这个做法在整个亨利五世统治时期都一直存在。亨利从高级教士和修道院、贵族和乡绅、市镇团体和议员个人那里借到了无息贷款,伦敦富商迪克·惠廷顿贡献了至少 2000 英镑,一些小商人也拿出了一些小钱,最少的金额为 10 便士。与爱德华三世的贷款不同,亨利五世时期的大部分借款都得到了偿还。

亨利的军队是通过契约体系招募的，每个将领都须按规定的数字和比例雇用重装骑士和弓箭手。第一笔佣金通常由将领出，随后国库会把相应的钱支付给各位将领，并承担余下的佣金开支。弓箭手的装备在这100年间并没有什么变化，但重装骑士的甲胄却与克雷西和普瓦提埃战役时期有很大不同。在过去的50年间，板甲取代了锁子甲，以抵御弓箭。这时的板甲表现出惊人的灵活性，越来越多的骑士开始徒步战斗，不再骑马。但这种铠甲无疑是十分沉重的，甚至可达66磅。这种铠甲制作精良，通常是英国贵族们从米兰或纽伦堡进口的。此外，重装骑士在战斗时更多使用捶击类而非砍削、穿刺类兵器，即狼牙棒、战锤或长柄斧，这些兵器需要两手握持，因此他们也不再携带盾牌。

亨利总共募集了8000名弓箭手和2000名重装骑士，此外还有一些不穿铠甲的枪骑兵和刀斧手。一支由65名炮手组成的炮兵部队作为火力支援，该炮兵部队已经筹备了两年之久。粮草、军械、马匹和船只也如上个世纪那样被大规模募集在一起。亨利五世在军事后勤学方面很有天赋，他亲自主持了整个运输行动。为确保新鲜的肉食供应，他下令将活牛、活羊运送到港口。船只由五港联盟提供，或者从别处雇用和征用。最终，亨利在索伦特海峡组建了一支由1500艘船组成的舰队。旗舰"皇家圣三一"号吨位超过540吨，船上有300名水手。亨利在海边的波切斯特城堡住了好几个星期，以一丝不苟的细致和无穷的精力筹划整个舰队的启航。

在此期间，马奇伯爵突然密谋杀害国王，企图自己登上王位(他本是理查二世属意的继承人之子)。这次"南安普敦密谋"很快败露，亨利的堂兄剑桥伯爵，托马斯·格雷爵士和王室司库、马夏姆男爵亨利·斯科罗普是这次密谋的"三恶人"。佩尔西家族和罗拉德派异端约翰·奥尔德卡斯尔爵士也牵涉其中。一周之内，"三恶人"被砍头，英国国内再也没出现什么麻烦。

1415年8月11日是一个阳光灿烂的星期日，亨利五世率船队启航。海上只有一丝微风，因而船队用了三天才渡过海峡。英军并没有如法国人预期的一样在加莱登陆，而是选择了诺曼底塞纳河口的谢夫德科（Chef-de-Caux），就在富裕的阿夫勒尔港外。除了几位非常亲密的近臣之外，亨利并没有向任何人透露这个精挑细选的目的地。阿夫勒尔将成为亨利占领诺曼底、逆流而上进攻巴黎的基地。这就像另一个加莱，但补给线更短，更适合用于入侵法国腹地。然而，阿夫勒尔并不容易攻取，其城墙非常坚固，有26座塔楼和3座带有外堡的城门，装有活动吊桥和吊闸，城外还有一条很深的护城河。阿夫勒尔的守备队有好几百名重装骑士，司令官德斯图特维尔爵士很有能力，难以对付。当亨利要求守备队向"真正的诺曼底公爵"[①]投降时，守备队讥讽道："你什么承诺都不给我们，我们也不会给你任何东西。"

英国人在阿夫勒尔城外挖了一圈壕沟，建起围栏，舰队

[①] 诺曼底公爵头衔原属金雀花王朝，1204年被法国王室收回。

在塞纳河口外巡航,彻底切断了阿夫勒尔从外部取得援助和供给的一切希望。英国人还在城墙下挖攻城隧道,但法国人很善于探测隧道和进行破坏,不断挫败英国人的努力。亨利只能依靠自己的炮兵队,他的铁铸大炮有 12 英尺长,口径超过 2 英尺,用作炮弹的石球每个重达半吨,能够摧毁最坚固的砖石建筑——有时候炮弹也会裂成碎片,成为一种非常原始但杀伤力十足的"开花弹"。麻烦在于如何将这些大炮安置到位,因为阿夫勒尔的守备队也有炮,就安置在城墙上面。英军修建了土垒,在地上开沟槽,用装有轮子的平板车缓慢地推动大炮前进,车上用厚厚的木板抵御攻击。炮兵队损失惨重,最终将大炮挪到了合适的位置,开始轰击城墙。亨利五世常常整夜不睡指挥炮击。部分城墙开始轰鸣着倒塌。但过了一个月后,英军还是没能占领这个小城镇。部分原因是炎夏的热浪;部分是因为很多英军都只能睡在湿地上,喝变质的葡萄酒、苹果酒和被污染的水,痢疾和疟疾大概非常流行。很多人死于疾病,包括阿伦德尔伯爵、马奇伯爵和萨福克伯爵,以及诺里奇主教。"在这次围城中,很多人死于夜间的低温和吃腐烂的水果,一些人则是被腐尸的臭味熏死。"编年史作者卡普格雷夫[①]写道。9 月 17 日,英国人终于占领了一座外堡。

英军炮弹在城内砸毁了很多房子,造成严重伤亡,同时粮食也快被吃光了。市民们向法国王太子及廷臣紧急求援,

[①] 约翰·卡普格雷夫(1393—1464),英国编年史家、圣徒传记作者、经院神学家,曾编写第一部英国圣徒传记《新英格兰传奇》(*Nova Legenda Angliae*)。

但没有收到任何回音。9月18日，守备军请求停战至10月6日，并答应亨利，若到时还等不来援军，就向他投降。亨利却只同意等到9月22日。最终援军还是没有来，于是在9月22日，一个星期日，阿夫勒尔城投降了。亨利光着脚走进城内的大教堂，向上帝表示感恩，随后驱逐了城内所有居民："他们把法国男人、女人和小孩全部赶走，让英国人住了进来。"富商们被送回英格兰以勒索赎金，另外2000名"稍穷一点"的人只得去鲁昂。只有最穷的人才获准留在城里，他们还须宣誓效忠英王。

亨利在法国获得了一个很有用处的基地，但他付出了惨重代价：三分之一的士兵死了，或是在攻城的过程中阵亡，或是死于疾病；很多活着的人也生了重病。亨利在把生病的人送回英国的同时，还必须在阿夫勒尔留下一支守备军。9月3日，他给波尔多市写了一封信，表示他打算沿塞纳河往南，经鲁昂和巴黎到达吉耶纳，这段旅程约几百英里远。亨利的顾问劝他说，这条路根本行不通，但他执意不回英国。亨利决心进行一场"骑行劫掠"，长途奔袭160英里去加莱。这个决策非常古怪，也许他想借此向法国人显示，作为上帝所选择的君主，法国人根本无法伤害他。10月6日，英军从阿夫勒尔出征，亨利五世和格洛斯特公爵率主力部队，约翰·康沃尔爵士率前锋军，约克公爵和牛津伯爵率后卫军。他们舍弃了炮兵部队和辎重，只带着8天的补给——这还是他们考虑到沿路可能一片荒芜、没有食物才带上的。他们根本没料到会遭遇敌军。亨利的计划是向东北方向行军至索姆河，之后沿河往东南方向到达第一个无人守卫的浅滩，渡河之后直奔加莱。

法国王太子的军队打算中途拦截亨利。他集结的兵力比亨利多好几倍，包括奥尔良公爵、波旁公爵、阿朗松公爵、布列塔尼公爵等大贵族，还有勃艮第公爵约翰的两个弟弟——布拉邦公爵和讷韦尔伯爵。王太子本人不能亲自出征。所有贵族都带着装备精良的重装骑士。在亨利离开阿夫勒尔之前，法兰西元帅布锡考特的前军很可能就与阿尔布勒特骑士统帅和法国主力在鲁昂接上了头。对他们来说，跟踪英军的动向易如反掌，因为英军一路上都在焚毁村庄——亨利五世曾经说过，没有烈焰的战争就像"没有芥末酱的腊肠"。

我们从一位随军牧师的记述中可以了解到亨利这次"骑行劫掠"的许多细节。英军在大雨中行进，起先没有意识到后有追兵，直到沿着索姆河走过了一个又一个浅滩之后，才发现出路已经被敌军完全堵死了。爱德华三世曾在"白底通道"成功渡河，此时这个浅滩由布锡考特亲自领兵把守。此外，索姆河正处于丰水期。10月19日，亨利终于在接近索姆河源头的两个浅滩——贝罗尼附近的贝当库尔和瓦耶讷成功渡河。弓箭手们先从贝当库尔齐腰深的河水中蹚过去，重新筑起被法军破坏的堤道；另一队在瓦耶讷也用类似的方式渡河。法军派出骑兵进攻，但被英军击退，亨利的部队得以在天黑后不久就全数渡河。10月20日，法军派出一小队传令官来亨利的营帐下战书。他们对亨利说："我们的贵族们听闻阁下率军来袭，要占领法国的城镇和堡垒。为保卫祖国、履行誓言，许多贵族集结起来捍卫自己的权利。他们要我们来通知阁下，在阁下抵达加莱前,他们将与阁下交战,向阁下的所作所为复仇。"亨利简短地回答道:"就让上帝来裁决一切吧。"他还说,无论路上发生什么,他都会抵达加莱。随后,他给每个传令官100金克朗,让他们离去。亨利这时已经意识到自己着了敌人的道,马上下令全员摆出战斗队形——他显然认为自己随时可能遭受攻击。但法军一直没有出现。

第二天早晨,英军继续在倾盆大雨中艰难前进,狂风不断将雨滴刮进士兵的眼睛里。他们连日来都在从不间断的大雨中行军,基本没遇到什么大麻烦,每天能走18英里。10月24日,约克公爵的侦察兵在细雨中看到了法军的踪迹,他们正向英军右侧靠近,"就像一群数不清的蝗虫"。从他们的行军方向看,法军马上就会截断英军的行进队列。亨利沿着山脊摆开战斗队形,法军看到英军后,也摆好了阵形。法国人在克雷西一战中领受了很多教训,他们不会在接近天黑的时候贸然向如此严阵以待的敌军发起攻击。不过,法军还是继续前进,在黄昏时有效阻断了英军前往加莱的道路。

这时候,撤退已经来不及了。英军在泥水里拖着沉重的步伐向一个叫迈松塞勒的小村庄走去。亨利做了伪装,在布朗吉村附近过夜。他的下属只能被迫在雨中睡在屋外,一些走运的人还能找棵树,或在灌木丛下稍微躲一躲。现在英军只剩下不到6000人——约5000名弓箭手和800名重装骑士。许多人患了痢疾。因为连日在雨里行军,他们缺乏营养,只能吃一点点在野地里找到的野菜和坚果这类冰冷的食物,就连最强壮的人也非常虚弱。那天夜里,英军似乎没怎么生火。弓箭手尤其疲累，因为与重装骑士不同，很多弓箭手没有马匹，必须自己背着武器，其中还包括一个装有50支箭的箭筒和防守用的木桩。所有人都因法军庞大的规模而感到恐惧。就连亨利自己也有些动摇了，他释放了俘虏，向法军指挥官传信，表示如果他能安全到达加莱，就会归还阿夫勒尔，并赔偿他们造成的一切损失。但法国人给的条件太过苛刻：亨利必须放弃除吉耶纳之外在法国的一切权利。

亨利命令军队整夜保持静默，否则将没收骑士的马匹和盔甲，或者割掉普通士卒的一只耳朵。于是，整个英军营地都陷入了怪异的安静，只有武器师傅捶打和磨刀的声音，还有士兵向随军牧师忏悔的低语。法军认为这是个好兆头，证明英军已自认失败。许多英国士兵很可能确实是这么认为的，他们听到敌营那边传过来充满自信的嘈杂声，对方约有4万到5万名重装骑士！这时，亨利派出侦察兵勘察战场。

次日清晨，两军都做好了战斗准备。大雨终于停了，但脚下的田地还是一片湿滑的泥泞——有些地方的泥浆一直没到膝盖。亨利命令他满身泥污的士兵在一片刚收割过的小麦田里列队（队形类似爱德华三世在克雷西战役中用过的那一种）。他自己率领中军，约克公爵率右军，嘉德勋章骑士卡莫伊斯勋爵率左军。重装步兵分为3个战队，每个战队之间是突出的弓箭手楔形队。弓箭手主力在侧翼形成两个角，站得稍稍靠前，方便在法军进攻中军时往中间射击。亨利没有留后备队，但英军两翼都有树林作为掩护。

法军的阵列在英军正北方，也是夹在两片小树林中间，其中一片树林紧挨着特拉姆库尔村，另一片挨着阿金库尔村。这个位置选得很不好，不仅过于狭窄，而且前面的田地还被马蹄搅了个稀烂。法国重装步兵排成了长长的两排，手持锯短了的长枪，余下的重装骑士则骑着马留在后面和两侧。炮兵部队也排在两翼，但被混乱的重装骑士挡住了。而重装骑士发现自己沉重的盔甲在泥地里就是个累赘。布锡考特元帅和阿尔布勒特骑士统帅是名义上的总指挥官，但实际上法军并没有一个真正的指挥系统或领导体制。不过，法军还是足够理智的，知道要等待英军主动进攻。

亨利举行了三场弥撒，在圣餐仪式之后向全军发表演讲。他说，"我来到法国夺取我应得的遗产"，而法国人已经发誓要切断每个英国弓箭手右手的3根手指，"让他们再也无法射出一箭"。尽管亨利的坐骑只是一匹灰色小马，但他头戴镀金的头盔，上面还有缀满珍珠、红宝石和蓝宝石的金冠，形象一定十分伟岸，令人印象深刻。他的军队回喊道："陛下，祈祷上帝为您带来长寿，使您无往不胜。"毫无疑问，士卒们都非常爱戴亨利，相信他的才智，认为他一定能将自己从眼前的危难中拯救出去。

亨利希望法军先动手，好让其弓箭手发挥最大效用。但好几个小时过去了，法军依然按兵不动。大约9点，亨利命令托马斯·厄平厄姆爵士（一位"头发花白的老骑士"）率侧翼弓箭手向前，挺进敌军的攻击范围内。随后，亨利命令其余的部队向前挺进——"掌旗手前进！以耶稣、圣母玛丽亚和圣乔治之名！"英军在胸前划了十字、亲吻土地之后，步履整齐地向

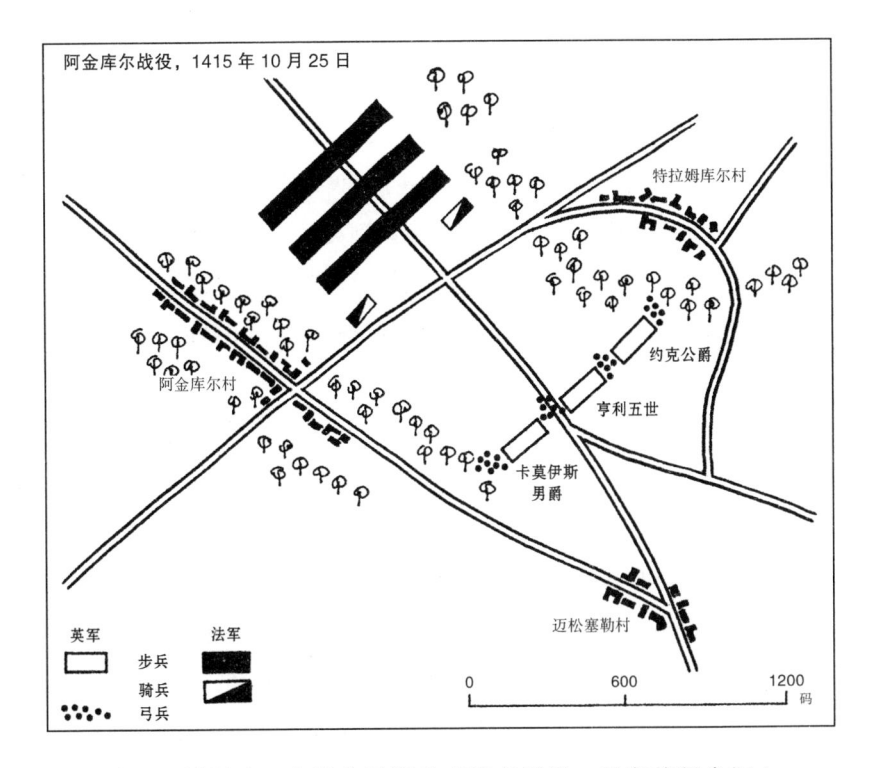

阿金库尔战役，1415年10月25日

特拉姆库尔村
约克公爵
亨利五世
卡莫伊斯男爵
阿金库尔村
迈松塞勒村

英军：步兵、骑兵、弓兵
法军：步兵、骑兵

前越过烂泥地。大部分弓箭手"没有甲胄，只穿着紧身短上衣，把裤腿卷到膝盖上，腰带上挂着短柄斧、战斧或长剑；一些人光着脚，头上什么都没戴，一些人则戴着熟皮小帽"。他们在距敌军不到300码的地方停住了，把尖木桩往身前一插，便开始射击。英军的箭雨既迅速又密集，法军都低下了头，不敢抬眼。法军侧翼的重装骑士铤而走险，向英国弓箭队发起冲锋。如往常一样，弓箭对马匹的伤害最大，很多马开始不受控制地四处乱窜，那些冲到英军阵前的马又被6英尺高的木桩刺穿了——这些木桩和马的前胸一样高。

随后，法军第一排重装步兵组成一个长条方阵，希望以此减少箭雨造成的人员损失。之前的骑兵把田地踩得更烂,他们只能在厚厚的烂泥中缓慢地拖着脚走。英军侧翼的弓箭手开始不间断地向法国方阵两侧射击,羽箭发出恐怖的咻咻和锵锵声,造成很大伤亡。法军好不容易来到英军阵前,其队列已经乱七八糟、挤作一团,厚厚的烂泥严重拖慢了行军速度,他们几乎停了下来。法军既无秩序,又缺乏机动性,正是这两点导致其输掉了战斗。

尽管如此,法军的第一波攻击还是让亨利五世指挥的中军前排的重装骑士后退了几步,几乎要摔倒在地。亨利立即命令弓箭手放下长弓赶来支援步兵,他们"拿起长剑、手斧、木槌、战斧、钩镰和其他武器"向敌人扑过去。战场上的泥泞对弓箭手十分有利,他们可以在笨重的法国士兵身边轻巧地移动,穿过甲胄的关节部分刺杀或砍翻敌人。一些法国重装骑士像被掀翻了的螃蟹一般无助地躺在泥水里奋力扭动,直到英国弓箭手打开他们的面罩,用匕首刺进他们的头部。大多数重装骑士都被淹死在烂泥里,或者被倒下的同伴压在身上窒息而死。

法军的第二排重装骑士还是排成长条方阵,以同样混乱的状态进入战场,遭到英军迎头痛击。英军现在已经站在法国人的尸堆上了。法军将领阿朗松公爵像一头雄狮一样英勇战斗,将格洛斯特公爵和亨利五世都击倒在地——实际上,他已经从亨利的王冠上削下一片花形装饰——但最终还是寡不敌众。他摘下头盔向亨利投降,却迅速被一名发狂的英国骑士用战斧砍死。布拉邦公爵来迟一步,他的上衣已经不见了,只披着一件传令官的无袖制服,被英军缴了械;因为没人认出他的身份,公爵惨遭割喉。只过了半个小时,法军的第一、第二纵队就被消灭了,某些地方尸体堆得比人还高。英军把尸体翻来翻去,寻找战利品,看看有没有哪个值钱的俘虏还活着,找到之后就把俘虏送到后方。不久之后,亨利五世和其他指挥官就下令全军退回原地。剩下的法军仍旧是个威胁。

亨利等待第三波攻击时,有人忽然高声宣告法军援兵到了!这时,他发现几百个农民正在袭击英军的辎重。亨利立即下令处死所有俘虏,只留下位阶最高的几位。负责看守俘虏的人心疼赎金,不愿下手,亨利就调来200名弓箭手执行命令。一位都铎时代的历史学家说,法国俘虏"被匕首刺穿,被战斧砍开头颅,被木槌砸死";为确保他们死透,他们还被"极其残忍地开膛破肚"。有一群人被关押在谷仓里,英国人则点燃谷仓将他们活活烧死。英国作者往往试图粉饰亨利的这种战争暴行,说这是"当时的惯例",但实际上以中世纪的标准来看,杀死已经投降、毫无武装并期待获赎的贵族是一种极其恶劣和残暴的行为。

第三波攻击最终没有到来。剩余的法军兵力仍然比英军多,但这些重装骑士被眼前的屠杀吓坏了,他们拒绝进攻,骑马离开了战场。在不到4小时的时间里,英军出人意料地打败了兵力数倍于己的敌人。法军损失了1万人,其中包括阿朗松公爵、巴尔公爵和布拉邦公爵,大统帅阿尔布勒特(其同僚布锡考特元帅作为俘虏活了下来),讷韦尔伯爵以及另外6名伯爵,120名男爵和1500名骑士。英军损失约300人,其中唯一重要的人物是亨利五世的堂兄、肥胖的约克公爵——他摔倒在地，身上压着许多尸体，不幸窒息而亡；除此之外，还有萨福克伯爵和六七名骑士。不过，很多士兵受伤严重，其中比较有名的是亨利五世的弟弟格洛斯特公爵，他的"膝弯"（in the hammes）受伤了。

亨利国王并没有黑太子那样的骑士风度。当晚，那些位阶较高的俘虏们须在桌旁服侍他用餐。英军又打起了那些还躺在战场上的法军伤者的主意。只要是还有点小钱、可以站起来走路的人都被集合起来，那些没钱或伤得特别严重的就被割了喉咙。第二天，英军满载着从尸体上获得的战利品继续向加莱进发，还拖着1500名战俘。雨又下了起来，这支部队又湿透了，比之前还要饥饿，终于在10月29日到达加莱。在那里，亨利五世受到热烈欢迎，但他的部下却没有得到英雄该有的待遇。有些人甚至被拒绝入城。加莱人提供给他们的水和食物都要价极高，很快就把他们的战利品和富有的俘虏骗光了。（亨利把价值最高的几位俘虏据为己有，赎金一个子儿都不给别人。）

这支队伍再也没有力气征战了，于是亨利于11月中旬启程返回英格兰。11月23日，他进入伦敦，受到伦敦市民狂热的欢迎。人们在街上搭台演戏、盛装游行，还举行舞会、演讲，大唱颂歌——包括那首有名的《阿金库尔颂歌》。喷泉式饮水器里流的都是葡萄酒。全英格兰都陷入了这种乐观情绪，所以在接下来的几年内，亨利为新的远征筹款简直易如反掌。亨利还进入圣保罗大教堂，感谢上帝的恩赐。

佩鲁瓦认为，事实上阿金库尔战役并不具有决定性——这只不过是又一次"骑行劫掠"而已。但亨利决心再现阿金库尔的胜利。他最大限度地利用阿夫勒尔这唯一看得见、摸得着的胜利果实，采取向商人和手工业者提供免费住房等刺激措施，希望他们到阿夫勒尔定居，把它变成诺曼底的"加莱"。

1416年，神圣罗马帝国皇帝西吉斯蒙德来到英格兰，住进威斯敏斯特宫，希望英法两国媾和，以促进教会的统一。他的真正目的是弥合教会的大分裂——这次大分裂在1417年马丁五世被选为教宗之后结束。然而，西吉斯蒙德同亨利五世签订了一项互助联盟的协定。这对勃艮第公爵约翰产生了很大影响，他决定同英国人结盟，在当年10月到加莱面见亨利五世。勃艮第公爵同意做亨利五世的封臣，并承认亨利是法兰西国王，承诺助其废黜查理六世。

亨利五世不仅进行了这一系列外交动作，他还着手打造一支强大的海军。1417年底，"国王舰队"的规模达34艘，而1413年还只有6艘。有的战船体量非常大，一艘名为"圣灵"的船吃水量高达740吨。1430年，一位佛罗伦萨的船长在南安普敦看到了亨利五世的大柯克船"神恩"号，他写道："我从未见过如此庞大、壮丽的工程。我测量了第一甲板上的桅杆，其周长21英尺，高195.5英尺。船头的甲板距水面约50英尺，据说当船在海上航行时，人们会在船头加盖一层走廊。这艘船总长约176.5英尺，宽约96英尺。"除柯克船外，亨利五世的舰队里还有7艘被俘虏的热那亚克拉克帆船和约15艘巴林杰船——一种配有划桨的平底帆船。亨利还在巴约讷订购了一艘大船。他委托一位名叫威廉·索波的富商在南安普敦建造了一个海军基地，就像位于法国鲁昂的大造船厂一样，有一个码头和仓库。

附近的汉布尔还有一些仓库和木制堡垒，船只可以躲藏在这些堡垒后面。"国王舰队"的管理员负责造船、改装，还要供应装备、支付船员的薪水，甚至还需要安排用于运输和巡逻的船只。

亨利五世的海上政策很快有了明显成效。1416年夏，法国人封锁阿夫勒尔，贝德福德公爵率海军击败了法国—热那亚联合舰队，俘虏了多艘敌舰，解救了被围困的阿夫勒尔港。次年，在谢夫德科附近海域，亨廷顿伯爵摧毁了法国海军的残余势力，俘虏4艘克拉克帆船，还有敌将"波旁家族的私生子"。此后，英国海军在英吉利海峡畅通无阻，为亨利再次入侵法国提供了必需的海上通道的控制权。

1417年，亨利在借款之外又从议会争取到了新的补贴，决定重启战端。在其准备活动中，有一项十分离奇却非常实用的命令。1417年2月，亨利五世下令所有郡治安官从每只鹅身上拔6根羽毛送到伦敦，给制箭的工匠做飞箭的尾羽用。当年7月，远征军启航，其规模同1415年那次大致相当，约有1万名士兵搭乘1500艘战船。不过，亨利这次远征的目的与1415年相比有所不同——他打算通过一场漫长的持久战，用围攻的方式一个区域一个区域地占领并征服法国，远征的起点就设在诺曼底。与之前一样，他隐藏了自己的战略意图和目的地，没去加莱或阿夫勒尔，而是于8月1日在图克河口登陆，该地区位于现在的度假胜地杜维尔和特鲁维尔之间。

亨利五世没有遇到任何敌手。法国内战打得正酣，新任骑士统帅阿马尼亚克伯爵不敢走出巴黎一步，因为勃艮第公爵的军队就守在巴黎城外。如果英军能征服下诺曼底地区，就既能获得一个有用的补给基地，享受充足的粮食和牧草，又能切断从安茹或布列塔尼前来解救诺曼底的道路，优哉游哉地围攻诺曼底的首府鲁昂。8月18日，亨利五世进攻卡昂，70年前，亨利五世的曾祖父爱德华三世曾扫荡过这座城，城内居民可能对此还记忆犹新。卡昂三面环水，以奥恩河及其两条支流为天堑，还新建了坚固的城墙和巨大的堡垒。英军攻占了城郊的两座修道院，在其高塔上架起大炮。火炮对准防御工事砰砰射出石弹和装着易燃材料的空心铁球——一种早期的炮弹。亨利五世的加农炮虽不太稳定，但效率出奇地高，它们最主要的缺点就是火药不太可靠。

很快，城墙上就出现了好几个缺口。亨利向法国人喊话，让他们尽快投降，否则绝不宽恕。法国人拒绝投降，于是亨利在9月4日从东面发起进攻，他的兄弟克拉伦斯公爵从西面渡河进攻。亨利旗下的一名骑士、年轻的埃德蒙·斯布林豪斯爵士从城墙上掉进沟里，法国人朝他扔燃烧的麦秆，将他活活烧死。这种恶劣行为着实激怒了英国人。克拉伦斯公爵和沃里克伯爵率领的部队在得胜后像潮水一般越过河堤，直插过来与亨利的部队会合。英军胜利后，把城内居民聚拢到市集上——无论男人、女人还是小孩——在那里展开大屠杀，至少杀死了2000人。随后，英国人开始大肆劫掠，那些有幸逃过屠杀的人不得不承受被抢劫和强奸的恐惧。两星期后，城中堡垒内的法国守备军投降了。亨利费了好大劲才恢复城内秩序，下令重修被损坏的建筑。他在堡垒里住了下来，这里成为他非常喜欢的一个住处。此外，颇具个人特色的是，亨利在堡垒中建造了一座装饰华丽的小礼拜堂,堂内布置十分精美。他还把城里最好的一批房子拨给了自己的军队住。

编年史作者巴赞记述了亨利五世和英军在诺曼底人中散布的恐惧,这也部分解释了亨利为何能取得节节胜利。利雪的居民全都逃走了,只剩下两个又老又有残疾的人。巴约迅速向格洛斯特公爵投降,几乎没有任何抵抗。10月,亨利占领了阿让唐和阿朗松。占领享有"不可攻破"之誉的法莱兹要塞花了点时间,但法军最终在1418年2月向入侵者投降了。到了春天,整个下诺曼底和从埃夫勒一直到瑟堡的科唐坦地区都被英军占领了。英军在所占土地上设立了4个行政长官(*bailli*),包括在阿朗松的罗兰·伦塔尔爵士、在卡昂的约翰·波帕姆爵士、在埃夫勒的约翰·雷德克里夫爵士和在科唐坦的约翰·阿什顿爵士。这些英国地方长官(*gauleiter*)由诺曼底的子爵们辅佐,即刻着手迫使当地居民服从亨利的统治。任何诺曼底人只要交出10便士并宣示效忠,就能领取一张忠心证书。卡昂成为英国在诺曼底的统治中心,英国人还在此设立了一个财政大臣,以及一个由英国人任主席的审计法庭(*chambre des comptes*),并建立造币厂以亨利的名义发行铸币。许多诺曼底贵族抛弃了自己的城堡和庄园,宁愿逃走也不愿承认亨利是他们的公爵和国王。教士们的神经则没么脆弱,他们中的很多人成为亨利手下有用的官僚。

亨利五世在巴约虔诚地度过了一个四旬斋后,准备占领诺曼底其余土地。6月,他占领了卢维埃。在围城战中,卢维埃守军的大炮直接击中了亨利的营帐,所以他在胜利后吊死了8

名炮手——有记录说部分人被钉死在十字架上。随后，亨利围攻蓬蒂拉什（Pont de l'Arche，意即"拱形桥"），英军乘皮革和柳条制成的便携小艇渡河，于7月20日占领了该城。这座著名的桥位于巴黎和鲁昂之间，横跨塞纳河，距下游的鲁昂城仅7英里。这座桥的陷落意味着，诺曼底首府鲁昂将无法从巴黎获取任何补给和援军。而英军已经控制了塞纳河口。于是，鲁昂成为一座孤城。7月29日夜，亨利在鲁昂城外扎营。

鲁昂是法国最富有、最美丽的城市之一，其财富来自纺织业，以及沿塞纳河向巴黎供应的奢侈品和金器。城里有一座华丽的大教堂，3座著名的修道院，超过30座女修道院，近40座教区教堂。亨利在写给伦敦臣民的信中说"鲁昂是法国除巴黎外最令人瞩目的城市"，他并没有夸大其辞。鲁昂的城墙有5英里长，有6座雄伟的外堡和60座塔楼。城市一面是塞纳河，其余三面是一条又深又宽的沟渠，其中布满了陷阱。除此之外，城墙内部还建造了一座巨大的土垒，用来抵御炮火的轰击；守军还加深了沟渠，在城郊坚壁清野，从乡下运来大量食物储存在城内。鲁昂守军有4000重装骑士，由可畏的居伊·勒布德耶率领。好战的市民们由英勇的行政长官纪尧姆·乌德托率领，其主要武器似乎是十字弓。城里武器充足：每个塔楼里都有3门大炮，每两个塔楼之间的城墙上还有1门大炮和8挺小火炮。鲁昂对自身的坚固程度非常有信心，还为许多下诺曼底的难民提供庇护，收留了数千毫无用处只会消耗粮食的人。事实上，攻城者比被围攻者少多了。

然而，亨利也非常有自信。他在城四面各建了一座军营，并修筑了相应的防御工事，由壕沟连接在一起，还用一条大铁链拦住了塞纳河上游河道。在下游，他把船只连接在一起，构成一座桥。不久，格洛斯特公爵率3000人马前来会合，还有1500名爱尔兰轻步兵——他们持小刀或标枪，由爱尔兰圣约翰修道院院长托马斯·巴特勒修士率领。[①] 法国人的"清乡"策略导致补给严重匮乏，但亨利把粮食从海峡对岸运至法国，再经塞纳河运到鲁昂，解决了这个问题。有一次，从伦敦运来的补给中还包括30桶葡萄酒和1000瓶麦芽啤酒。

亨利在当地修道院设立了指挥部，这个修道院距离鲁昂城墙足够远，没有受到损坏。他在指挥部里耐心等待，直到鲁昂城民因饥饿而投降。他还在城墙的视野范围内搭建绞刑架，吊死俘虏；法国人为了反击，也在城垛上建了一个绞刑架，吊死了一名英国俘虏。鲁昂的副主教罗贝尔·德·里奈在城墙上宣布对亨利国王施以绝罚。（亨利非常愤怒，当他攻下鲁昂时，把这名牧师用铁链拴住，终生囚禁。）鲁昂把得救的希望寄托

---

① 这位修道院院长及许多修士都被杀了。爱尔兰轻步兵装束奇异、残暴嗜血，劫掠归来时马背上总是挂着斩下的人头，甚至还有死去的婴儿，令人印象深刻。巴特勒家族麾下还有一些爱尔兰人在兰开斯特王朝征伐法国的过程中发挥了微小而有效的作用。第四代奥尔蒙德伯爵——托马斯修士是他的私生子——参加了1412年克拉伦斯公爵的"骑行劫掠"，还参加了鲁昂包围战。他的另外两个儿子，约翰·巴特勒爵士和詹姆斯·巴特勒爵士（后来成为第五代伯爵），在15世纪30和40年代也是贝德福德公爵和塔尔博特麾下有名的将领。这些盎格鲁-爱尔兰领主们身后通常跟着一名长发、留着小胡子、披着橘红外衣、光脚行走的标枪手和几名挥舞着战斧或双刃大刀的随从，除此之外，他们也会从亲属中招募一些装备不那么奇特的"绅士"（*daoine uaisle*）。——原注

在勃艮第派或阿马尼亚克派上，11月时还有谣言说，一支军队已经在来鲁昂的路上了。当然，谣言仅仅是谣言。巴黎民众发动起义，将阿马尼亚克派赶出城外、处死了大统帅，勃艮第派已经重新占领了巴黎。他们热衷于保住在巴黎的地位，根本无暇顾及诺曼底。

到了10月中旬，鲁昂城里已经开始吃马肉了。圣诞节前夕，人们开始吃猫、狗、田鼠甚至老鼠肉。"随后，他们开始吃腐烂的食物，寻找一切可以下咽的蔬菜皮——他们甚至吃草根，"当时在鲁昂城外的一位名叫约翰·佩吉的英国士兵如是说，"现在，城里人开始逐渐死去。每天都有许多人死去，他们都没有葬身之所。"守军采取了残酷的行动，"所有穷人都被驱赶出城，一次好几百人"。至少有1.2万人被赶走，包括老人和正在哺育婴孩的妇女。亨利拒绝让这些人通过，于是他们只能在寒冬腊月待在沟渠里挨饿受冻。雨不停地下，就连英军也开始可怜这些人了。"尽管他们曾与我们激烈交战，我们的士兵还是给了他们一些面包。"圣诞节那天，亨利国王破天荒地大发慈悲，命两名神父将食物和饮水送进沟渠里，鲁昂守城军也仅同意这两人接近。但这一日短暂的停战很快就结束了，沟渠里的人开始悲惨地死去。约翰·佩吉写道："人们能看到两三岁的孩子四处乞食，他们的父母已经死了。这些可怜的人躺在潮湿的地上，哭喊着要吃的——一些人濒临饿死；一些人已经无法睁开眼睛，不再喘气；还有一些人跪在地上缩成一团，胳膊腿瘦得像小树枝。一个女人把死去的孩子搂在胸前，想把他捂暖；一个小孩努力吮吸着母亲的乳头，而母亲已经死去。活着的人已不到十分之一。人们毫无声息地死去，就像死在了睡梦中。"城里的情况也并不比这好多少。

1418年的12月31日夜，一名法国骑士在城门喊话，说守军希望同亨利谈判。1419年1月2日，守军派使者来到亨利的指挥部。待亨利举行完弥撒后，他才出现在使者面前。他痛斥守军阻止其进入自己的城市，而"这是我拥有合法继承权的城市"。他也拒绝让穷人们离开沟渠。用他的话说："究竟是谁把这些人赶到那儿的？"（"是你们而不是我让这些人陷入如此境地。"）双方"日夜不休地谈判，晚上灯火通明"，拖了整整10天，亨利始终坚持说"我对鲁昂有继承权"。最终，双方达成协定：如果到1月19日仍没有援军来救，鲁昂守军就在当日中午投降，并向亨利支付30万金克朗赔款；但亨利须放守备军离去，条件是他们放下武器，承诺在一年之内不再同英军交战；市民只要宣示效忠，就能保留自己的房屋和财产。最终援军没有来。鲁昂投降的第二天，亨利穿黑衣骑马进入城内，姿态庄重威严，身边只跟着一个扈从。扈从手持长枪，枪尖上挂着一条狐狸尾巴——这是国王最喜欢的标志。前来围观的市民大部分瘦得皮包骨头，眼窝深陷、面容清癯，几乎说不出来话，甚至喘不上大气儿，他们的皮肤像铅一样暗淡无光。"他们看上去就像墓地里那些死去国王的雕像。"亨利循例到大教堂感谢上帝——又一次浮夸的虔诚之举。

亨利在鲁昂待了两个月，着手维修城墙，设立新的行政机构。随后，他做好了下一次征伐的准备。与此同时，他的将领们占领了另外几个诺曼底城市——芒特、翁弗勒尔、迪耶普、伊夫里、拉罗舍居永和费康。整个诺曼底海岸线上，只剩下难以攻破的圣米歇尔山修道院。到了年末，英国人已成为包括维克森在内的整个诺曼底毫无争议的霸主。此外，亨利还在7月攻占了蓬图瓦兹，巴黎已进入其攻击范围。

英国人对诺曼底的征服有点类似诺曼底人对英格兰的征服。诺曼底当地贵族只有一小部分成为金雀花王朝的忠实臣仆，大部分都被剥夺了财产。这些财产转移到了英国人手中。仅在1418至1419年，就有6个诺曼底伯爵领地被重新分封。亨利的兄弟、继承人和左右手克拉伦斯公爵收获了三个子爵领（都是实打实的领地，而非虚爵）。亨利的叔叔埃克塞特公爵得到了阿尔库尔伯爵领，包括这个家族的所有财产和利勒博讷的一座重要的城堡。索尔兹伯里伯爵成为佩尔什伯爵。赏赐是根据等级来进行的，这些诺曼底的新贵族还需承担与领地价值相应的军事义务，例如为城镇配备守备军，为国王提供军队，以及维修用作贮藏所或军事要塞的城堡。许多将领也在类似条件下获得了城堡和庄园，不过亨利命令这些小贵族们不得离开诺曼底，否则将被处死。此外，亨利还试图对诺曼底殖民，但成效不大：约1万名英国人在阿夫勒尔港定居，还有少数人去了卡昂和翁弗勒尔。大部分诺曼底城市的房子都被没收，分给了英国人。许多英国定居者也娶了诺曼底女人为妻。但15世纪的英格兰人口太过稀少，不可能实现大规模的对外殖民。

英国新贵们在诺曼底的收入不仅来自自家产业，还包括政府职位的薪水、税收、安全通行费，以及敲诈勒索得来的"保护费"。除此之外，还有在法国其他地方征讨得来的战利品和赎金。后者不仅使大贵族受益，普通士兵也能从中分一杯羹。当时一位编年史家阿斯克的亚当写道，亨利获得胜利之后，许多法国战利品在全英格兰贩售。

诺曼底公爵领的统治机构一如往常。但8个行政长官都由英国人充任，尽管其下属的办事员仍大部分是本地人。大法官、总司库、总管和海军司令等重要职务也由英国人担任。英国人获得了当地官僚出人意料的忠实协助，通过严酷的税收和强迫贷款不断压榨诺曼底，还操纵货币（使货币贬值、收回、重铸、再发行），让诺曼底尽可能地为英国的征伐买单。那些被剥夺了财产的贵族率领游击队出没于丛林和洞穴，招募不堪忍受"保护费"剥削的农民，发起了抵抗运动。英国人称之为"强盗"，一旦抓住就绞死他们。但是，英国人仅凭一点点少得可怜的军队就控制了诺曼底全境。据说，1421年，亨利留在诺曼底的守备军总数约为4500人，此后减少到1500人，同时英国新贵族在各个分散据点维持着总数约为2500人的军队。这些军队听命于一名全权总督，其军饷来自英国收取的"保护费"。英国统治尽管十分严苛，却仍维持了30年。在这一代诺曼底人的记忆里，他们的君主就是英国国王。

亨利对这片"新吉耶纳"有着特殊的喜爱，这可能是因为他把自己看作征服者威廉[①]的继承人。他总是带着明显的骄

[①] 即诺曼底公爵威廉（约1028—1087），英国国王威廉一世。1066年初，英国国王忏悔者爱德华（1042—1066年在位）死后无嗣，哈罗德二世被推选为国王。威廉率军入侵英国，在黑斯廷斯战胜哈罗德二世，于当年末在伦敦加冕为国王，开始了诺曼王朝的统治。

傲口吻谈起"我的诺曼底公爵领地"。他努力让新臣民喜欢他，注意不让统治机构过分"英国化"，还颁布许可证、保护书以鼓励贸易和商业的发展。他也尝试过阻止军队四处劫掠。

占领诺曼底使英军具备了重大战略优势。这不仅是一个跳板，可以借此控制塞纳河下游粮道、扼住巴黎的咽喉，而且通过控制诺曼底海岸线，英国同波尔多的交通联系更加紧密，英吉利海峡也由第一道防线变为第二道防线，英国南部诸郡得以高枕无忧，不再担心入侵的发生。同时，法国失去鲁昂和诺曼底港口的王室船坞意味着法国再也没有海军了。亨利的新舰队派出数支中队在英吉利海峡巡航，一有机会就捕获法国商船。

但亨利五世仅把占领诺曼底看作夺回整个"遗产"的一步。法国几乎没做任何迎敌准备，贵族们仍无可救药地分裂为勃艮第和阿马尼亚克两派，争斗不休。查理六世的疯病也越来越严重了。法国的先后两位王太子都在幼年时夭折，1403年出生的新王太子、未来的查理七世还很年轻，心智不成熟、体格不健美，前途并不被人看好。

英军势如破竹，勃艮第公爵约翰开始感到害怕，试图同掌控着王太子的阿马尼亚克派和解。虽然在1418年，巴黎市民起义，勃艮第派支持者杀掉了数千名阿马尼亚克派成员，重新占领巴黎，但到1419年夏，约翰公爵和王太子及其阿马尼亚克派顾问在科尔贝伊举行初步会谈，基本上达成了某种协议。

事实上，阿马尼亚克派正在谋划复仇。在1419年9月10日举行的第二次会谈中，勃艮第公爵在蒙特罗市约讷河的一座桥上跪下行礼时，阿马尼亚克派突然发动袭击，打死了公爵，王太子似乎给了他们行动的信号。一个世纪后，一名加尔都西会修道士为法国国王弗朗索瓦一世介绍勃艮第公爵在第戎的陵墓，他指着约翰破碎的头骨评论道："英国人就是通过这个洞得以入侵法国的。"据说，约翰的儿子（也是继承人）听到父亲的死讯后，立即倒在床上，双目圆睁、咬牙切齿，既悲痛又愤怒。勃艮第派和阿马尼亚克派的矛盾就此再也无法弥合。

阿马尼亚克派既失去了首都，又因这场谋杀引发民众普遍的不满，势力更加衰弱。很多人都认为他们应该为法国的不幸负全责。"巴黎市民"写道："若不是为了阿马尼亚克的荣耀，诺曼底仍会是法国的地盘，法兰西高贵的血脉不会被分隔，王国里的贵族们不会被流放，战斗不会失败，那么多优秀的人不会在阿金库尔那一夜被杀死，国王也不会失去那么多忠诚的挚友。"王太子被人们视作阿马尼亚克派的傀儡，也一并遭受责骂。正如那位第戎的加尔都西会修士所说，这次致命的分裂使亨利五世得以占领法国如此广阔的一片土地。

不过，勃艮第和阿马尼亚克派的内战也掩盖了这样一个事实，即对所有英国人和大部分法国人来说，百年战争的实质已转变为民族之间的战争。尤其是，英国统治阶级已不再习惯说法语——就连国王的第一语言都变成了英语。毫无疑问，15世纪英国人和法国人之间的对抗反映出一种真实的民族排外心理。至少在贞德的年代，法国人已经开始使用"戈登"（godon，源自英语god-damn，即"天杀的"）一词来指代英国人。1419年，一位不知名的卫道士写了一篇"法兰西"和

"真理"之间的对话录，生动地展现了部分法国人对英国入侵者的看法："他们发起并正在进行的战争是错误、危险和该受诅咒的，而英国人则是一个受诅咒的民族，他们反对一切善和理智，是凶恶的狼、傲慢的伪善者、毫无良心的骗子、暴君、基督徒的迫害者，他们吸食人血、像猛禽一样凶残，是只依靠劫掠过活的家伙。"对法国来说，最不幸的是勃艮第派和阿马尼亚克派相互仇视，更甚于仇视英国人。

新的勃艮第公爵"好人"腓力时年25岁，以中世纪的标准看已经是个完全成熟的成年人了。他自幼在佛兰德斯长大，对那里更感亲近，他喜爱奢华，相较于权术和征战更喜欢表演和马上比武，但他对法兰西的统治欲比其父还强。他对英国入侵的解决方案是与英国共同瓜分法国北部。一开始，他以为英国人会同意让他来统治整个法国北部——如果是这样，那他就大错特错了。但就算是由英国人来统治，他也能从中获得许多利益：他能用极少的代价统治法国大片区域；如果他能成为兰开斯特王朝不可或缺的一部分，他还能获得大量的权力，这比控制瓦卢瓦王朝能使他获得更多权力。1419年12月，他正式与亨利五世结盟，许诺助其征服法国。

英国人和勃艮第人开始同查理六世谈判——更确切地说，是同王后伊萨博谈判。查理六世那摇摇欲坠的宫廷设在香槟的特鲁瓦，1417年在勃艮第派的支持下，王后在这里建立了一个与王太子敌对的政府。亨利五世和弟弟克拉伦斯公爵带着1500人从蓬图瓦兹出发，绕了一个大圈前往特鲁瓦，其间他们在圣丹尼的教堂祈祷，并从巴黎城墙脚下经过。在香槟，他给自己的军队下了一道很有特色的命令——在当地的葡萄酒中掺水。1420年5月20日，亨利抵达特鲁瓦。第二天，他就在早已拟好的协议上签了字。可怜的查理六世"还在发疯"，在会见亨利五世时似乎都不知道他是谁，但还是顺从地签了协议。根据这项协定，英国国王成为法国王位继承人和摄政（*Haeres et Regens Franciae*）。伊萨博王后则开心地宣布，王太子查理是她与一名情人的私生子。亨利将迎娶查理六世的女儿凯瑟琳，婚礼在12天后于特鲁瓦举行。（根据编年史家益格朗·德·蒙斯特雷①的记载，这对新人充满激情，"很显然，亨利国王疯狂地爱着凯瑟琳"，而这位黑发法国公主"一直以来都非常渴望嫁给亨利国王"。但就算如此，两人的蜜月也是在围攻桑斯的战斗中度过的。）作为回报，亨利须占领目前仍由"伪王太子"和阿马尼亚克派控制的所有地区。当亨利登上法国王位时，须将诺曼底公爵领并入法兰西王国；在查理六世在世期间，亨利可保有诺曼底，并接受布列塔尼的"效忠"。亨利对此非常高兴，将缔结条约的"好消息"传回国内，圣保罗教堂为此举行了感恩游行。讽刺的是，亨利在有生之年没能戴上法国王冠。《特鲁瓦协定》是法国历史上的最大耻辱之一，可与1940年贝当与德国人签订的停战协定相提并论，但佩鲁瓦指出："在卢瓦尔河以北，并没有任何人反对这项协定。"

---

① 益格朗·德·蒙斯特雷（约1400—1453），法国编年史作者，生于皮卡第，有可能是一名小贵族之子。

亨利和勃艮第公爵腓力立即着手继续征服法国北部，这对那些被阿马尼亚克派剥夺了财产的人来说是个大好消息。联军围攻蒙特罗，即腓力的父亲约翰被杀害的地方，亨利在城墙下绞死了几个俘虏，以刺激守军早日投降。城破后，约翰公爵的尸体被挖出来送到第戎安葬。这次征伐的主要目的是摧毁敌军在巴黎和诺曼底之间的一切抵抗据点。其中最大的一个障碍就是默伦，亨利率一支近2万人的盎格鲁—勃艮第联军于当年7月团团围住默伦。这座小镇只有700名守备军，但长官阿尔诺·纪尧姆·德·巴尔巴赞是个勇敢的加斯科尼人，他决心好好利用这座城镇绝妙的防守优势。默伦横跨塞纳河，市中心和堡垒设在一座河心小岛上，城镇的三个主要部分以桥相互连通，每个部分都形成一个独立的要塞。英军尝试挖一条攻城隧道，但他们通常要在及膝深的积水中作业，法军也不断在搞破坏。在攻城隧道内，两军有好几次擎着火炬短兵相接，亨利亲自参与战斗，有一次还与巴尔巴赞本人交过手。

英国人的重型火炮——其中一挺名叫"伦敦"，是忠诚的市民捐献的礼物——也没有起到比攻城隧道更具决定性的作用。法国守备军总是很快就用装满泥土的木桶堵住了城墙上的缺口。英军中开始流行痢疾，造成了很大减员。亨利五世给巴尔巴赞送信，要他服从查理六世的命令，还把查理六世带到营地里，但性情暴烈的巴尔巴赞回击说，自己虽忠诚于主君，但绝不会承认一个英国君主。最终，默伦粮草断绝，在被围困近18个星期后的11月8日被迫投降。亨利打算绞死巴尔巴赞，但这位加斯科尼人凭借骑士精神的法则逃过一死：因为他与国王面对面交战过，成为国王的"战友"，亨利五世就不能将他处死。亨利退而求其次，把他关进了铁笼子里。但亨利还是绞死了一批苏格兰士兵，理由很牵强：苏格兰国王是亨利的囚犯和理论上的盟友，这些士兵参与反对亨利的战争，就是背叛国王。"巴黎市民"记录道：英军在默伦期间四处搞破坏，把默伦城外20里格远的乡村都翻了个遍。

1420年9月1日，亨利五世、勃艮第公爵腓力和查理六世举行了一场入城式，正式进占巴黎，开启了英国对巴黎长达15年的统治。在街道两旁，巴黎市民们向查理六世的"真儿子"欢呼，教士们高唱赞美诗；同时，三级会议通过了《特鲁瓦协定》，最高法院（the Parlement）宣布法国王太子因"可怕而邪恶的罪行"不能继承王位。蒙斯特雷描述了亨利五世在卢浮宫里过圣诞节的盛大场面，与查理六世在圣波尔宫的凄惨宫廷形成强烈对比。这位老国王又疯又脏，穿得乱七八糟，"几乎没有人照管"，被所有人遗弃，只剩下一些年老体弱的仆人和几个低阶随从。查理六世的廷臣们全跑到卢浮宫去了。这是一个艰难的冬天，粮食非常短缺，价格飞涨，面包的价格是往常的两倍，普通巴黎市民饱受饥寒折磨。巴黎的垃圾场全是来这里翻捡食物的小孩的尸体。"巴黎市民"写道，人们开始吃连猪都不屑一顾的泔水，狼群游过塞纳河，把新埋葬的尸体挖出来吃掉。在苦难中，英国入侵者的傲慢尤其令人厌恶。一位名叫乔治·夏斯特兰的勃艮第编年史家叹息道，这些英国人让巴黎变成了一座新"伦敦"，"不仅是因为他们的语言，还因他们举止粗鲁、言行傲慢。英国人走路都高高抬着头，就像一头雄鹿……"勃艮第贵族尤其不喜欢亨利冰冷又傲慢的态度；亨利还指责过法兰西元帅让·德·里拉当，因为他竟敢在回话的时候抬头直视亨利。

不久之后，亨利把巴黎留给埃克塞特公爵和500名守备军，偕王后回鲁昂过主显节，顺便向诺曼底的三级会议要钱。到了1月底，他们到达加莱，启程回多佛。

亨利五世离开英格兰3年半，回来时无论走到哪里都受到臣民的热烈欢迎，到处都在举办盛装游行，到处是葡萄酒喷泉。1421年2月23日，坎特伯雷大主教在威斯敏斯特修道院为凯瑟琳王后加冕。随后，国王与王后继续旅行，去往圣奥尔本斯、布里斯托，经赫里福德郡到什鲁斯伯里、考文垂和莱斯特。在北方，他们造访约克和林肯；在东昂格利亚，到过诺里奇和金斯林。这次旅行的真实目的是为战争筹集更多资金，特派员紧随其后，向教士、土地所有者、市议员举债，甚至还向村民和手工业者借钱。到5月初，他们总共筹集了3.8万英镑，其中2.2万英镑是由亨利的叔叔博福特主教提供的。议会当月在威斯敏斯特开会，讨论了英国臣民贫困窘迫的生活现状，但还是给亨利拨了更多的钱——普征"十五分之一"税，此外还对教士征收"什一税"。亨利一个子儿都不愿放过。第二年他去世的时候，为英国政府留下3万英镑赤字，另外还有2.5万英镑的欠债：这主要是因为战争的开销太大，而新占领地常常遭受劫掠，局势总是动荡不安，其收入无法抵销这些开支。

1421年4月，亨利五世收到了其弟、王位继承人克拉伦斯公爵战败身亡的消息。克拉伦斯公爵本是一名经验丰富的战士，自1412年起就在法兰西土地上征战，但他生性冲动，嫉妒哥哥的辉煌战功。1421年3月22日，一个复活节前的星期六，当克拉伦斯公爵结束在曼恩河地区和卢瓦尔河两岸的劫掠，回到诺曼底的蓬蒂拉什吃晚餐时，他听说一支阿马尼亚克派军队就在附近的博热。亨利的"法兰西元帅"吉尔伯特·乌姆弗拉维爵士和亨廷顿伯爵都劝他先缓一缓，等弓箭手到齐后再发动进攻。但公爵责骂道："要是你们害怕，就回家去守教堂墓地吧。"克拉伦斯公爵就带着不到1500名重装骑士，奔袭9英里去了博热。他一到博热，在通过库埃农河上的小桥时，就与敌军短兵相接，朝着高处的敌军发起冲锋，全然不顾自己的兵力只有敌军的一半，也不管脚下松软潮湿的土地。这支阿马尼亚克派军队里还有一支苏格兰军，由巴肯伯爵和威格顿伯爵率领。他们居高临下发起反冲锋。英军被逼退，在河岸边上重新整队，被打得七零八落。克拉伦斯公爵的头盔上有个冠饰，非常显眼，他很快就被砍倒了，手下许多士兵都被杀或被俘。乌姆弗拉维爵士和鲁斯领主与公爵一同战死，亨廷顿伯爵和萨默塞特伯爵被俘。索尔兹伯里伯爵来得稍晚，收殓了克拉伦斯公爵的遗体——这具尸体当时被装上运货马车，正准备送给法国王太子——并救回了那些还活着的人。

这次失败表明，英国人还得依靠传统的"弓箭手加重装步兵"组合才能获得胜利。一位同时代的英国人写道，自己的同胞之所以战败，"是因为他们没有带上弓箭手，而是想凭自己的力量战胜法国人。公爵被杀后，也是弓箭手赶来才捡回了他的遗体"。这次胜利对阿马尼亚克派来说是一次巨大的鼓舞，即便他们没占到什么长久性的便宜，但英国入侵者不可战胜的神话从此被打破了。法国王太子对廷臣开玩笑说："这下你们怎么看这些贪酒、吃羊肉的苏格兰人？"——法国人曾经很瞧不上这些勇猛的苏格兰盟友。王太子还任命巴肯伯爵为法国骑士统帅。

1421年6月，亨利五世带着4000人马回到法国，在加莱登陆后向巴黎进发，去解救埃克塞特公爵。巴黎正被阿马尼亚克派军队从三面围攻，其北面的基地是德勒，东面是莫城，南面是茹瓦尼。亨利迅速包围并拿下了德勒，随后向南进军博斯，占领旺多姆和博让西，在奥尔良城前扎营。他的补给十分紧张，没法进攻这座固若金汤的城市，于是3天后又转道向北占领了维尔纳夫-勒鲁瓦（Villeneuve-le-Roy）。亨利的心情很不好，攻下在鲁热蒙的阿马尼亚克派城堡后，他下令吊死了所有守备军，捣毁所有建筑，随后又淹死了其他本已逃走又被他抓回来的抵抗者。随后，亨利向莫城进军。

莫城位于马恩河的一个拐弯处，距巴黎40英里，三面都是河水，还有一面是一条沟渠。因为下着大雨，沟里河里都涨满了水。亨利10月开始围城，修建了营地，运来大炮和补给品。英军不断挖攻城隧道、发射炮弹，很快就把城墙打得破破烂烂。城内守军的首领是"沃鲁思的私生子"，他生性邪恶残忍，却是个英勇无畏的指挥官，就算城内闹饥荒也不愿投降。城外，由于连日阴雨不断、河水四溢，地上都是水，之后紧接着一场严酷的霜冻，而英军中患流行病的人数也比以往要多。据估算，约有十六分之一的英国士兵死于痢疾和天花。亨利也病了，从国内召来一个医生为他诊治。但就算疾病肆虐、冬日严寒，亨利还是坚持要留下来同战士们一起过圣诞节。对他来说，唯一的慰藉就是凯瑟琳王后于12月6日在温莎诞下一个男婴，使他有了继承人。（有传言说，当时亨利悲凉地感叹道："生于蒙茅斯的亨利统治时间短，但得到很多；生于温莎的亨利将会统治很长时间，却会失去一切。这都是上帝的旨意，无可更改。"但这个故事其实是在一个世纪以后才被杜撰出来的。）3月初，一支阿马尼亚克军队的小部分人成功地在夜里潜入莫城，但他们的首领从墙上掉进沟里，溅起的水花声吵醒了英国人，大多数士兵都被抓住了。救援行动失败，城内守备军心灰意冷，退到了建有防御工事的市场内，还带走了所有剩余食物。1422年3月9日，莫城的其他区域向英军投降，只有守备军还在负隅顽抗。亨利的炮兵队在河心一座小岛上架起木炮台，不停地向他们开炮。最后在5月10日，历经8个月的围困之后，守备军也投降了。"沃鲁斯的私生子"被砍头，尸体吊在他曾经用来绞死市民的那棵树上。亨利还砍掉了一名曾对他出言不逊的名叫奥拉斯的小号手的脑袋。有几个抵抗者曾在城墙上击打一匹毛驴，当驴发出叫声时，他们就说这是亨利在说话，以此来嘲弄他。这些人也被关押在最恐怖的黑牢里。英国人将富有的俘虏送回英格兰，等待其亲属支付赎金，所有盘碟、珠宝和其他值钱物件都被收集起来供亨利使用。

这场围城战造成的伤害不仅限于守备军和城内居民。驻扎在莫城的英军还在附近的布里乡村地区大肆劫掠，破坏范围极广。根据"巴黎市民"的记载，许多农民在绝望中抛弃了自己的田地和亲人，他们说："我们该怎么办？把所有的东西都交给魔鬼吧，无论我们将遭遇什么，都无所谓了……他们除了杀掉我们、把我们关进监牢之外，也不能再对我们做什么了。在叛国者主宰的伪政权下，我们不得不抛妻弃子逃入森林，像四处游荡的野兽一般。"

亨利回到了巴黎。这时候他已经病入膏肓，教士们为他的健康向上帝祈祷。他的病很可能是一种痢疾，毫无疑问是在围攻莫城期间被传染的。在前往科恩罗亚尔（通往第戎方向的一个要塞，正被阿马尼亚克派围攻）的路上，亨利突然不能骑马了，他被担架抬着，于8月10日到达万塞讷城堡。很明显，他就快死了。亨利以惯常的细致和周全为两个王国的政府安排好一切后事。他任命弟弟贝德福德公爵为法国临时摄政，兼任仍在襁褓中的亨利六世的监护人，并任命格洛斯特公爵为英国摄政。亨利告诉贝德福德公爵，必须不惜一切代价守住同勃艮第派的联盟，只有在勃艮第公爵腓力不愿担任摄政的情况下，贝德福德才能上任。他还下令，如果法国的形势恶化，英国须集中力量保住诺曼底。此外，亨利还强调，自己入侵法国并非为追求荣耀，只是因为他的事业是正义的，并且能为两国实现永久的和平。亨利是真心相信自己能够征服整个法国，因为他宣称，如果上帝再多给他一点时间，他就会前往耶路撒冷，驱逐在那里的异教徒。不过在某个时刻，他似乎又为自己能否得救而感到恐慌，他会突然喊道："你撒谎，你撒谎，我与耶稣基督同在！"好像在同某个邪恶的精灵搏斗。1422年8月31日，亨利五世在万塞讷城堡平静地死去，年仅35岁。

第 8 章

贝德福德公爵兼法国摄政约翰

1422—1429

……我是总管法国事务的大臣。把我的铁甲拿来,我要为保护法兰西的领地而战。

——莎士比亚《亨利六世》

全意为您（*A vous entier*）

——贝德福德公爵的座右铭

对英国人来说，亨利五世死后的 7 年间是百年战争中最辉煌的 7 年。英军继续向南部扩张，进入卢瓦尔河谷，似乎即将把整个法国都纳入婴儿国王亨利六世的统治之下。法国国王查理六世在女婿亨利五世死亡 6 个星期后也死了，英国的亨利六世同时成为法国的"亨利二世"。这个二元君主国（dual monarchy）①（可以想象一下温斯顿·丘吉尔爵士在战时对"法兰西 – 英格兰国家"的幻想）运行得出奇顺畅，在某些时候，巴黎人还为这个政权忠心地奋斗。这一切全都仰赖法国摄政贝德福德公爵和他的大将军索尔兹伯里伯爵二人。

贝德福德公爵蒙茅斯的约翰在 1422 年刚满 33 岁。他在阿夫勒尔港附近的海战中担任海军司令，取得了辉煌的胜利，在哥哥亨利五世出国征战期间两次担任英国守护，还在法国参与了许多艰苦的战斗。他身形肥大，面色红润，修剪得短短的棕发下面有一个鹰钩鼻，前额和下巴都向后缩着（从《贝德福德年谱》一书中的微型画来看是这样）。尽管暴躁易怒，他也比亨利五世更通人情、和蔼可亲。他虽不是什么天才，却也是

---

① 二元君主国指由同一个国王统治的两个单独的王国。本书后面提到的二元君主国主要是指百年战争中英国占领下的法兰西部分。

一名优秀的士兵、执政者和外交家，拥有坚定的决心。他最令人称道的品质就是忠诚，即对侄子亨利六世毫无保留的忠诚，这也体现在他的座右铭里。他完全相信金雀花王朝对法国王位的权利，也真心地爱着法国和法国人民。在这片土地上，他既是阿朗松公爵和安茹公爵，也是曼恩伯爵、莫尔坦伯爵和德勒伯爵，博蒙子爵，以及其他许多地区的领主；此外，他在这些地区还拥有许多漂亮的城堡和宫殿。为遵守自己对亨利五世许下的诺言，他提出把摄政之位让给勃艮第公爵腓力。当然，当腓力拒绝就任时，他还是松了一大口气。

索尔兹伯里伯爵和佩尔什伯爵托马斯·蒙塔古是在百年战争期间全英格兰仅次于亨利五世的最优秀的指挥官。他是亨利最喜欢的将领，获得过嘉德骑士勋章，在1419年成为诺曼底总督。他既通晓战略，也精于战术，富于想象力和原创精神，又注重实际、颇有耐心。"巴黎市民"称他为"高贵、灵巧而机智的索尔兹伯里伯爵"。此外，他还是一个全能战士，既善于管理军队，又骁勇善战，或许是英国指挥官中（除亨利五世外）第一个枪炮专家。他的下属对他既爱戴又信任，也对他的严肃军纪感到畏惧。最重要的是，他能与贝德福德公爵融洽共事。法国人都很害怕索尔兹伯里伯爵，据说他会用绳子拴住俘虏，把他们一路拖回巴黎。在莎士比亚的历史剧《亨利六世》中，安茹公爵说：

> 索尔兹伯里是一个亡命的杀人狂，打起仗来就像活腻了似的。

法国王太子一派可能就是这么看待他的。在这个时期，他们甚至连个稍微像样一点的指挥官都没有。

除贝德福德公爵和索尔兹伯里伯爵之外，还有一个英国人也非常优秀，那就是沃里克伯爵和欧马勒伯爵理查德·博尚。他非常有能力。然而尽管他长期在法国军队里服役，且勤勉尽职，却很少建立功勋。沃里克伯爵最令人称奇的一点是，他几乎是百年战争中（除王室成员外）唯一一个留下"真容"的英国指挥官。在沃里克郡留下的雕像显示，他的脸骨架很小，看起来一丝不苟，但非常威严，像一个真正的贵族，神色既优雅又傲慢。他的手也同样显示出一种傲慢的优雅。此外，在他之后的一代人中，有一位名叫约翰·鲁斯的古文物学家对他的生平做了详细记录。沃里克伯爵生于1382年，年仅20岁就率军击溃了自称"威尔士亲王"的欧文·格林杜尔的军队。1408年，他前往耶路撒冷朝圣，在路上成为法国国王查理六世和威尼斯总督的座上宾，还在维罗纳与潘多尔夫·马拉提斯塔进行了一场骑士比武，大获全胜。在回家的路上，沃里克伯爵访问了波兰，还造访普鲁士和德意志的条顿骑士团。1415年，他参加了阿夫勒尔港包围战后，在加莱接待了神圣罗马帝国皇帝西吉斯蒙德。他拒绝接收后者作为礼物送给亨利五世的一柄宝剑，表示皇帝应该亲自将礼物交给亨利国王。沃里克伯爵在诺曼底征服战中发挥了重要作用，也参与了《特鲁瓦协定》的谈判。在不同的时期，他曾是加莱、鲁昂、莫城和博韦的指挥官，在1426至1427年间担任"国王的司令和总督、战地摄政"，也是英格兰摄政御前会议的成员，是英法二元君主国的支柱。

沃里克伯爵的财富不可胜数，年收入近 5000 英镑，有着古老的血统——博尚家族在 1268 年就被封为伯爵——他还被任命为小国王亨利六世的导师。因篇幅有限，本书很少提到骑士精神，但骑士精神的理想形象却是真实存在的，而在 15 世纪的英国，没有谁比沃里克伯爵更具备骑士精神了。也正因如此，他后来烧死圣女贞德的行为更加耐人寻味。

索尔兹伯里和沃里克所依托的是一个非同寻常的精英团队，其中大部分人一起共事了 20 多年。这些人不是像沃里克伯爵一样的游侠骑士，而是专业的战士，包括威洛比·德雷斯比勋爵、塔尔博特勋爵、斯凯尔斯勋爵、约翰·法斯托夫爵士、马修·高夫爵士、托马斯·伦普斯顿爵士、托马斯·凯利尔爵士和威廉·格拉斯戴尔爵士。他们都是勇敢而残酷的战士，过着刀口舔血的生活，四处征战、袭扰和劫掠，就算不是在打仗，也总是在军营里、马背上和要塞中生活。其中有一两个人活得很长，最后在玫瑰战争中被杀。几乎所有人都赚了一大笔钱。

很多人都受封了法国头衔，每个被收回并重新分封的头衔背后都有大片领地（尽管在大多数情况下，这些领地都有一个仍然在世的法国王太子派的合法拥有者）。这其中包括许多在法国历史上非常著名的头衔：威洛比勋爵变成旺多姆伯爵，塔尔博特勋爵变成克莱蒙伯爵，斯凯尔斯勋爵则变成沙特尔主教区代理[①]。这类分封也不仅限于贵族阶层。约翰·法斯托

---

① 主教区代理（Vidame）是法国特有的一种封建封衔。最初是由主教在国王许可下任命的神职人员，负责管理教区内的世俗事务，后来成为一种世俗封衔。

夫爵士被封为锡耶—勒纪尧姆（Sille-le-Guillaume）男爵和萨尔特河畔拉叙兹（La Suze-sur-Sarthe）男爵，马修·高夫爵士被封为库隆斯男爵和蒂利耶尔男爵。人人都渴望拥有这样的伯爵和男爵头衔。

除了一些王太子派占据的孤零零的飞地外，"亨利二世"[①]最终为整个卢瓦尔河以北的法国所承认。其中，很大一部分地区被勃艮第公爵控制——他占领了香槟的绝大部分——而布列塔尼则处于布列塔尼公爵约翰五世的独立统治之下。在其面积最大的时期，英国人直接控制的地区有诺曼底（包括"征服之地"——塞纳河谷其余地区——以及曼恩和安茹）、巴黎乃至"法兰西岛"、一部分香槟和皮卡第，当然还有加莱海峡地区和吉耶纳。法国王太子勉强控制着其他地区。他的御前会议位于普瓦提埃，但宫廷有时候则位于布尔日，因此人们不乏轻蔑地称他为"布尔日国王"。实际上，他几乎不住在那儿，而是不断在几个城堡之间搬来搬去。

英法二元君主国的疆域同英格兰彻底分开，在一小部分英国高级官员的监督下，设置以法国人为主的长期统治机构。尽管《特鲁瓦协定》规定诺曼底须并入法国，但诺曼底（包括"征服之地"、曼恩和安茹）仍被当作一个独立的国家，由鲁昂的一个咨议会管理——摄政决定将其变成兰开斯特王朝的堡垒。尽管诺曼底的行政长官们都是英国人，但几乎所有其他官职都由本地人充任。贝德福德公爵竭尽全力让诺曼底人喜欢

[①] 原文为法语 Henri，是 Henry 的法文拼法，指亨利六世。

英国的统治，他鼓励贸易，在卡昂建了一所大学，还以其侄子亨利六世的名义铸造了一枚漂亮的金币——"萨律"①。

巴黎政府很独特。它就像"英法二元君主国的秘书处"，在英国守备军驻扎前就把官僚体制内的王太子同情者清理得干干净净，同英国人合作起来也没有任何别扭之处。一些勃艮第官员在鲁昂、伦敦和巴黎都工作过。贝德福德公爵在巴黎期间都住在杜尔纳尔宫，他在那里大宴巴黎名流，1428 年 6 月的一次宴会就有 8000 名宾客。"巴黎市民"说，贵族、教士、"各学科教授、最高法院里的律师、巴黎商会会长、夏特莱(the Châtelet)②的官员、商人、市政官乃至市民"都被邀请赴宴。摄政尤其注意同大学、最高法院和所有显贵人物保持良好的关系。

尽管贝德福德公爵竭尽全力提高金雀花王朝的受欢迎度，但他仍不断压迫臣民，让他们为战争出力。巴黎的税负十分沉重，诺曼底的负担更甚于此。"毫不夸张地说，诺曼底就是兰开斯特王朝的摇钱树。"佩鲁瓦评论道。除了三级会议拨给的补贴外，诺曼底征收的还有一项盐税、一项对葡萄酒和苹果酒征收的"四分之一"税，以及对所有商品征收的销售税。此外，他们还征收警戒费，这是一项拨给军队使用的炉灶税。在

---

① 法语为 Salut，意为"致敬"。
② 夏特莱是位于巴黎市内塞纳河右岸的一座宫殿，这里是一个专门法庭的办公地点。该法庭从属于高等法院，但是拥有广泛的司法权。他们负责"保护王室权益、监督王室管理与执行王室正义"，并进行叛国罪案件的审理。

1428年爆发的战争危机期间，税赋更加沉重。农民们还要遭受英国守备军的欺凌——掠夺、抢劫、绑架勒索还有保护费。除诺曼底外，英国人也在安茹、曼恩和"法兰西岛"正式或非正式地征收类似钱财。随着时间的流逝，英国人越来越贪婪，税收和掠夺也越发具有压迫性。

英国强盗和"剥皮人"（écorcheurs）使农民的生活几乎过不下去了。在英国强盗中，最臭名昭著的要数理查·维纳博。他在1428年来到诺曼底，起初仅带着3个重装骑士和十几个弓箭手，随后不断收留逃兵，迅速建立起一支大军，攻占了萨维尼的西多会修道院，以此为据点四处烧杀劫掠。他最残忍的一次暴行是在法莱兹附近的维克村杀害了整个村子的居民。维纳博的队伍不过是众多此类团体中的一个罢了。"剥皮人"是一伙拦路抢劫的强盗，继承了"匪兵"的行事风格。之所以得名"剥皮人"，是因为他们常常将受害者的皮剥下来，甚至在受害者活着的时候就动手。贝德福德公爵竭尽全力保护这些不幸的村民。在诺曼底，他为村民提供武器，尝试让他们在星期日举行箭术训练。在曼恩，他亲自（为一家人或整个教区）颁发保护状，还有旅行证和安全通行证，当然办理这些证明都得缴纳一笔现金。

尽管贝德福德公爵付出了许多努力，兰开斯特王朝统治下的法国最终还是变成了一片荒凉的废墟，受尽守备军、逃兵、"剥皮人"和王太子奇袭军的蹂躏。到15世纪20年代末，英国从诺曼底获得的收入开始大幅下降。很显然，这片新占领土不能再为战争买单了。

从一开始，勃艮第人的支持就是英法二元君主国得以运行的唯一条件。这里的"勃艮第人"不是指那些来自勃艮第的人，而是政治上的派系分野——那些更愿意在勃艮第公爵及其盟友的统治下生活，而非效忠于王太子的法国人。很多人真诚地相信，一个强有力的英国政府将终结10多年来的血腥内战，为法国带来和平。此外，他们还认为——或者说"曾"认为——英国人注定会打赢同法国王太子的战争（就像1940年贝当派也以为德国人会赢）。回忆起阿马尼亚克派的恐怖统治，所有巴黎人都害怕王太子回归后会血洗巴黎，这种恐惧也飘荡在盎格鲁-勃艮第统治区的每一个城镇。甚至在兰开斯特王朝统治之前，"巴黎市民"就认为，做英国人的阶下囚总要好过做法国王太子"和那些自称阿马尼亚克派的人"的俘虏。后来在描写阿马尼亚克派的征伐时，"巴黎市民"说，这些人所犯下的罪行"超出了任何人或魔鬼的界限"。这位"巴黎市民"很有可能是巴黎圣母院的一名神甫，他的视角向来既理性又正派，却也使用了诸如"比萨拉森人更坏"和"未受束缚的魔鬼"等字眼来形容他们。可惜的是，仅凭法国人对阿马尼亚克派的恐惧，英国人还不足以稳定地统治法国。

英国统治所面临的最大威胁就是勃艮第公爵腓力阴晴不定的性情。腓力外表英俊伟岸，却十分傲慢，脾气很坏——在暴怒中他的脸会变成青紫色——还极其易怒。更令人担忧的是，这位"骑士精神的支柱"是个臭名昭著的骗子。他的话一点儿也不可靠，因为他总是反复无常、朝令夕改。尽管腓力决心巩固自己在领地内的统治，试图在低地国家获取更多土地，对法国政治也十分厌烦，但他对自己的瓦卢瓦血统感到十分骄傲，绝不会真正同意让法国被兰开斯特王朝统治。当他逐渐淡忘父亲被杀的血海深仇之后，腓力开始同法国王太子一派勾勾搭搭。他拒绝接受嘉德骑士勋章，继而拒绝向英国人宣示效忠，以此向王太子派表明意图。贝德福德公爵想尽一切办法同他保持联盟关系。

1423年4月，贝德福德公爵、勃艮第公爵和布列塔尼公爵在亚眠会面，签署了一份协议，宣示"在有生之年保持兄弟般的联盟"，每个人都心照不宣地保证致力于铲除王太子势力，但没有做出任何军事上的承诺。勃艮第公爵和布列塔尼公爵都有所保留，随后二人又签了一份秘密协定，保证若其中任何一人与王太子结盟，两人的友好关系不受影响。5月，贝德福德同腓力公爵的妹妹勃艮第的安妮结婚，这起初是一桩纯粹的政治联姻，后来却变得非常幸福美满——虽然安妮"像猫头鹰一样平庸"。时人评论道："摄政王殿下非常爱他的妻子，总是把她带在身边，随他去巴黎和其他任何地方。"安妮是一个聪明、开朗又虔诚的人，她一直努力维持丈夫和哥哥之间的联盟关系。

如果说英国人和勃艮第人之间并没有建立一个像样的战略合作关系，二者在战场上还是保持了良好的军事协作。这种军事协作关系在1423年表现得尤为明显。两军联合攻下了勒克罗图瓦，同时，由诺福克公爵和让·德·卢森堡率领的另一支联合部队击败了王太子派将领波顿·德·桑特雷耶。英国人和勃艮第人还一起四处袭扰。不过，在法国西南部，英国人和吉耶纳人只能孤军作战，在吉耶纳边境地区开展突袭和反突袭，进入圣通日和普瓦图以及利穆赞和佩里戈尔地区。他们还必须抵挡王太子派对拉雷奥尔和"两海之间"的攻击。

双方在 1423 年的一次重要冲突发生在克拉旺。王太子派聚集了一支大军，其中包括一支为数众多的苏格兰分队，由苏格兰骑士统帅达恩利的约翰·斯图尔特爵士率领，还有一些意大利和西班牙雇佣军。这支军队向克拉旺进发，那是位于约讷河右岸的一个小城镇，是勃艮第公爵领边境上的一个要塞。如果克拉旺沦陷，腓力公爵的首府第戎就会暴露在敌军的攻击范围内。不过，敌人的首要目标是解救被围堵在香槟和皮卡第的王太子派守备军。守卫克拉旺的主要是当地乡绅，他们的抵抗意志非常顽强，但到 7 月份，他们已经把他们的马都吃掉了。"连一只可吃的猫或狗、田鼠或老鼠都找不到，"编年史家让·德·瓦夫兰记述道。

索尔兹伯里伯爵以最快的行军速度飞奔前来营救此城。在欧塞尔，他和一支勃艮第分队会师，并在当地的大教堂里召开了一次战时会议，起草了一份联合命令，这份文件一直留存至今。文件规定：英国和勃艮第各指派一名元帅；前锋由一半英国人、一半勃艮第人构成；违犯军令者可处以极刑；在战争胜利前禁止关押俘虏；弓箭手须像以往一样随身携带削尖的木桩；每名士兵都要携带两日的口粮；到了晚上，每人都必须极尽虔诚地向上帝祈祷。索尔兹伯里伯爵马不停蹄地行军，而当时骄阳似火，当军队停下休整时，重装骑士们都趴在地上纳凉。最终，他的军队扩大到约 4000 人。

7 月 29 日星期五，索尔兹伯里伯爵抵达克拉旺，王太子派的军队已经在河对岸距城约1.5英里的一座小山上等待。不过，王太子军随后下山来到河岸边，这就意味着如果伯爵要向他们发起进攻，就必须先渡河，而这个举动将为他带来灭顶之灾。索尔兹伯里伯爵孤注一掷，打赌守备军会前来协助，在弓箭手的掩护下蹚过河水。与此同时，威洛比勋爵在桥上发起进攻。伯爵安全到达对岸，立即进入激烈的战斗；桥上威洛比的部队也遭到苏格兰人更为猛烈的攻击。最终王太子军开始顶不住了，此时城里的守备军——尽管因连日饥饿而有些虚弱——像伯爵预想的那样从敌军后方发起攻击。敌军溃散奔逃，在河岸和城镇之间受到夹击，最终约1200人战死，其中包括许多苏格兰人。约翰·斯图尔特爵士在失去一只眼睛后被俘。

1424年，摄政贝德福德公爵认为挥军南下、完全占领曼恩和安茹的时机已经成熟，他也知道敌人正在集合一支大军，意图发起一场全面攻击。贝德福德公爵在鲁昂集合了1万兵力，派萨福克伯爵去重新夺回落入王太子派手中的伊夫里。萨福克伯爵迅速拿下这座城镇，但王太子派的守备军在堡垒中负隅顽抗，期待王太子的新军前来解围。在王太子的援军抵达伊夫里之前，贝德福德公爵带着主力部队前来增援，堡垒中的守备军终于投降。王太子派将领阿朗松公爵、欧马勒伯爵和纳博讷子爵对阿金库尔的惨败记忆犹新，不愿再战，但他们的苏格兰盟友坚持继续战斗。最终王太子派将领和苏格兰人达成妥协，决定再占领几个城镇，同时避免在战场上正面与英国人决战。8月14日，这支军队抵达诺曼底边境上的英属小城韦尔讷伊，一路上还把俘虏绑在马尾巴上拖着走。城里的居民看到这些英国俘虏，以为贝德福德公爵已经战败，立即打开了城门，这才发现这些"俘虏"都是苏格兰人假扮的。此时，

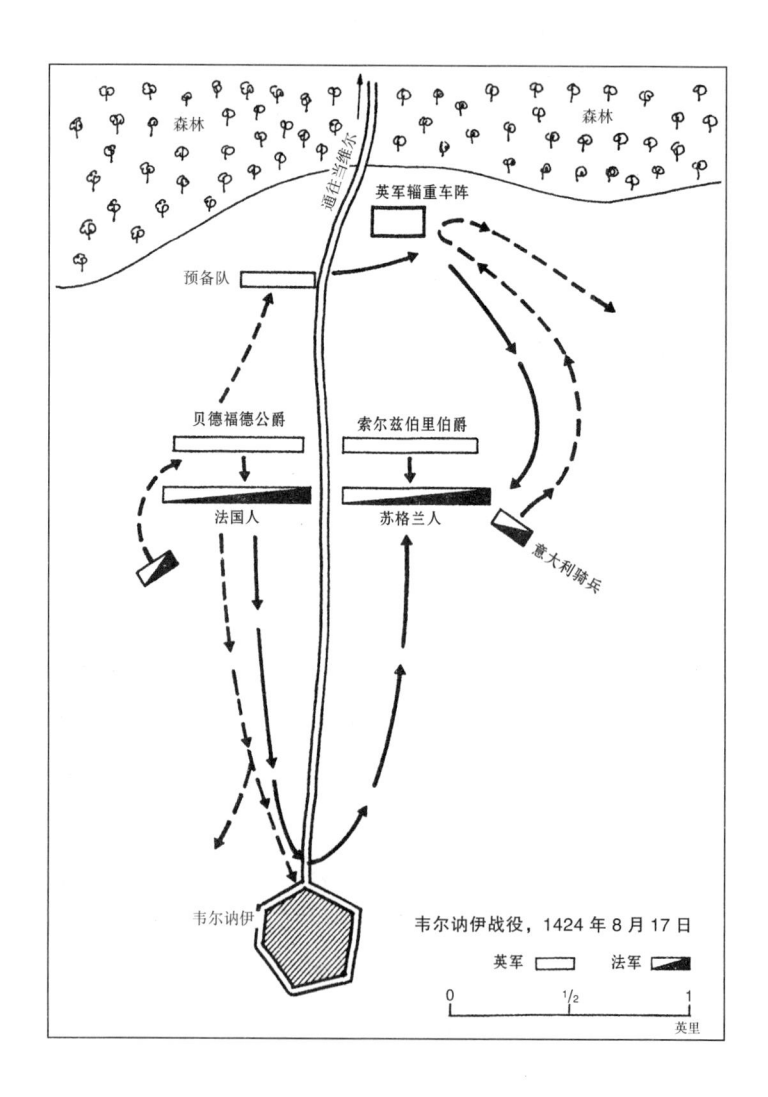

韦尔讷伊战役，1424年8月17日

英军 □　法军 ◪

森林　森林　通往当维尔　英军辎重车阵　预备队　贝德福德公爵　索尔兹伯里伯爵　法国人　苏格兰人　意大利骑兵　韦尔讷伊

0　1/2　1
英里

贝德福德公爵已离开伊夫里前往埃夫勒，在那里，侦察部队告诉他敌人已经占领了韦尔讷伊。第二天，贝德福德出发前往韦尔讷伊。他对自己的兵力充满信心，还下令3000名勃艮第士兵离队去围攻内勒。

8月17日，贝德福德公爵在当维尔通往韦尔讷伊的路上整合部队。这条路穿过一片森林，直抵韦尔讷伊前面的一片开阔地。他大约有9000人马，其人员组成与普瓦提埃和阿金库尔战役相仿，即重装骑士在中央、弓箭手在两翼。重装骑士组成两支战队，公爵亲率右队，左队由索尔兹伯里伯爵统领。他还将2000名骑射手排成预备队，跟在部队后面约四分之一英里远的位置。与此前不同的是，为保护运送给养的车队，公爵用马车围住辎重，形成一个中空的方队，跟在预备队后面。马以3或4匹为一组，前后的马头尾相接，在方队外围成一个圈，形成又一道防线。王太子的部队也在这条路上，但距韦尔讷伊更近，大约有1.7万人。他将徒步重装骑士分为两个分队，两个分队中间是弓箭手，两翼是重装骑兵，用来抵挡英国弓箭手对侧翼的进攻。其中一个分队由欧马勒伯爵率领，另一个分队由6000名苏格兰士兵组成，由道格拉斯伯爵和巴肯伯爵率领。巴肯伯爵派人送信给英国人，表明自己将冷酷杀敌、绝不宽饶。

双方都不愿先发起进攻。从清晨一直到下午4点，两军在烈日下一动不动，仍旧热得难受。最终，贝德福德公爵下令部队前进。英军全体跪下亲吻大地，呼喊着"圣乔治！贝德福德！"缓慢地稳步前进，同时故意发出低沉的挑衅声音。与此同时，王太子军中的一部分重装骑士向贝德福德公爵右翼的弓箭手发起冲锋，从他们中间直穿过去，冲到作为预备队的骑射手跟前，才被拦了下来。许多英国士兵转头就逃，贝德福德公爵的部队仍不情愿地向欧马勒伯爵的部队前进。欧马勒伯爵的部队也在呼喊着"蒙茹瓦！圣丹尼！"前进。两支部队就像一群没有脸的钢铁机器人一般，反射着耀眼的阳光，战斗口号从一个个头盔下传出，带着空洞的回响。两军一交手，就传出一片嘈杂的钢铁碰撞声，战斗的激烈程度甚至让当时的人都感到震惊。编年史家让·德·瓦夫兰亲身经历了这场战斗，他写道："死者和伤者的血洒满了大地，像小溪一样四处流淌。"在45分钟里，英军和王太子军互相砍、砸、捅，没有哪一方能占到上风。贝德福德公爵本人挥舞着一把双手战斧，杀死了很多敌兵，令人闻风丧胆。"他所向披靡，无人能挡。"（这类武器能够像劈开一个现代的锡罐那样劈开一具昂贵的盔甲，甚至在战斧劈入盔甲前，盔甲里的身体就已经被击碎压烂了。）最终，王太子军开始动摇，逐渐丢失阵地。突然，他们转身以穿着沉重的盔甲所能达到的最大速度踉踉跄跄地逃往韦尔讷伊。包括欧马勒伯爵在内的许多人被赶到沼泽地里淹死了。

在左翼，英勇的索尔兹伯里伯爵几乎要被苏格兰人击败，另外600名意大利骑兵从他身边冲过去抢夺辎重。预备队的弓箭手正忙着应付从右侧突破防线而来的骑兵，无暇他顾。尽管侍从们进行了英勇的抵抗，意大利骑兵还是冲进了马车队，开始抢夺辎重、驱赶马匹。好在预备队击退了敌军，赶来驱逐这些意大利人。随后，预备队又冲上前去帮助索尔兹伯里伯爵，大声呼喊着攻向苏格兰人侧翼。与此同时，贝德福德公爵重新整队，他的队伍虽疲惫不堪，但成功击退了敌军，士气大增。他率军向苏格兰人后翼发起冲锋，将其一举击溃。英国人尤其仇恨北边的邻居苏格兰人，几乎没有留下几个活口，道格拉斯伯爵阿奇博尔德、其子马尔伯爵詹姆斯、巴肯伯爵约翰·斯图尔特都被杀了。在这场战役之后，贝德福德公爵写道："傲慢的苏格兰人遭到了最残酷的报应。他们在当天遭遇惨败，英国人在战场上缴获了1700多件苏格兰人绣有纹章的罩袍。"此外，包括纳博讷侯爵在内，王太子军损失了1000多人。因此，敌军伤亡总数超过了7000人，阿朗松公爵、拉法耶特元帅也成为英军的俘虏。

英军只损失了1000人，但在最开始，他们一度濒临失败。很多人在王太子军发动首轮冲锋时就逃跑了，大喊着"我们完蛋了"。事后，他们发现一位名叫扬格的指挥官临阵退缩，还带走了500人。此后，他被判绞刑（吊至半死）、在水里淹死并分尸。

韦尔讷伊一战被视作第二场"阿金库尔战役"，贝德福德公爵声名更盛。王太子军的战斗力所剩无几，在战场上再也不能有什么作为。通往布尔日的道路已经打通，英军似乎不日就可以占领法国全境。但贝德福德公爵效仿其兄亨利五世，选择了一条不那么冒险的路，脚踏实地一点点完成对安茹和曼恩的征服，开始有条不紊地铲除敌方要塞。这次胜利还有一个好处，就是彻底解除了苏格兰人干涉英法战争的威胁，最精锐的苏格兰士兵都死在了这场战役里。(颇具讽刺意味的是，王太子派对此并不感到遗憾，他们的编年史家巴赞说，韦尔讷伊战役虽是一场灾难，但好在从此摆脱了苏格兰人，他们的傲慢实在令人难以忍受。)

在这胜利的时刻，摄政贝德福德公爵的地位突然受到削弱，原因是发生在法国之外的一些事件几乎摧毁了他同勃艮第公爵的联盟关系。格洛斯特公爵汉弗莱是个轻浮、不负责任的浪子，他爱上了埃诺女伯爵杰奎琳。这位女伯爵除埃诺外还拥有荷兰和泽兰，她对自己的丈夫很不满意，就抛弃了丈夫来到英国避难。格洛斯特公爵从（还住在阿维农的）被废黜的伪教宗本尼迪克十三世那里获得了一份有效性十分可疑的豁免状，娶了杰奎琳为妻，并自称埃诺伯爵、荷兰伯爵和泽兰伯爵，还在 1424 年率 5000 人马入侵这些领地。这次远征就是一场闹剧，格洛斯特公爵出了洋相，只得在年内退回英国，筹划着下一次入侵。勃艮第公爵腓力一心想得到杰奎琳的领地，再也没有什么比这件事更能激怒他了。1424 年秋天，腓力造访巴黎，当面对贝德福德公爵口出恶语，说自己已经和王太子派达成防御协定。全靠腓力的妹妹，也就是贝德福德的妻子出面斡旋——腓力也担心同自己的妹夫彻底决裂后，贝德福德会支持格洛斯特公爵——盎格鲁-勃艮第联盟才能继续维持下去。

勃艮第公爵腓力从来都不是一个好相处的盟友。在访问巴黎期间，腓力严重冒犯了索尔兹伯里伯爵。腓力是一个臭名昭著的好色之徒，有 30 个情妇，竟然还向索尔兹伯里伯爵 19 岁的夫人发起攻势（这位夫人是乔叟的孙女，是个有名的美女）。索尔兹伯里伯爵极其愤怒，发誓永不在战场上与腓力并肩作战，还打算前往埃诺协助格洛斯特公爵。

1425年末，格洛斯特公爵在英格兰又惹出了更大的麻烦。他只是英格兰名义上的监护者，真正的政府是御前会议。御前会议由大法官兼温彻斯特主教亨利·博福特执掌，他们拒绝承认格洛斯特为摄政。博福特是亨利五世的同父异母兄弟（他是冈特的约翰和凯瑟琳·斯温福德的私生子，后来因为约翰和凯瑟琳完婚而获得合法地位），是英国历史上最令人敬畏的教士之一，认为自己是最适合统治英格兰的人。不可避免地，博福特与格洛斯特不和，格洛斯特恨他夺走了自己的摄政之位。格洛斯特曾试图煽动伦敦暴民反对博福特，差点掀起了一场内战。1425年，博福特向贝德福德公爵紧急求救，求他尽快回到英格兰——"如果你耽搁了，我们就会开战，使这片土地陷入灾难。你的兄弟一定会这样做的。"博福特还提醒贝德福德公爵："英格兰的安定是法国繁荣的基础。"结果，贝德福德公爵于1425年12月至1427年3月间远离法国，花了15个月的时间调解弟弟和叔叔之间的矛盾，无暇顾及海峡对岸的事务。尽管最终调解取得了成功，贝德福德仍始终担心格洛斯特公爵和博福特的矛盾会再度爆发。

在贝德福德公爵逗留英格兰期间，他已经很难从议会要到钱来扩充军队了。战争花销几乎没有上限，已经在英国激起了很大不满，英国人普遍认为应该由新占领土来为战争买单。远征军的规模越来越小，参军的英国人也越来越少。

另一方面，很大一部分英国贵族都在法国征战。在上一个世纪，许多指挥官都出自下层乡绅，有些人的出身更加卑微；而在 15 世纪，高级指挥官几乎都是贵族——单单列举几个最著名的：索尔兹伯里伯爵、沃里克伯爵、萨福克伯爵，塔尔博特勋爵、斯凯尔斯勋爵。他们如此渴求战争利润，背后有一个巨大的经济动因：由于农业萧条，在世袭领地上获得的收入较此前几十年大大减少了

不过，就算没有再出现罗伯特·萨尔或尼古拉斯·霍克伍德这样的人物，上层乡绅仍持续在战争中提升财富和地位。如此可以合理地推断：与大贵族一样，他们的土地收入也缩水了，这驱使他们参与战争。威尔特郡的约翰·斯托顿爵士就是一个很好的例子。他出生于 1399 年，是下院议长的儿子，也是英格兰西部一个古老家族的一家之长。约翰参加了 1418 年对鲁昂的围困，还有其他许多战役。到 1436 年，他共召集了 100 多个弓箭手去法国。1438 年，他成为一名御前会议成员，随后多次出席御前会议，在军事行动策划中发挥了关键作用。他提议进攻诺曼底而非吉耶纳，因为诺曼底距离更近，当然真实原因可能是他要保护自己在诺曼底的土地（诚然，现在我们还没有确认哪一块土地是他的）。约翰多次作为重要使节团的一员出访法国，还关押过那位不幸的奥尔良公爵——这位公爵是一位诗人，在阿金库尔战役后成为英国的阶下囚，于 1438 至 1439 年在斯托顿受其管辖，曾抱怨过约翰的严苛。后来，约翰成为加莱的监护者之一。1448 年，约翰被封为斯托顿男爵，挨过了 15 世纪 50 年代的政治动乱，于 1462 年寿

终正寝。实话说,他这一生过得跌宕起伏,也获得了很多财富,其中大部分恐怕来自劫掠和赎金勒索。利兰说,斯托顿壮丽的城堡(毁于18世纪,其原址位于现在的斯托海德风景园)就是用从法国掠夺来的财富建造的,城堡还带两个庭院,"内庭的正门华美异常,围得严严实实,就像一座堡垒"。斯托顿勋爵很可能只是翻修并扩展了祖上留下的庄园,但他毫无疑问也有财力再建一座新的。他还在伦敦附近买了一座雄伟的庄园,即富勒姆的斯托顿庄园,就在伦敦主教的宫殿旁边,还修建了位于萨默塞特的斯塔沃戴尔的奥古斯丁修道院的很大一部分。

还有很多人在战争中发迹。只要在法国战场上表现出色,往往就有可能在英国荣膺高位。费因斯家的两兄弟詹姆斯和罗杰战功赫赫,其中哥哥詹姆斯修建了诺尔堡,而弟弟罗杰建造了赫斯特蒙苏堡。詹姆斯曾任阿尔克队长、塞纳河区总领队,还是库尔勒孔特领主,在1446年受封为塞伊与希尔勋爵(但几年后就被杰克·凯德①拷打致死)。另外一位新晋贵族苏德利勋爵也当过阿尔克队长,在法国拥有土地,在格洛斯特郡建了一座以自己名字命名的豪华城堡。历史上唯一一位温洛克勋爵是一位职业军人,于1421年获得吉索尔的封地,后来参加玫瑰战争,在巴尼特被杀。他在卢顿城外建造了萨默里

---

① 杰克·凯德在1450年领导了反抗英国政府的起义。起义者被英国政府高额的债务和诺曼底的陷落激怒,涌进伦敦城进行烧杀抢掠,在伦敦桥和伦敦市民进行了一场血战,被赶出伦敦,最终失败。杰克·凯德起义被看作是红白玫瑰战争的序曲。

城堡。威廉·爱普·托马斯爵士（Sir William ap Thomas, 即托马斯之子威廉）建造了拉格伦堡，约翰·蒂勒尔爵士建造了鹭厅，他们两人都在法国战斗过。约翰·蒙哥马利爵士（后来参与了抓捕贞德的行动）建造了福克博纳厅，其子建造了米德尔顿塔。这些建筑大部分都是红砖房，其修建者的品位无疑是在法国养成的。此外，这些当了领主老爷的士兵们还修建了很多漂亮的哥特式教堂，虽然总数比不过羊毛商人建造的数量。麦克法兰称它们为"战争教堂"，与"羊毛教堂"相对应。其中最有名的当数位于沃里克的圣玛丽教堂中的博尚礼拜堂，里面有死于1439年的沃里克伯爵理查德·博尚的镀金金属雕像。

赎金仍然是战争收入的一大组成部分。亨利五世曾从约翰·康沃尔爵士手中高价买下旺多姆伯爵。约翰爵士后来成为凡霍普勋爵，修建了安特希尔堡。他被 E. F. 雅各布描述为"一个在勒索赎金方面具有颇高水准的投机商典型"，在1423年买卖过戈库尔勋爵和埃斯杜特维尔勋爵（8年前在阿夫勒尔战役中被俘），此外还有波旁公爵。罗兰·伦塔尔爵士[1]在赫里福德郡建造汉普顿庭院，用的是在亨利五世历次征战中所获俘虏的赎金。沃尔特·亨格福德爵士，即后来的亨格福德男爵，在萨默塞特重建了法利·亨格福德村的城堡和教堂。利兰听说沃尔特爵士修城堡的钱来自阿金库尔的战利品，不过他至少往

---

[1] 英国16世纪的古文物研究者约翰·利兰在《旅程》（Itinerary）中说："这位伦塔尔在阿金库尔战役中获得了胜利，并抓捕了大量俘虏，通过获得的收入开始在汉普顿修建新的庄园。"——原注

英格兰带回了 8 个昂贵的俘虏。

除赎金外,"劫掠"也是家常便饭。法国贵族们在出征时似乎一定会"体贴地"带上珠宝和家传的银盘子,而且每个英国士兵也能从"保护费"中分一杯羹。还有一些职位是带薪的,可以想见,新建立的英法二元君主国有很多官职空缺亟待填补。麦克法兰说:"亨利五世军中几乎所有骑士、扈从都在亨利六世手下谋得一官半职,并获得收入,有人甚至身兼数职。"他还说,有人掌管的土地不仅仅是一城一堡,而是有整个省那么大。这些人榨光了治下土地所有的油水。

当然,英国人也会在战争中被俘,需要支付赎金,但他们的军队打赢的战役更多——包括所有大型战役——法国人被俘的几率大大高于英国人。在英国本土,也有一些其他因素(有时这些因素更为重要)有利于累积财富、建立新的贵族领地,例如娶了更高位阶的妻子、受到国王的封赏、在本地官职中大发其财等。但在这个时期,法国财富扮演了更重要、更关键的角色;15 世纪英国的"成功故事"中,有很大一部分都始于法国。

1427 年 3 月,贝德福德公爵回到法国。一个威尔士士兵跟随着他,此人就是塔尔博特勋爵,他即将成为百年战争中最可畏的战士之一。他们带着一支新招募的小部队,兵力少得可怜,只有 300 名重装骑士和 900 名弓箭手,还有一个新的炮兵部队。英国人很幸运,在贝德福德公爵离开法国期间,王太子派没能好好利用布列塔尼公爵反水的机会。1426 年,这位反复无常的阴谋家同王太子在索米尔签订了一项协议,同一时期，其弟率布列塔尼和苏格兰联军攻占了英国人在蓬托尔松的要塞，屠戮当地守备军。此外，因格洛斯特公爵介入埃诺事务，英国人和勃艮第人之间的合作也算结束了。贝德福德公爵立即展开行动。当年5月，沃里克伯爵夺回蓬托尔松。布列塔尼公爵再次倒向英国人，随后于1427年9月正式宣布遵守《特鲁瓦协定》。当年6月，贝德福德公爵偕妻子去阿拉斯造访勃艮第公爵腓力，修复双方之间的关系；贝德福德公爵叫停了一支正前往埃诺的英国远征军，并在格洛斯特公爵和勃艮第公爵之间进行调停。格洛斯特公爵放弃了埃诺的杰奎琳及其领地，并从教宗那里取得了一份证明二者婚姻无效的诏令（其主要理由是他现在希望娶杰奎琳的侍女埃莉诺·科巴姆为妻）。到1427年底，贝德福德全面恢复了英格兰—勃艮第—布列塔尼三角联盟。

  1427年春天，英格兰又送来1900人马。在发动新一轮攻势之前，英军须先占领几座敌方要塞，其中就包括巴黎东南方向60英里外的蒙塔日镇。这座小镇控制着约讷河谷，建在一个易守难攻的岬角上，四周由卢万河、维尼松河团团围住，通往镇子的道路纵横交错，拖住了进攻大军的前进步伐。城内守军意志坚定，由备受镇民爱戴的拉法耶爵士统领。沃里克伯爵在通往巴黎方向的道路上扎营，将营房分布于河岸两边，确保补给线畅通。他只带着5000人马，但炮火充足，从7月15日就开始有条不紊地轰击小镇。然而6周过去了，他的进展十分有限。沃里克伯爵几乎从未想过，王太子派里居然也有这样一个出其不意让他感到棘手的指挥官。

1407年被谋杀的奥尔良公爵留下了一个私生子。[①]此人名叫约翰，是个左撇子，后人通常称其为"仁慈勇敢的迪努瓦"——迪努瓦是他后来的伯爵封地。约翰是个身无分文的冒险家，成了职业军人，曾在博热和韦尔讷伊作战，1427年刚满24岁。9月，他和另一名优秀军人拉伊尔带着其他1600人马，被派去增援蒙塔日镇。约翰肯定曾研究过克拉旺战役，他派一名信使带着协同作战计划先行来到蒙塔日。他的人马则突然出现在镇子南边的道路上。沃里克伯爵立即带兵向他们冲锋，此时镇民打开水闸，冲垮了河上的木桥，把英军截为两段，还淹死了许多英国士兵。与此同时，守备军突然出击，从背后进攻英军。沃里克勋爵损失了近1000人马，剩下的部队也四散奔逃，丢弃了他们的大炮。

就在蒙塔日溃败的同一天，约翰·法斯托夫爵士的一支小部队也在曼恩的昂布里埃吃了败仗，整个曼恩伯爵领的人都起来反抗英国人。贝德福德公爵冷静果决地立即下令再次包围蒙塔日，并开始扑灭曼恩的叛乱。他同哥哥亨利五世一样毫不留情：拉格拉维尔镇没有按约定的时限投降，他就处决了该镇送来做担保的人质。塔尔博特勋爵也开始展现他的才能。拉伊尔占领勒芒后，塔尔博特仅用300人马就把它夺了回来，还解救了城里的守备军；随后他又占领了曼恩的战略要地拉瓦尔。到1428年春天，局面恢复如常，英军即将展开期盼已久的大举进攻。

[①] 后文多称为"奥尔良的私生子"。

但英国人还是很缺钱。尽管英国人进行最大限度地征税，占领地仍无法提供足够的资金，而英国议会也对贝德福德公爵的多次恳求置若罔闻。1427年7月，贝德福德公爵派索尔兹伯里伯爵回国向御前会议求救，最终伯爵拿到了2.4万英镑，其中一部分钱还是他自己出的。1428年6月，伯爵从桑威奇出海，带着450名重装骑士、2250名弓箭手、10名攻城隧道挖掘工，还有70多名石匠、木匠和制弓匠，以及一个崭新的炮兵纵列。同时，贝德福德公爵也在集结军队、搜集粮草。7月，索尔兹伯里伯爵进入巴黎。关于下一步战略目标，索尔兹伯里伯爵同贝德福德公爵有分歧：前者想占领奥尔良，扼住卢瓦尔河的咽喉，据此越河进击王太子派的心脏地区；后者则打算占领昂热，确保英军对安茹的全面控制，并把英国在法国北部的领地与吉耶纳连成一片。此外，贝德福德公爵对进攻奥尔良有所顾虑，因为如此一来便违背了协议，而且奥尔良公爵被囚禁在英格兰，这么做有违骑士精神。最终，索尔兹伯里伯爵的意见占了上风，但贝德福德公爵的担忧并没有减轻。几年后，贝德福德公爵给侄子亨利六世写信，认为金雀花家族在法国各地的统治都十分稳固，直到围攻奥尔良改变了一切，"天知道是受了什么蛊惑"。

8月中旬，索尔兹伯里开始大举进攻，占领了40多座城镇和堡垒，据他自己所说，一些是靠攻击得来的，一些则是靠其他手段得来的。这些堡垒包括卢瓦尔河上距奥尔良最近的几个城镇——下游的博让西和默恩与上游的雅尔若。10月12日，索尔兹伯里来到奥尔良城下。这座城市位于卢瓦尔河北岸，城市本身就是一道奇观。30英尺高的城墙特别长，英国人没办法用攻城器械将其团团围住，只能依赖巡逻队。城里的守备军比城外围城的军队还要多——共有2400名职业军人和3000名民兵，由曾参与了阿夫勒尔战役的戈库尔爵士统领。守备军在城墙上布置了71门炮，有的火炮可以发射重达200磅的石弹，数量也比英军的炮兵部队要多得多。英军只剩下4000人，而且这也不是最精锐的部队。他们一上岸就开始烧杀抢掠，一些人在半路就当了逃兵，还在克莱里摧毁了一处特别重要的圣迹。索尔兹伯里伯爵从勃艮第公爵那儿只雇用了150人。他并不寄希望于用这么少的人封锁整座城，城内守军也能毫不困难地获得补给和增援。这位"疯子索尔兹伯里"并不气馁，他决定从河上的主桥杀出一条血路，这座桥有350米长，从卢瓦尔河南岸延伸至奥尔良市中心。卢瓦尔河南岸这一侧的桥头筑有土垒，在第一个桥拱处还有两座巨大的防御炮塔，也被称作"图雷尔"（Tourelles，意指炮塔）。索尔兹伯里对其进行了一轮突袭，随后又进行狂轰滥炸，均不奏效，然而当得知攻城隧道挖掘工正在防御塔底下挖隧道时，塔上守军就惊慌地逃走了，还摧毁了身后的两个桥拱。

　　索尔兹伯里伯爵爬上"图雷尔"的第三层，进一步观察奥尔良城，确定下一步进攻方向，"他仔细地观察奥尔良的四周，内心盘算着如何包围并征服这座城"。这里有一则真实性存疑的小故事。英国将领威廉·格拉斯戴尔爵士对伯爵说："大人，您来看看您的城市。"突然间，奥尔良城墙上有一名男学生趁守军去吃饭的空隙发射了一枚炮弹。索尔兹伯里听到响动立即弯腰躲避，石弹穿过窗户，打死了伯爵身边的一位绅士，窗户上的一根铁条被击飞了，打中索尔兹伯里的护面，把他的脸削去了一半。在一星期后的10月27日，"深受下属敬畏和爱戴的"索尔兹伯里在巨大的痛苦中在默恩死去，留下遗言请求他的将官们继续攻城。这也令他的下属十分悲伤。瓦夫兰认为，如果索尔兹伯里再活3个月，就有可能攻下奥尔良。他的死对英国人来说无疑是灾难性的损失。

萨福克伯爵接任指挥官一职。他是爱德华三世的债权人的曾孙，为人与索尔兹伯里伯爵大不一样。他参加过阿夫勒尔战役，也经历过其他许多大大小小的战役，但缺乏想象力和进取精神，不愿意冒任何风险，实际上也相当不走运。他马马虎虎地继续围城，把"图雷尔"交给格拉斯戴尔率领的一支守备军看守，带着剩下的部队驻扎在附近城镇的冬营地。不过，塔尔博特勋爵和斯凯尔斯勋爵于12月1日将部队带回来包围了奥尔良，还修筑了用围栏围起来的60座土垒（bastilles），通讯用的壕沟将这些土垒连接起来。但作为一条封锁线，这些土垒远远不够，因为它的东北角还缺了很大一块。此外，城内守军粮食充足，还有"奥尔良的私生子"、拉伊尔、波顿·德·桑特雷耶和另外500名援军坐镇。但英军还是艰难地撑过了冬天。两军一丝不苟地遵守骑士礼仪，在圣诞节那天，萨福克伯爵给"奥尔良的私生子"送去了一些无花果，并收到了一件毛皮大衣作为回礼，"奥尔良的私生子"还借给围城军一支军乐队。

我们现在可以知道威廉·格拉斯戴尔爵士在"图雷尔"

布置的守军名单，这些人的名字听起来都十分普通和现代——就算在托雷斯·韦德拉什、图卜鲁格[①]等地也丝毫不显得奇怪。其中有托马斯·乔里、比尔·马丁、戴维·约翰逊、沃尔特·帕克、马修·桑顿、乔治·拉德洛、帕特里克·哈尔、威廉·沃恩、托马斯·桑德、迪克·霍克、约翰·兰厄姆、威廉·阿诺德、乔治·布莱克威尔以及从雷德斯代尔来的约翰·里德。

1429年2月12日，约翰·法斯托夫爵士正护送四旬斋食物——鲱鱼和小扁豆——由巴黎前往奥尔良。在让维尔附近的鲁夫赖，他得知自己即将遭到克莱蒙伯爵率领的一支4000人的王太子军的袭击，而自己手下只有500名英国弓箭手和1000名巴黎民兵（很可能是十字弓手）。他立即下令停止前进，将马车围成车阵，只留下两个狭窄的入口，插上弓箭手的尖木桩用于防御。克莱蒙用一些小型炮对着车阵轰击，造成了不小的损害。而一支由达恩利的约翰·斯图尔特爵士率领的苏格兰小分队坚持下马徒步进攻，法国重装骑士则骑着马也随他们一同前进。这部分人在英国长弓的箭雨中受阻。法斯托夫爵士抓住这个机会，令弓箭手上马（他们肯定也随身带着长枪），冲出阵外击退敌军，杀死了500人——大部分是苏格兰人。若不算上那些试图逃跑的车夫，法斯托夫只损失了4个人。巴黎民兵表现得如此忠诚，实在是令人振奋。贝德福德公爵亲自在巴黎举行感恩仪式，向民兵们致以特别的敬意。

---

① 分别为葡萄牙西部城市和利比亚港口城市。

直到 1429 年春天，英军围困奥尔良的行动仍没有取得丝毫进展。4 月，贝德福德公爵请求御前会议再多派些人马过来，却只要到 100 名重装骑士。王太子派采取了一个非常机智的外交策略，以奥尔良公爵被囚禁在英国为由，把奥尔良转让给勃艮第公爵。勃艮第公爵腓力当然十分渴望得到奥尔良。贝德福德公爵虽担心打破与腓力的联盟，仍坚决表示不同意。腓力非常气愤，下令围城军中的勃艮第士兵离开奥尔良。4 月 15 日，贝德福德公爵再次致信御前会议，哀叹军队士气低落，要求御前会议再加派援军，否则到了既无钱财、又无军力的那一天，他只能选择放弃包围奥尔良。

英军最终还是没能打破奥尔良的城墙。萨福克伯爵虽继续围困奥尔良，却也不再抱什么希望。他忘了在卢瓦尔河里放置横江锁链，因此法军一直在利用河道运输军队和物资。4 月 29 日，一艘装满粮食的驳船从上游 5 英里远的谢齐出发，趁英军注意力被一次针对土垒的佯攻吸引，悄悄驶入奥尔良城。第二天，在一支小分队的护送下，援军将领手持一把小型战斧，骑着黑色战马进入奥尔良城。这就是贞德。

第 9 章

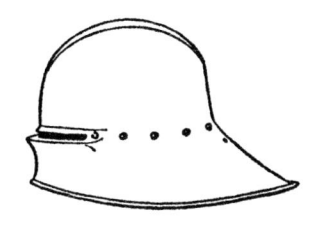

"奥尔良女巫"

1429—1435

法兰西的恶魔,被人深恶痛绝的母夜叉。

——莎士比亚《亨利六世》

"假冒的女巫"

——一位伦敦编年史作者

1428年,一名不识字的17岁牧牛女认为自己受到上帝的召唤,要赶走英国人拯救法国。事实上,贞德①远远没有把英国人赶出法国,只是通过鼓动王太子派的士气,阻挡了英军的攻势,而法兰西摄政贝德福德公爵想办法抵挡住了法军的反攻。终结英国在法统治的并不是贞德。

剧作家向来喜欢将视线聚焦在贞德的审判和殉道上,很少说贝德福德公爵和英军的好话。但英军错把贞德当作魔鬼派来毁灭他们的女巫,这是情有可原的。在这之前的10年中,上帝明显是眷顾兰开斯特王朝的。现在回头看,贝德福德公爵在1434年写给御前会议的一份报告中提到了"我们遭受的一次重大挫败",他把这次失利归结为英军行伍中突然散播开的对战争正义性的怀疑,而这是"一个被称为'少女'的魔鬼的门徒兼代理人使用黑魔法和巫术"造成的。莎士比亚在历史剧《亨利六世》的第一幕中也附和了这个观点,说贞德是"凶恶、残忍的女巫、妖妇",还描绘了她与魔鬼讨价还价的情景。

1428年,王太子派的事业似乎要彻底失败了。英军似乎

---

① "贞德"是法文名Jeanne d'Arc约定俗成的音译,即让娜·达克。

是不可战胜的，他们的接连胜利证明上帝就站在英国一边，人们也很难想象勃艮第派和阿马尼亚克派的裂痕能够修复。王太子派最坏的运气就是摊上了一个软弱的领袖：王太子查理的意志相当不坚定，年过30还没有一点成熟的表现。佩鲁瓦对他的描写像往常一样令人信服："查理身体和精神的发育都有些迟滞，既软弱又粗野。他先天发育不良、虚弱无力，面容呆滞，双眼突出，眼神总是昏昏欲睡、躲躲闪闪、一副受惊的样子，鼻子又大又长，一点儿也没为他丑陋的相貌增色。"查理还被莫名其妙的恐惧困扰：他不喜欢进入房屋，害怕屋顶会塌下来砸到他（这种恐惧出现在拉罗歇尔发生的一次类似事件之后）；他也从不走上一座木桥。被母亲诋毁为私生子极大地动摇了他的意志，他甚至一度认真地考虑退位。他放手把王国交给一群贪婪的宠臣来治理，而这群宠臣忙于内斗，根本没时间和精力对付英国人。

更糟糕的是，查理的流亡宫廷内还总是发生一些邪恶的事情。查理的第一个宠臣是一名囚犯和杀妻者（还曾是查理六世的王后伊萨博的情人），他被赤身裸体地从新婚妻子的床上拖下来扔到河里淹死，死前还在苦苦哀求杀手砍下自己的右手，因为这只手已被许给了魔鬼。第二个宠臣勒加缪被乱棒打死，他的手同样被砍了下来，以防他召唤魔鬼（与勃艮第公爵约翰在蒙特罗那座桥上的遭遇一样）。如此看来，法兰西元帅吉尔·德·莱这样的撒旦教徒、弑婴者也是宫廷的一分子也就不足为奇了。查理自己则沉迷于占星、预言等禁术，这令其告解神父非常忧心，也为查理招致了"异端"的骂名。（像查理

嘉德勋章骑士托马斯·卡莫伊斯勋爵和他的妻子（1419年）。他在阿金库尔战役中领导了英军的左翼。（出自苏塞克斯的特罗顿）

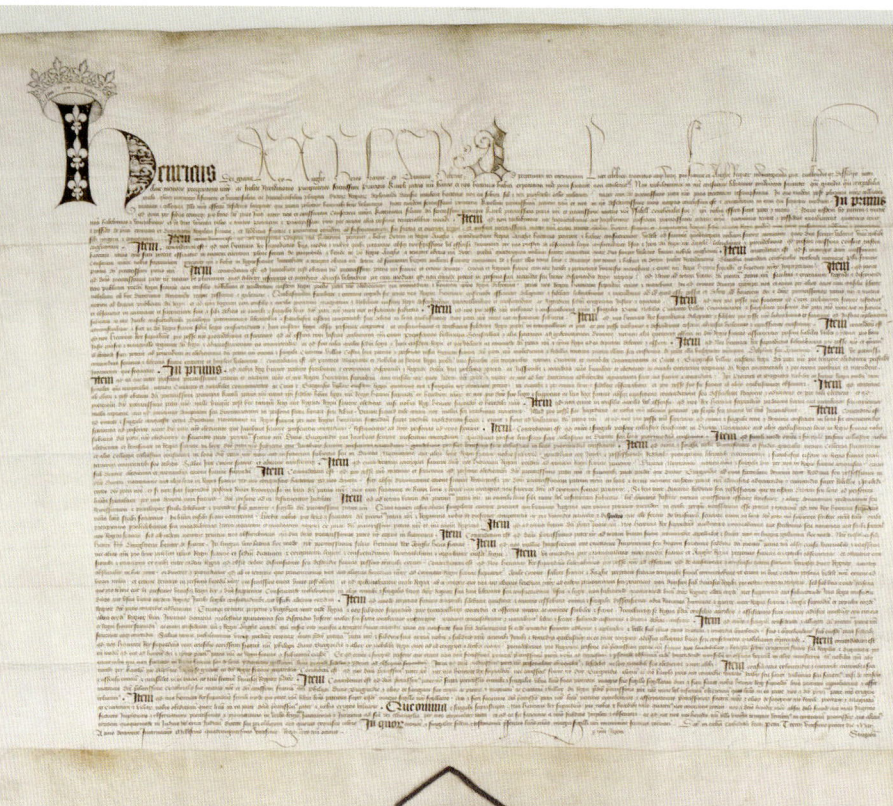

1420年5月，英法两国签订了《特鲁瓦协定》。根据这一协定，英国国王成为法国王位继承人和摄政。这是法国历史上最大的耻辱之一。

亨利六世时期，英国在法国控制区发行的漂亮的金萨律，由鲁昂造币厂铸造。

王室战利品英国和法国国王之杯，1380年为查理五世制作，15世纪30年代落入贝德福德手中，后被带回英格兰。

1420年,《特鲁瓦协定》剥夺了王太子查理的继承权。然而,在贞德的帮助下,他恢复了法军的士气,之后又依靠法国强大的财力建立职业军队,逐渐收复了巴黎和诺曼底,并最终在卡斯蒂永击败了英国军队,结束了百年战争。

阿涅斯·索雷尔是查理七世的情妇,对他产生了很多积极的影响。她还创造了当时露出一侧胸部的穿衣风潮。图中是以索雷尔为原型绘制的圣母与基督。

1429年，贞德率军夺回兰斯。查理七世随她来到兰斯，在兰斯大教堂中举行了加冕礼。在加冕礼后，贞德第一次以"国王陛下"来称呼查理七世。

从987年起，除个别国王外，法国的国王都在兰斯加冕。兰斯大教堂是法国王朝更迭与国家兴衰荣辱的见证。现存的兰斯大教堂建于13世纪，是典型的哥特式建筑。

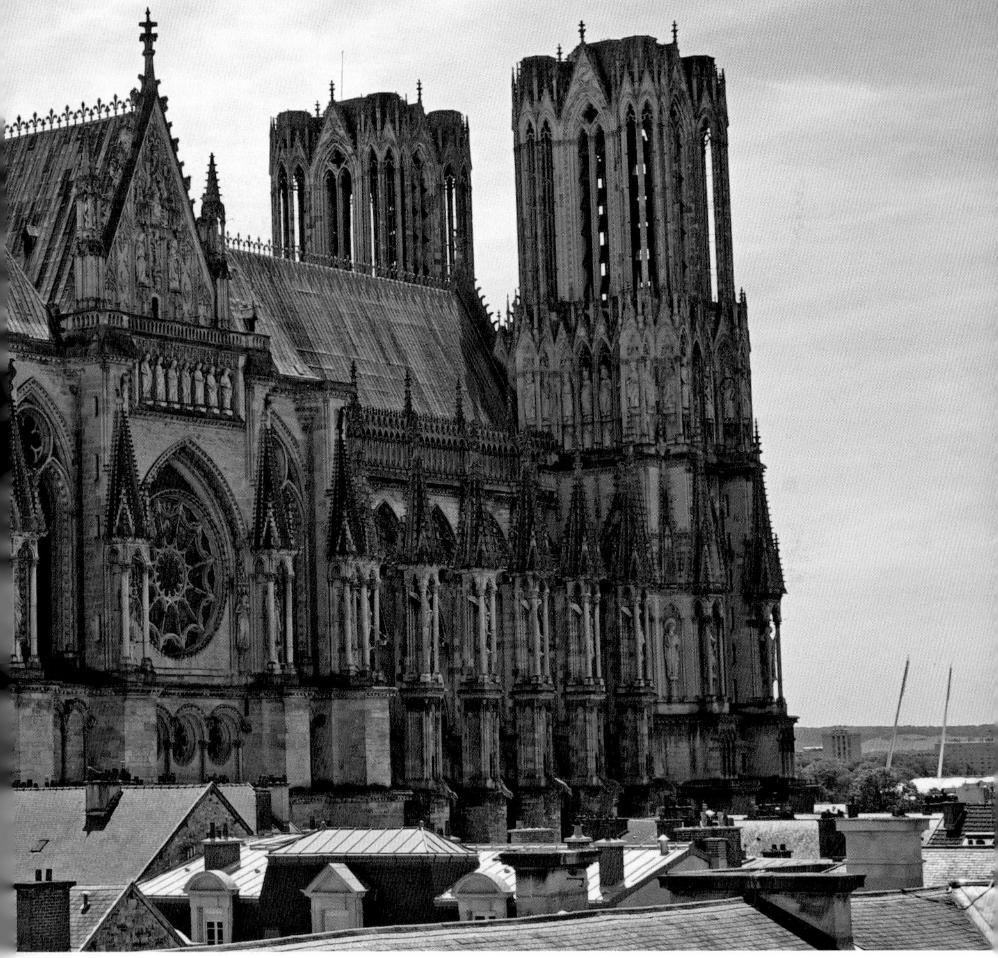

塔尔博特勋爵是英国在百年战争后期著名的军事将领，1419年就开始在法国作战，因战功被封为什鲁斯伯里伯爵。1453年，他最终战死在卡斯蒂永。图为他跪在地上，将《塔尔博特·什鲁斯伯里之书》献给亨利六世和他的王后安茹的玛格丽特。

这样的人很容易就会相信,拥有预示未来能力的贞德是一名女巫。)不过,其中最邪恶的人或许是查理的首席宠臣、肥胖而危险的拉特雷穆瓦耶,他牢牢地掌控着查理,唯一关心的就是尽可能多地捞钱。

不过,查理周围也有一些积极因素。查理的岳母、西西里的约兰达是一位明智的妇人,一直稳定地对查理施加影响,后来查理的情妇阿涅斯·索雷尔也是如此。他身边还有一些有用的军人,如波顿·德·桑特雷耶、艾蒂安·德·维尼奥莱(其更为人知的名号是"拉伊尔"),以及"奥尔良的私生子"。其中,最一流的军人是里什蒙骑士统帅(也就是未来的布列塔尼公爵亚瑟三世),他在阿金库尔一战中容貌严重受损,看起来就像一只蛤蟆。1425年,他开始为查理作战,后来击败了政敌拉特雷穆瓦耶。里什蒙骑士统帅逐渐成为一名可畏的指挥官,还有一小群忠诚的布列塔尼人追随左右,包括安德烈·德·拉瓦尔元帅和海军司令普利让·德·科埃提维。

王太子控制的这部分法国国土也比兰开斯特王朝的那一部分富庶得多。贝德福德公爵平均每年收入 10 万到 20 万里弗尔(*livre*),查理的潜在收入是他的 3 倍,有时甚至是 5 倍。这部分是因为查理控制的区域更大,受到战争破坏也相对较小。然而在查理统治初期,税收工作从未认真进行,钱也往往落入了别人的口袋。查理一度非常困窘,不得不穿带补丁的衣服。王太子查理既有财力、也有人力打败英国人,但除非发生奇迹,他才能真正打败英国人。

约 1412 年,贞德出生于香槟东部、默兹河畔一个叫作多姆雷米的小村庄。少女时代的贞德是一个牧牛女,相比同龄人没什么特别之处,只不过她非常虔诚,花很多时间待在教区教堂里。她能看到幻象,从 13 岁起还能听到特别的声音,正是这声音要她拯救奥尔良。1428 年 5 月,她的叔父带她来到一个王太子派占据的要塞,但守城将领不为所动。次年 1 月,她再次来到这里,守城将领便带她去见王太子,于是,贞德 2 月时在希农见到了查理。当时,查理藏身于廷臣之中,但贞德立马就认出了他,并告诉查理,上帝命她击败英国人,让查理在兰斯加冕为王。查理对这位装扮成男人的农家女孩充满疑惑——在 15 世纪,看到女人穿男装可能比在 20 世纪初看到男人穿女装更令人吃惊——但神学家们对贞德进行了细致的检查,没发现她有异端或是发疯的迹象,他们建议查理让贞德去奥尔良碰碰运气。

贞德已给贝德福德公爵及其官员写了一封特别的信。信以"耶稣玛丽亚"开头:"英格兰国王,自称为法兰西摄政的贝德福德公爵,以及自称为贝德福德的副手的萨福克伯爵威廉·德·拉波尔、塔尔博特男爵约翰、斯凯尔斯男爵托马斯……向天堂之主上帝派来的少女投降吧,交还你们在法国占领和蹂躏的美丽城池。"她说:"我是那天堂之主派来将你们赶出法国的。"信的结尾写道:"看在上帝的分上,回到你们自己的土地上,否则看看这位少女将给你们带来多大伤害。"没有一位编年史家记载了贝德福德公爵对这封信的反应。

贞德随后出发前往奥尔良。她穿着盔甲,年轻的阿朗松公爵带领 4000 人马追随着她,热切地相信她所承担的使命。如前所述，贞德在4月底进入奥尔良，其援军主力于5月3日抵达。贞德骑着马行进在军前，身边跟随着吟唱圣歌的神父。她是在向众人表明：英国人自以为受到上帝的特殊眷顾，但这眷顾现在已归于她。几天之内，贞德的军队就突袭了英军的主要工事，占领了"图雷尔"，杀掉包括格拉斯戴尔在内的所有守军。1429年5月8日，历经90日的围攻未果，萨福克伯爵终于撤军了。英军已经寡不敌众，他们做了最后一次努力，试图证明自己仍受到上帝的眷顾。他们组成战斗队列，在城墙对面的开阔地上操演，欲刺激敌军出城迎战，但即便在此时，城里的军队仍不敢应战。随后，萨福克伯爵率军极有秩序地退去，带着一部分兵力前往雅尔若，其余则在塔尔博特勋爵和斯凯尔斯勋爵的率领下派驻默恩和博让西。

王太子派的士气开始高涨起来，阿朗松公爵立即领兵攻打英军在卢瓦尔河畔的要塞。6月12日，雅尔若陷落，萨福克伯爵在逃跑途中被捕，其守备军——那些值高价赎金的除外——一律被处死。3日后，默恩附近一座横跨卢瓦尔河的桥被法军占领，而博让西的英军被迫藏身于堡垒之内。

塔尔博特勋爵决心解救博让西的守备军。他与约翰·法斯托夫爵士在让维尔会合，总兵力加起来不过3000人多一点，而王太子派则有8000人。按照以往的经验来看，这也算不上是压倒性多数，但法斯托夫感到很不安，对手下的巴黎民兵尤其不信任（王太子派把这些巴黎民兵称为"假冒的法国人"），想要先行撤退等待援军，而据说援军不日即到。但好战的塔尔博特勋爵坚持继续前进。6月18日星期六，博让西守军投降的消息传来，英军开始由帕提村附近的树林撤退。贞德劝王太子军的指挥官进攻——"你们有马刺，好好利用它们！"——并保证他们将赢得一场查理完全无法想象的胜利。王太子军的侦察兵一直找不到英军的藏身地，直到一头牡鹿冲进了英军的营地，引发英军一阵喧哗，这才打破了英军的伪装。塔尔博特意识到敌人就在附近，命弓箭手在帕提南部的一个下坡路上列队，法斯托夫则命民兵在塔尔博特身后的高地上列队。王太子军的重装骑士毫无预兆地突然出现在斜坡顶部，向下方的英军弓箭手侧翼发起冲锋。塔尔博特的弓箭手队还没有安好防御用的木桩，很快就被击溃了。法斯托夫的部队随即乱作一团。塔尔博特和斯凯尔斯勋爵被捕，法斯托夫和一小队弓箭手击退了追兵，侥幸逃脱。次日，约翰·法斯托夫爵士精疲力尽地抵达科贝尔，亲自向贝德福德公爵汇报战败经过。据蒙斯特雷记载，贝德福德非常生气，甚至剥夺了法斯托夫的嘉德勋章，此后的民间传说也把这位可怜的骑士塑造为一个懦夫——莎士比亚在戏剧里以他为原型创造了法尔斯塔夫。不过，法斯托夫一直反对同王太子军正面交锋，也尽了全力指挥军队，至少还拯救了一小部分兵力，并非毫无贡献。后来，贝德福德公爵很快就把嘉德勋章还给了他，并任命他为卡昂总督。

此时，贞德的名望达到了顶峰。蒙斯特雷说，在帕提一战后，整个王太子军都相信英国人和勃艮第人在她面前是软弱无力的。但贞德并没有乘胜向巴黎进军，而是劝说查理随她到兰斯加冕。于是，一支1.2万人的大军集结起来，穿过英占区来到兰斯，查理便在此处加冕为法国国王。在整个仪式过程中，贞德都站在查理身边，擎着她的白色旗。仪式结束后，她便第一次以"国王陛下"来称呼查理。（不过，我们有理由相信，查理和负责为他施涂油礼的大主教把贞德看作一个女巫。）查理七世的加冕——现在我们必须这样称呼他了——极大地提升了王太子派的士气。勃艮第人蒙斯特雷说："法国人这时候相信，上帝是反对英国人的。"

我们现在已经无法考证贞德的影响力是仅局限于一小撮宫廷军人，还是如当今一些小说描写的，她可以像个农民一样同普通士兵直接对话。不可否认的是，在这几个月内，许多法国人都认为自己在打一场圣战，英国人也对贞德和她的魔法感到害怕。

王太子派向兰斯进军给了贝德福德公爵喘息之机。此后，当查理向巴黎进军时，贝德福德公爵已经做好了准备，在8月只打了几场小型阻击战就迫使查理撤退。贝德福德公爵想尽办法刺激查理出战，给他寄去一封信，称他为"自封的国王"，与"一个无法无天、声名败坏的穿男人衣服的女人"搅在一起。但王太子派始终拒绝应战。巴黎人仍对贝德福德公爵效忠；毫无疑问，他们担心阿马尼亚克派进城后会大肆报复。9月8日下午，贞德带兵进攻圣沃诺勒门和圣丹尼门之间的城墙。这次进攻并没有得到查理麾下指挥官们的支持，他们虽跨过了第一道壕沟，却没法跨越内侧的护城河，只得在混乱中撤退。贞德在一次十字弓交火中大腿受伤，躺在空地上直至深夜。指挥官们并没有试图拯救她，也许是希望她能够就此死去。贞德的不败神话终于破碎了。查理退回吉昂，解散了军队。不过，贝德福德公爵却对贞德的进攻十分警惕，一度将法国摄政权（诺曼底地区的管理权除外）连同巴黎总督之位交给勃艮第公爵腓力。

10月，贞德再度发起攻势。她夺取了卢瓦尔河上游的圣皮埃尔－勒穆蒂耶（Saint-Pierre-le-Moutier），却没能攻下附近的拉夏里特镇。贞德也不是一味地展现仁慈，她至少有一次下令砍掉俘虏的敌军指挥官的脑袋。1430年5月，贞德转移到贡比涅。5月24日，贞德在城外的一次遭遇战中被一名勃艮第士兵从马背上拖了下来。蒙斯特雷说，英国人和勃艮第人"比俘虏了500名士兵还要兴奋，因为他们在战场上从未像畏惧贞德一样畏惧一名指挥官"。贞德于11月被移交给英国人。她在鲁昂遭到沃里克伯爵部下的粗鲁对待——他们试图强暴她，斯塔福德男爵还往贞德身上刺了一刀。

在教会法专家们漫长、不择手段的审讯后，贞德的审判于1431年2月21日开始了。诉讼方（毫无疑问，他们都说过查理七世的那些传言）指证，这位"假冒的预言家"声称自己得到了上帝的直接启示，做出预言，在其信件中擅自签上了基督和圣母的名，还声称自己一定会被拯救，这一系列行为都是对教会权威的藐视。这些指控也并非毫无道理。除此之外，还有一些小罪名，例如穿上男子衣服扭曲自己的性别——"上帝厌恶这种行为"——以及坚称圣徒们说法语而非英语。兰开斯特王朝对法国王位的权利正当性面临严重挑战，因而贞德必须被判有罪。通过恐吓、欺骗和蓄意扭曲，法官们给贞德设下重重陷阱。1431年5月30日，法官判定贞德为屡教不改的异端，沃里克伯爵的部下将她当众烧死在鲁昂的市场上。贞德很快就死了，行刑者将烧焦的尸体拖出来，让人们清楚地看到，这只不过是一个女人。贞德死时年仅19岁。

查理七世并没有尝试营救贞德。不过，他在20年后下令调查贞德死因，最终让教宗宣布：对贞德的判决无效。直到1920年，贞德才被封圣。至少在贞德死后的两个世纪里，英国人一直坚信贞德是女巫。贝德福德公爵在给勃艮第公爵的信中就这样写道，贞德"让许多人的心灵远离真理，转向欺骗与谎言"。

处决贞德并没有造成太大影响。然而在那之后，这位来自多姆雷米的女巫引起了人们的广泛兴趣，比她在世时还要多得多。15世纪60年代，弗朗索瓦·维庸①认为贞德与其他闻名世界的女性并驾齐驱：

洛林的好姑娘贞德，
被英国人烧死在鲁昂。

而且从伏尔泰、萧伯纳到现代，许多才华横溢的作家都对这位天主教圣徒的故事着迷。法国一些传统主义者始终认为，纪念这位"小少女"（petite pucelle）是一位真正爱国者的重要标志之一。她也以不同的方式激励了英国和美国人。不

---

① 维庸（约1431—1463）是中世纪晚期最著名的诗人之一。

过，她最终没能完成自己的使命，即把英国人从法国彻底赶出去。

贝德福德摄政以果决的手段稳住了英法二元君主国。英国在法国的统治差点就完了，因为虽然查理没能把握机会继续进攻，但法国北部所有城镇都对查理支持者大开欢迎之门。英占香槟没能守住，曼恩也快丢了，诺曼底也爆发了起义。1429 至 1431 年，贝德福德公爵曾在鲁昂设立总部，总部所在的宫殿名为"愉快的休憩所"，颇具讽刺意义。很多英军士兵都做了逃兵，一部分前往海峡边的港口，希望找到回英国的方式，另一部分则做了强盗。幸运的是，勃艮第公爵腓力对英国人守住了巴黎这个事实深感震撼，在其完全控制埃诺与荷兰之前——这个目标到 1433 年才实现——他不愿失去贝德福德公爵的友谊。

英国人为勃艮第公爵的支持付出了沉重代价。1429 至 1431 年，腓力得到 15 万英镑作为报酬，此外英国人还欠他 10 万英镑。1431 年后，腓力每月可得 3000 法郎（约 330 英镑）。另外，英国人还把香槟转让给他——尽管这个地区实际上已被王太子派占领——并支付了 5 万金萨律（英占法兰西在鲁昂铸造的金克朗），以换取其两个月的军事协助，共同抵抗王太子军。

慢慢地，贝德福德公爵稳定了局势。1430 年 6 月，英军收回盖亚尔堡，并于 1431 年继续在各方收复失地。3 月，贝德福德亲自领兵夺回科洛米耶、马恩河畔的古尔雷和蒙茹瓦。与此同时，沃里克伯爵歼灭了一支试图伏击贝德福德公爵的部队,俘虏其指挥官波顿·德·桑特雷耶和一名被视为贞德继任者的牧童(为模仿圣方济各的圣痕,他故意割伤了手和脚)。历经9个月的围攻后,贝德福德公爵于10月占领卢维埃。而勃艮第公爵却没那么成功,反而被王太子派夺走了一部分土地。

贞德掀起的宗教狂热终有冷却的一天。我们可以理解为什么王太子派对夺回疆土并没有太大兴趣。这不仅是因为作为瓦卢瓦王朝的象征和领袖的查理的消极倦怠的天性,也因为更多战争意味着造成更大破坏。巴赞写道:"从卢瓦尔河到塞纳河,农民不是被杀就是逃走了。"他还说:"我们看到,香槟、博斯、布里、加提奈、沙特尔、德勒、曼恩和佩尔什、维克森(无论是属于法国王室还是诺曼底的区域)、博韦西、马槽乡(the Pays de Caux)的广大平原,从塞纳河到亚眠和阿布维尔,桑利斯、苏瓦松、卢卢瓦附近的乡村地区,直到拉昂以北,甚至到埃诺,这些地区全部被毁,房屋被抛弃,田地荒芜,不见人烟,满地都是灌木和荆棘;事实上,所有植被较为茂盛的地方都长起了密密的树林。"

首都巴黎的状况也很糟糕。交通经常中断,补给线暴露在敌军的攻击下,再加上强盗和农民不断骚扰,很多巴黎市民都吃不饱饭,游荡在巴黎市郊的强盗团也经常袭击过路的旅行者。夜晚,狼群在巴黎的街上徘徊,寻找死尸和小孩。上千市民在绝望中离开了巴黎。勃艮第公爵将巴黎统治权交还给贝德福德公爵,后者在1431年1月最后一天"被众人簇拥着"回到巴黎,还带着70艘装满食物的驳船。"巴黎市民"记载道，巴黎人说，"人们400年来从未见过那么多吃的"。但这些粮食不过是杯水车薪，巴黎的饥荒越来越严重，小麦价格翻了一倍。巴黎人"不仅在私下里诅咒（贝德福德）公爵，甚至公然表达不满，后来渐渐绝望，再也不相信他那些美好的许诺了"。

贝德福德公爵决定祭出王牌。11月底，9岁的国王"亨利二世"来到圣丹尼，于12月2日举行了盛大的"入城仪式"，进入他的法兰西王国的首都巴黎。他发色金黄，穿着用金线织的布料缝制的衣服，骑着一匹白马穿过寒冷的街道，接受身着红缎礼服的巴黎商会会长和最高法院成员的致敬。尽管饿着肚子，巴黎人还是高呼着"圣诞"蜂拥上街欢迎国王。他们显然希望得到国王的慷慨赏赐。12月16日星期日，小国王步行进入巴黎圣母院，身边跟着一群唱圣歌的市民。教堂唱诗班前面搭起一座巨大的演讲台，其阶梯涂成天蓝色，上面钉着金色的百合花。就在这里，亨利经博福特枢机主教涂油，加冕为法国国王。可惜的是，负责整个仪式流程的博福特毫无计划，管理混乱，还特别吝啬，把一切都搞砸了。这座大教堂本来是巴黎主教的地盘，而他却只能坐在后面；整套仪式都依据英国"索尔兹伯里仪式"进行，而法国人通常使用的是高卢仪式[①]，现场

[①] 索尔兹伯里仪式（Use of Salisbury，又作 Sarum rite）是基督教公开崇拜仪式"罗马礼"的一种变体，用于弥撒或日课。它由英国的索尔兹伯里主教在11世纪最早使用，现在仍在英国国教中使用。而高卢仪式是法国人在中世纪常用的仪式规范，在5世纪以前已经存在，16世纪的特伦特公会议后被标准罗马礼取代。

的一枚镀银圣杯也被英国官员偷走了。加冕典礼的宴会现场并不比一场暴乱好多少,巴黎民众涌进举行仪式的托尼尔王宫,"一些人是为了观礼,一些人则大吃特吃,还有一些人来偷东西",最终大学和最高法院的代表与市政官们不再试图把民众赶走。那些找到食物的人惊恐地发现,所有食物都是在周四前就做好了的,"这对法国人来说非常怪异"。后来住在主宫医院(the Hôtel-Dieu)的病患也抱怨说,从来没见过如此贫乏、微薄的赏赐。在"巴黎市民"看来,巴黎商人婚礼的油水"对那些珠宝商、金匠和其他奢侈品制造商来说,比这次国王加冕还要多得多,哪怕这次仪式还附带了马上比武等活动,且有众多英国人参加"。亨利六世在圣诞节后一日离开巴黎,并没有依照惯例赦免囚犯、减免税收。"没人公开或私下称赞国王待在巴黎的日子,但也没有哪个国王在入城和加冕时受到更高级别的待遇,尤其是考虑到巴黎人口锐减、时势艰难、正值隆冬以及粮价暴涨等因素。"这次加冕礼没有使英国统治者更受欢迎,反而进一步激怒了巴黎人。

博福特枢机主教还惹恼了贝德福德公爵。他坚持要求贝德福德公爵在国王驾临时辞去摄政职务。这不仅是对贝德福德公爵的羞辱,还阻碍其纠正博福特的错误,防止他进一步妄自尊大。

贝德福德公爵对法国有着真挚的感情,这在当时的英国人中无疑是很罕见的。"巴黎市民"说:"尽管英国统治了巴黎很长时间,我依然坚信,除了法兰西摄政贝德福德公爵外,没有哪个英国人会播种燕麦和谷物,或在家里修壁炉,他无论到哪儿都要大兴土木。他的天性一点也不像英国人,从来都不想和谁开战,而英国人总是毫无理由地向邻国宣战。这也是为什么他们总是不得好死。""巴黎市民"不是唯一一个尊敬贝德福德公爵的法国人。巴赞也承认,在"勇敢、仁慈、公正的"贝德福德公爵治理下,诺曼底比法国北部其他地区更加繁盛、人丁兴旺。他还说,贝德福德公爵"非常喜欢那些向他归顺的法国贵族,注意赠予他们应得的赏赐。在他活着的时候,诺曼底人和这个地区的法国人都非常爱戴他"。

1432年,英国人的地位开始明显下降。2月3日晚上,借助叛徒放下的梯子,一支120人的王太子军小分队爬上鲁昂堡垒的"主塔"(the Grosse Tour),占领了这个要塞。虽然鲁昂人始终对英国保持忠诚,偷袭的王太子军在两周内也投降了(并被砍了头),但这无疑是对英国统治威信的一次严重打击。3月,在棕枝主日前夜,一些王太子派士兵藏在补给马车里进入沙特尔,在一场激烈的巷战后占领了这座城。巴黎就此失去了一个重要的补给供应地。

5月,为获得主动权,贝德福德公爵包围拉尼。这座要塞控制着马恩河,其守备军持续不断地骚扰前往巴黎的车队。要塞城防坚固,两面都有马恩河作为天然屏障,于是贝德福德对其进行了封锁。8月9日,"奥尔良的私生子"和卡斯蒂利亚雇佣军罗德里格·德·维兰德兰多率援军前来解围,"奥尔良的私生子"打算故技重施,使用5年前在蒙塔日用过的战术。

8月10日这一天热得冒烟,王太子军试图攻入拉尼,英军竭力阻挡。两军在一座拱卫要塞西门的棱堡附近厮杀。英军左翼占领了这座棱堡，但右翼却被击败；"奥尔良的私生子"率领的军队猛攻英军左翼，后来要塞居民也加入战斗，又夺回了棱堡。贝德福德公爵率军再次猛攻棱堡，阻止王太子军的补给车进城，双方反复争夺，战线时而推进，时而后退。到了下午4点，贝德福德公爵很不情愿地下令收兵。这场混乱的战斗延续了8个小时，英军一些士兵死于中暑，包括贝德福德在内的每个重装骑士都疲惫不堪——脱水，满嘴尘土，被汗水迷糊了双眼，被砍杀时发出的巨响震得近乎耳聋、头昏脑涨。（贝德福德公爵在战斗中拼尽全力，这很可能对他的健康造成了永久性伤害。）贝德福德公爵只损失了300人，但在气势上却已经输了。此后天气突变，下起了暴雨，马恩河河水泛滥，又对贝德福德公爵造成进一步打击。"奥尔良的私生子"佯装调动军队向巴黎进军，贝德福德公爵受够了战斗，随即下令此战告终，于8月13日撤围，还丢弃了他的炮兵纵列。

1432年底，贝德福德公爵夫人勃艮第的安妮病倒了。11月4日，安妮在巴黎去世。根据"巴黎市民"的记述，安妮是法国最受人喜爱的淑女，"善良、美丽又年轻"。蒙斯特雷说，贝德福德公爵"内心十分悲痛"。在当时的局势下，这还是一场政治灾难。瓦夫兰说，英国人和所有支持英法二元君主国的法国人"担心这个不幸事件会使贝德福德公爵和一向疼爱安妮的勃艮第公爵腓力之间长久维持的亲密联盟渐渐疏远"。怀着同另一个强有力的勃艮第家族联姻的目的，贝德福德次年4月在悲痛中娶了另一位妻子，即卢森堡的杰凯塔。她是腓力公爵手下最富有、最优秀的将军之女，但这次婚姻没有事先取得腓力的同意，这让腓力愤恨不已。

　　这时，查理七世的贫困是唯一拯救了贝德福德的因素。查理无法充分利用其优越的财政条件发起一次强有力的攻势。而勃艮第公爵已经完全掌控了埃诺与荷兰，害怕查理同神圣罗马帝国皇帝结盟，也担心查理与英国人达成妥协。腓力公爵开始试探性地同王太子派接触。1433年6月，腓力派使者前往英格兰，探讨全面解决英法争端的可能性，却受到冷遇。腓力没有因此而灰心。教宗使节尼科洛·阿贝尔加提枢机主教从1430年起就为双方的和平四处奔走，他也为腓力提供了帮助。

　　1433年6月，贝德福德公爵回到英国，试图平息议会对他无能和玩忽职守的猜疑。他的努力卓有成效。11月，下院赞扬他在法国的治理成效，认为法国臣民对他的效忠"温柔又常青"，肯定贝德福德"在战场上不辞劳苦亲力亲为，与那些最底层的骑士们一道为国王效忠，取得了许多伟大成就，值得永久纪念；尤其韦尔讷伊一战是除阿金库尔之战外这个时代英国人最伟大的功业"。上下两院都请求贝德福德公爵留在英国做国王的首席顾问，他同意了。然而，尽管贝德福德公爵在英国广受欢迎，他还是没能为这场日益被视为负担的战争筹到一分钱。

　　贝德福德公爵下令仔细审查王室的财政状况。他发现，1433年的赤字将近2.2万英镑，战争花费达5.7万英镑；王室债务总额已届6.4万英镑——几乎是王室年收入的3倍。贝德福德立即下令削减包括他自己在内所有官员的薪资，并请求议会每年征收一笔款项，防止国家走向破产，可惜请求并没有被议会接受。农业萧条与海外贸易低迷造成税收减少，这对兰开斯特王朝的威胁比贞德还要大得多。

这个时期的战争的花费比爱德华三世时代还要多。盔甲和武器的制作更加精良；在围城战中，大量的新式火炮对攻防双方都是必需品。维持守备军也是一项沉重的常规花费：仅加莱一地的守备军就花费了将近1.7万英镑，占英国王室总收入的一半。和平时，加莱需要780名守备军，战时，这个数字则上升为1150名。加莱指挥官一次又一次自掏腰包给饥饿的守备军发放军饷，1431年和1441年守备军两次哗变。其他地方的守备军一定也进行了多次类似哗变。大量士兵离开部队成为流寇。

不过，倘若能筹到军饷，招募士兵并不困难。每个英国大贵族都拥有私人武装，这些士兵来自"一个新兴的、具有潜在危险性的半贵族阶层"，他们在百年战争中获得了一点财产和地位，为军队发放的薪金而战。这类军队往往数量庞大。1453年，德文伯爵因私人恩怨同邦维尔勋爵（前吉耶纳总管）开战，据说，他召集了800名骑兵和4000名步兵。这样的部队作战经验很丰富：在亨利六世的脆弱统治下，暴力是家常便饭，《帕斯顿信札》的读者就会知道，大贵族们经常从事武装抢劫和暴力恐吓。即便如此，去法国仍比留在英国更有利可图。

1421年，两位新晋"半贵族"——扈从约翰·温特和尼古拉斯·莫利努签订了一份合作协议，这份协议的文本留存至今。两人在阿夫勒尔的一座教堂里宣誓成为"战友"(brothers in arms)。若其中一人被俘,另一人须为其支付赎金,条件是赎金额不超过 6000 金萨律(1000 英镑)。若赎金超过此数,另一人须主动投降充作人质,让被俘者回乡筹集剩余资金。两人承诺分享"在上帝保佑下(于战争中)收获的所有利润",将所得送回伦敦,保管在齐普赛街教堂的一个保险柜里,两人各持一把钥匙,"保险柜中的金、银和盘子用于双方单独或共同在英国购买地产"。当他们退役时,所有财物在两人中平分。若一人阵亡,另一人可继承所有财物,但须支付六分之一给阵亡者的妻子,并支付其子女的教育花费,每年还须给他们 20 英镑生活费。这项合作协议运行良好。直至 1436 年,两人还不断寄钱回家购买庄园,还买了一家小酒馆——位于伦敦萨瑟克区的"野猪头"(有点像中世纪版五星级的克拉瑞芝酒店),似乎由温特负责经营。莫利努在鲁昂得到了一个有利可图的职务——审计法庭主管。诺曼底陷落时,他还从废墟中抢救出一批财物。

1434 年,英军开局不错,阿伦德尔伯爵在安茹、曼恩至卢瓦尔河一线的军事行动取得了可喜成果。塔尔博特勋爵——英军用波顿·德·桑特雷耶把他交换出来——更加成功,占领了吉索尔、茹瓦尼、博蒙、克雷尔、克莱蒙和圣瓦勒里。但斯凯尔斯勋爵和威洛比勋爵没能击败圣米歇尔山顽强的守备军。

随后,贝德福德公爵收到巴黎商会会长来信,说若他不立即赶回,首都就要失陷。7 月,贝德福德回到巴黎,收到诺曼底农民起义、反抗英国守备军的消息,卡昂和巴约也受到了威胁。这次起义是由理查·维纳博的暴行(详见第 8 章)激起的,他在法莱兹附近的维克村屠杀了整个村的村民。贝德福德从三级会议得到一笔特殊拨款,组织了一次全面军事行动,将维纳博同副手沃特豪斯一道俘获,带往鲁昂绞死。贝德福德希望以此平息农民的情绪,但在 8 月,又一个英国劫掠队在迪夫河畔圣皮埃尔(Saint-Pierre-sur-Dives)犯下了相似的暴行。农民继续战斗,用贝德福德发给他们自卫的武器反抗英国人。最终,贝德福德镇压了起义,但英占法兰西核心地区民众的敌意无疑是对英国统治的重大打击。

贝德福德公爵急需更多的钱。他召集诺曼底三级会议寻求帮助,会议同意拨给他 34.4 万图尔里弗尔,比以往的数额都要大,但这还远远不够。单守备军每年就要花掉 25 万里弗尔,此外还有镇压农民起义的花销——他们必须向负责打仗的阿伦德尔伯爵及其军队支付薪金。在离开英国前,贝德福德就向御前会议提交了一份悲观的报告,指出"战争的压力"把农民逼上"极端贫困的境地,他们很快就要无法忍受了",因为农民不敢耕种土地、打理葡萄园、畜养牛羊。即便如此,贝德福德也没有绝望,他强调英法二元君主国的法国部分总体上是忠于亨利六世的。"在我掌管那里的这些年里,我发现陛下的大部分臣民都愿意且渴望保持对陛下的忠诚。"他建议采取三项积极的措施。一是将兰开斯特公爵领的收入(虽然兰开斯特公爵领也属国王所有,但这项收入独立于王室收入)用于在法国前线作战,尤其是用于供养 200 名重装骑士和 600 名弓箭手。二是将加莱守备军和加莱军团（Calais March）整合起来，组成一支流动预备军。三是若前两项建议得到采纳，贝德福德将从自己的财产中拿出一部分，维持另一支 200 名重装骑士和 600 名弓箭手组成的部队。

12 月，贝德福德回到巴黎。这时英军的处境更加糟糕，严冬已经降临——"大雪日日夜夜下个不停……从来没见过如此冰冷刺骨的霜雪"。葡萄藤和果树都冻死了。葡萄酒、面粉和所有食物都贵得吓人。城市人口锐减，留下的空房子被拆掉用作柴火。1435 年 2 月，贝德福德最后一次离开巴黎。

勃艮第公爵已准备停止对英国人的支持。他极力避免表现得不忠诚，其律师在《特鲁瓦协定》中找到了一句在法律上模棱两可的话：他们说，如果亨利五世直接继承了法国王位，就可以把王位传给后代，但他的儿子却不能直接从查理六世那里继承王位。①1435 年 2 月，勃艮第公爵腓力在内维尔会见波旁公爵和其他王太子派领袖，双方愉快地决定当年夏天在阿拉斯召开勃艮第人、王太子派和英国人三方会议，商定全面解决方案。

菲利普·孔塔米纳②认为，百年战争期间召开的会议与战役、包围战和"骑行劫掠"一样多。这些会议通常在边境城镇召开，例如勒兰冈、格拉沃利讷，或者在某个中立城市举

---

① 换句话说，由于亨利五世没有加冕为法国国王，他的儿子就不享有对法国王位的继承权。
② 孔塔米纳，生于 1932 年，法国中世纪史学家，研究领域为军事史和贵族史。

行，如阿维农，但有时也会在争斗的某一方境内，甚至在伦敦或巴黎。双方代表团通常由拥有王室血统的贵族率领，包括一大群官员和仆从，随团携带一车队的家具、金银餐具和粮食。除圆桌会议之外，还要举行正式的拉丁文演讲、公共宴会和私人会见。

8月阿拉斯会议召开时，贝德福德在鲁昂病得很重。他已准备让出一部分土地，但在侄子亨利六世继承法国王位这件事上绝不松口。英国使团接到其命令，表示继位一事太过神圣，不容商讨——亨利的权利来自上帝。贝德福德还坚持诺曼底属于亨利六世，而不是作为封土受封于查理七世。在长达6个星期的辩论中，勃艮第公爵腓力总是争得满脸冒汗。9月5日，博福特枢机主教率整个英国使团离开阿拉斯，三方没有达成任何协议。英国人有理由怀疑，"查理和勃艮第公爵正逐渐勾结在一起"。

就在一个多星期后的9月14日，贝德福德公爵约翰在鲁昂去世了。"生来高贵，睿智、开明，受人敬畏和爱戴"是"巴黎市民"赠予他的墓志铭。历史学家普遍认为，贝德福德是一位极有天赋的政治家和军人，却把自己的生命浪费在无谓的事业中。不过贝德福德是很有机会成功的。王太子差一点就退位了，如果他退位，那么瓦卢瓦王朝下一位继任者就是奥尔良公爵查理，而他正被囚禁在英国。此外，如果勃艮第公爵腓力能更加清醒一点，他就会发现英国人是他最好的盟友，因为一个强大的瓦卢瓦王朝必定要摧毁勃艮第这个独立"王国"。贝德福德公爵用有限的资源构建的这个体系非常牢固，在他死后仍继续维持了 15 年。毫无疑问，他是一位非常伟大、杰出的盎格鲁 – 法兰西人。

贝德福德葬在鲁昂圣母大教堂高坛中的一座漂亮的坟冢里，这是他生前最喜爱的一座城市。多年后，有人向查理七世之子路易十一世提议摧毁贝德福德的纪念碑。路易回答道："在他生前，无论我父亲或你父亲竭尽全力都无法使他退让一步……就让他在此安息吧。"他还补充说："让贝德福德葬在我的领土内，于我是一种荣耀。"贝德福德的坟冢早已湮灭无存，但他的尸骨仍埋葬在鲁昂大教堂里。

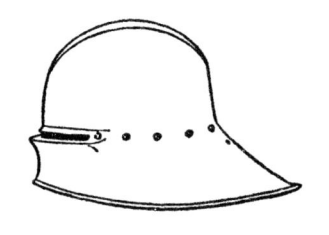

第 10 章

"令人悲伤的消息"

1435—1450

我从法兰西带来损失、屠杀和挫折的不幸消息。

——莎士比亚《亨利六世》

就在这个星期三,我们听说瑟堡陷落了,现在我们在诺曼底一寸土地都没有了。

——《帕斯顿信札》

1435年9月20日，距贝德福德去世还不到一个星期，查理七世与勃艮第公爵腓力签订了《阿拉斯协定》。腓力承认查理为法国国王，获得马孔、欧塞尔、蓬蒂厄，以及索姆河沿岸各城镇、河岸以北的王室领地（这部分土地已被腓力占领）。查理结束与神圣罗马帝国皇帝的同盟关系，正式否认参与谋杀腓力的父亲，并保证惩罚仍然在世的暗杀者。查理还同意为老公爵树立一座纪念碑，并举行安魂弥撒。实际上，查理抛弃了阿马尼亚克派的残余势力。法兰西将重新结为一体。此后查理又颁布一道法令，规定：任何使用"勃艮第派"或"阿马尼亚克派"等字眼的人都将被施以烙铁穿舌之刑。

此后发生的事实证明，签署《阿拉斯协定》是勃艮第人犯下的巨大错误——这不仅意味着摧毁英法二元君主国，还将最终摧毁勃艮第。腓力公爵可能以为查理七世会比亨利六世更加依赖他。若他真是这样想的话，那就失算了，因为查理实际上非常痛恨腓力。两位劝说公爵抛弃英国人的谋士——尼古拉斯·罗兰和安托瓦涅·德·克洛伊——毫无疑问收了查理的钱。总有一天，腓力会意识到自己所犯的错误，并让自己唯一（合法）的儿子娶一位英国公主为妻。

英格兰因腓力公爵的背叛而大受打击。当亨利六世收到公爵的信件,发现腓力不再称自己为"封君"时,他流下了伤心的泪水。在伦敦,暴民私刑处死了腓力的商人,唱着粗俗的歌讥讽这位"毫无信义、不守誓言的公爵"。博福特枢机主教等王室顾问非常清楚,英格兰绝对无法在如此艰难的境地中继续战争,却不知如何结束战争又不会惹恼整个英格兰——若放弃法国王位,英国本可以获得诺曼底和吉耶纳的全部主权,但亨利五世的固执与决绝让这个选择在道义上成为不可能。博福特的现实态度——佩鲁瓦说他是"喜欢享乐的主教,最受贵族阶级欢迎"——或许得到某些大贵族支持,但下院更支持主战派领袖格洛斯特公爵。这位"好公爵汉弗莱"亲切、有魅力,是伦敦暴民的宠儿。他虽然既轻浮又善变,却也参加过阿金库尔战役,在占领诺曼底的过程中发挥了重要作用,还分别是"三位国王的儿子、兄弟和叔叔"(他如此称呼自己),是王室血脉中最年长的成员和王位继承人。贝德福德公爵死后,格洛斯特的地位更加稳固了。但在1435年,亨利六世年满16岁亲政,而他彻底被博福特控制。所以,尽管此后抗议声音高涨,格洛斯特公爵对英格兰的政策并无多大影响力。

继承亨利五世和贝德福德事业的亨利六世是一位消瘦、笨拙、局促不安的青年,有一个尖尖的下巴和一双悲哀、焦虑的眼睛,身体和精神都很脆弱。他总是毫无保留地充满好意,温顺和蔼,虔诚得像个圣人,如果能做一名默默无闻的修士,他可能会更开心。亨利六世厌恶暴力和酷刑,反对一切形式的流血和杀戮,没人比他更不适合做一位中世纪末期的君主了。就算在和平年代，他也同样没有能力领导国家，因为他对政治或治国之道没有丝毫概念。对于那些试图帮助他治理国家的人来说，亨利六世只是个无用的累赘。

1435至1450年，在法国的英军进行了长期的顽强抵抗。遭勃艮第人背弃后，英军居然坚持了那么长时间，实在是令人惊讶。法国直到统一后才将英国人彻底逐出"法兰西岛"，而当查理七世最终进入鲁昂时，英国人已统治诺曼底达30年之久——这就好比"二战"时德国人对法国的占领一直持续到1970年。英国人已将诺曼底和加莱视为领土中不可分割的一部分。当最终结局到来时，英国全境都受到极大震动，时任政府也因此倒台。百年战争本是王室间的争斗，最终却演变为民族间的纷争。

《阿拉斯协定》签署后不久，英占法兰西全境爆发了大大小小的起义。迪耶普、费康、阿夫勒尔失陷，阿尔克被战火焚毁。1436年2月，里什蒙骑士统帅与"奥尔良的私生子"、里拉当元帅率5000人马封锁巴黎（当时还在英军控制之下），同城内的勃艮第支持者取得联系。巴黎又一次受到饥荒威胁。在复活节期间，威洛比勋爵——"巴黎市民"称他为"威尔比阁下"（Sire de Huillebit）——所率的英国守备军中有300人逃走，实力受到极大削弱，而巴黎民兵则拒绝为其守卫城墙。饥饿的巴黎人开始暴动，于4月13日放下梯子迎接敌军。"奥尔良的私生子"挑选了一部分士兵进入城内，打开城门。这时英国弓箭手们已经挡不住敌人了，他们穿过空旷的街道，对着一扇扇紧闭的百叶窗射箭，试图恐吓巴黎人，却发现道路被锁链拦住，自己也暴露在炮火之下，只得同其余守备军一起躲入巴士底狱。英国居民的房屋被砸开，物品被洗劫一空。里什蒙骑士统帅撤换了巴黎高级官员，其他人则获得宽赦。不久后，威洛比勋爵——一个参加过阿夫勒尔和阿金库尔战役的老将——获准带领其部下撤退，"从水路和陆路"前往鲁昂。他是在一片嘲笑和嘘声中离去的。

法国人开始把自己的敌人称为"英国人和诺曼人"，并一直打到鲁昂城下。不过，英军守住了曼恩和一系列拱卫诺曼底的要塞。查理七世此时仍旧很穷，跟过去一样胆小，无法对英军展开有效进攻。

1436年7月，勃艮第军开始包围加莱。但他们没能有效封锁加莱，英国守备军的突袭使他们士气大降，只好在7月底退兵。8月2日，格洛斯特公爵汉弗莱率援军登陆，针对勃艮第公爵开展了一场有效且彻底的"骑行劫掠"战，深入佛兰德斯，大获全胜后回到加莱。许多佛兰德斯城镇见势开始反抗勃艮第公爵腓力，迫使其对佛兰德斯开战，战火直到1438年才慢慢平息。到那时，腓力一心只想同英国修好，双方于1439年签署了停战协议，其中包括一些商业条款。这份协议的效力持续了很多年。

哪怕英国再也出不了像贝德福德公爵和索尔兹伯里伯爵这般优秀的人物，至少它还拥有塔尔博特勋爵。他是一位精力充沛、令人敬畏的指挥官。

约翰·塔尔博特生于1388年，是塔尔博特家族第六代男爵，首代什鲁斯伯里伯爵和沃特福德伯爵，嘉德勋章骑士与克莱蒙伯爵。他是威尔士边境上一个古老的"边境贵族"（marcher lord）①的后裔，继承了这个家族的凶悍传统，早年便参加对抗欧文·格林杜尔的战争。1414年，亨利五世任命他为爱尔兰总督，率军穿越密林和沼泽，袭扰这片蛮荒之地的核心区域。从1419年起，塔尔博特开始在法国作战，他参加了1420年的默伦包围战、次年的莫城包围战，之后还参加了韦尔讷伊战役。在第二次短暂担任爱尔兰总督后，塔尔博特再次回到法国，却在帕提战役中被俘，度过了4年俘虏生涯。自此之后，"老塔尔博特"就开始连战连胜，激发着大众对其英雄事迹的遐想。康普敦·温亚特庄园有一幅他的肖像画：一头浓密的黑发下是一张颇具现代特色、五官鲜明的脸庞。他的举止令人印象深刻，似乎无所畏惧，他的部下都非常崇拜他。他既长于战略，也精于战术，是突袭战、劫掠战和遭遇战大师，只会下一个命令——"前进！"塔尔博特就是一个英国版的杜·盖克兰，只是不像那位布列塔尼人那样谨慎。事实上，在他负责指挥的两次大规模战役中，塔尔博特都吃了败仗。但他的敌人们都惧怕他，爱尔兰人就哀叹道："从希律王时代起，从没有人能犯下如此多的恶行。"而听到他的名字，法国人就会撤退。

1436年2月，塔尔博特与新任法兰西总督约克公爵会师。约克公爵极其富有，年仅24岁，身材矮小、相貌丑陋，野心

---

① 边境贵族是由英国国王分封的负责保卫英格兰和威尔士之间的边境地区的贵族。重要的边境贵族包括切斯特伯爵、格洛斯特伯爵、赫里福德伯爵、彭布鲁克伯爵等。

却十分膨胀。他没什么决断力，不擅长带兵打仗，但他是格洛斯特公爵的同盟，百年战争的坚定支持者。在他同塔尔博特合作期间，后者迅速恢复了诺曼底和曼恩的秩序。约克自己也夺回了迪耶普和科区的几座城镇。

1436年底，波顿·德·桑特雷耶和拉伊尔率1000人马兵临鲁昂城下。鲁昂市民保持对英国的忠诚，拒绝开门迎接。他们就在10英里外的小镇里斯驻扎下来。塔尔博特和托马斯·基里尔爵士一探知敌军所在，立即率400骑士从鲁昂奔袭里斯。他们迅速攻占了法军在镇子前面一座小山上设立的前哨站，幸存者四散奔逃，恐慌情绪在法军中蔓延开来。当塔尔博特向镇子冲锋时，已经没人敢阻挡他。塔尔博特缴获了所有法军辎重，还抓住了一些值钱的俘虏。1437年1月，塔尔博特和年轻的索尔兹伯里伯爵占领伊夫里。次月，冒着严寒、踩着厚厚的积雪，塔尔博特仅带400兵马就夺回了距巴黎12英里远的蓬图瓦兹。他先派一支小分队扮作农民打开城门，又命其部下穿上白衣，在积雪中掩藏行踪，随先遣队潜入城内。塔尔博特的前"战友"德·里拉当元帅率城内守军逃走。此后，塔尔博特又带兵来到巴黎城下，跨过冰封的护城河，威胁着要爬上城墙。

1437年春，沃里克伯爵代替约克公爵出任法兰西总督。他年近60，在当时已算是相当大的年纪了，但他非常清楚如何发挥塔尔博特的长处。他派塔尔博特和5000兵马去解救勒克罗图瓦，这座城位于索姆河口北岸，正被1万名勃艮第士兵团团围困。冒着敌军炮火，塔尔博特带兵涉过1英里宽的"白底通道"浅滩，河水直漫到胸口。勃艮第军丢下大炮和辎重逃跑了。塔尔博特还收复了唐卡维尔。尽管塞纳河上游最后一座英军堡垒蒙特罗在10月落入法军手中，但巴黎始终处于英军威胁下。查理七世举行入城式时，只敢在巴黎待3个星期。

1438年，法军进攻吉耶纳，这是近20年来法军发起的首次重大攻势。与此同时，卡斯蒂利亚人罗德里格·德·维兰德拉诺和"剥皮人"也在吉耶纳乡村地区大肆劫掠，造成巨大破坏。敌军包围了波尔多，但由于缺少炮火支援，很快就撤军了。次年，亨廷顿伯爵又把法军所占领的地区全部夺回。

英法双方又开始谈判媾和。值得注意的是，英国人收起了王室舰队，任其腐烂；1437至1439年间，舰队花费只有可笑的8英镑9先令7便士。查理七世也有些气馁，他只收回了"法兰西岛"，并且巴黎东边香槟地区的莫城还在英军手中。1439年7月，英法双方在加莱和格拉沃利讷之间的某个地点召开会议，但英国人还是不同意放弃亨利"法兰西国王"的称号，战争仍在持续。

1440年的一件大事是自阿金库尔战役后就被囚禁在英国的奥尔良公爵获释。亨利五世曾告诫贝德福德不要释放奥尔良公爵，让法国永远失去这个人才；格洛斯特公爵也一直坚决反对释放他，为此向国王呈送了一份又长又愤怒的"声明"。这封长信大部分都在谩骂博福特枢机主教，但其主要观点是：有消息称查理七世已经病重，奥尔良公爵会成为法国最有能力的摄政。但博福特希望奥尔良公爵能致力于实现全面和平，他或许也以为，奥尔良公爵这样一个大贵族回国后，法国国王将更难驾驭全局。而且，奥尔良公爵支付的赎金很高——4万英镑，其中三分之一是预付款。为筹集这笔赎金，勃艮第公爵夫人设立了一个专项基金，向全法国的贵族请求帮助。不过，查理一分钱都没有出。奥尔良公爵于1440年11月获释，他承诺尽最大努力实现和平。教会专门为此在诸圣节举行了主教弥撒，而愤怒的格洛斯特公爵冲出了会场。最终，奥尔良公爵在法国的政治影响力被证明是微乎其微的，他后来退居自己的城堡，全身心投入诗歌创作和享乐之中。英国人除了赎金之外一无所获。

战争仍在持续。在1440年早些时候的"布拉格叛乱"里，法国大贵族反叛查理，而英国却没能好好利用这个机会。1439年4月，沃里克伯爵因忧思焦虑而去世。他被安葬在沃里克郡自己建造的漂亮小礼拜堂里——这座小礼拜堂无疑是用夺自法国的财富建成的，现在人们还可以在那里看见沃里克伯爵身穿意大利甲胄的威武雕像。经萨默塞特伯爵短暂的任职之后，约克公爵于1440年7月再次出任法兰西总督。1439年12月，塔尔博特发动了一次出色的夜袭，打退了试图夺取阿弗朗什的法军，并于1440年8月率1000兵马围攻阿夫勒尔，10月占领了该城。

1441年，查理七世攻占克雷伊和孔弗朗，并在6月包围蓬图瓦兹——这座城仍是巴黎的一大威胁。约克公爵和塔尔博特立即率3000兵马支援蓬图瓦兹。塔尔博特是这支军队真正的指挥官，他巧妙运筹，用便携式皮划艇搭建了一座浮桥，出其不意地跨过瓦兹河，吓得查理先后抛弃了自己在莫比松和蓬图瓦兹的大本营。塔尔博特和法军在塞纳河和瓦兹河流域反复拉锯，并刻意败退使法国人落入他们的陷阱。塔尔博特成功地解救了蓬图瓦兹，为其补充了粮草——据说他总共"补给"了5次。但塔尔博特一回到诺曼底，查理及其火炮手让·比罗于9月再度围攻蓬图瓦兹，迅速用大炮攻破了城墙。蓬图瓦兹最终于10月25日落入法国人之手，守备军指挥官克林顿勋爵活了下来并为自己赎身，其手下的500名将士却被处死了。英国人丢失了在"法兰西岛"的最后一个据点。

1442年夏，查理入侵吉耶纳，占领了塔尔塔堡，以及圣色维尔和达克斯两个镇，俘虏加斯科尼总管托马斯·莱普斯顿爵士。拉雷奥尔也陷落了，但城里的守备军占据要塞坚持抵抗。然而，法军没能攻下巴约讷，更不用说他们渴望已久的波尔多了——不过，直到年底，法军都对这座吉耶纳首府构成相当大的威胁。英国御前会议始终无法决定是增援吉耶纳还是向诺曼底输送援军。最终，塔尔博特带着2500名新招募的士兵前往诺曼底，而波尔多只能依靠自己了。

塔尔博特在英格兰受到热烈欢迎，并受封为什鲁斯伯里伯爵。许多年来，他早已成为英国的民族英雄。他于1429年在帕提被俘时，人们纷纷认捐赎金，全国民众都知道他在法国的胜利事迹。令人惊讶的是，英国普通民众似乎对战争进展了如指掌。主教们常常被要求为主要战役的胜利祈祷，并主持感恩庆典或代祷仪式（这取决于战役的结果）。这些活动在各教区反复举行，无疑为当地民众带来很多新消息。如果有重大胜利，圣保罗等大教堂就会举行游行庆典。在集市广场和各郡法庭上，人们也会宣读与战争有关的布告。此外，还有各种民谣，例如 1436 年英军挫败了勃艮第人包围加莱的计划，这个事件就被写成了一支歌谣。"酒馆闲聊"的作用也不应被低估，许多信息就是通过大贵族的随从们传播的，他们都喜欢款待来客。从编年史中也可以看出，从战场上归来的士兵总是带回很多传闻，人们对这些传闻非常感兴趣。

当时的编年史家对英军节节胜利感到非常自豪，莎士比亚在霍林斯赫德的编年史中感受到这种自豪，并在他的剧作中表达了出来。① 他在剧作《亨利五世》中让一位法国贵族问道：

战神明鉴！他们这种勇气究竟是从哪里得来的？他们那里的气候不是多雾、阴冷而沉闷吗？

他还夸耀本民族的军事优势：

啊，高贵的英国人，你们只要拿出自己的一半兵力，就足以对付法国的全部精锐部队，而可以让另外一半人站在一边说说笑笑，什么也不干，只是因为身子缺少活动倒着了凉！

的确，除了有些年代错乱外，《亨利五世》准确反映了 15

---

① 拉斐尔·霍林斯赫德（Raphael Holinshed）是 16 世纪英国著名的编年史作家，参与创作了《英格兰、苏格兰和爱尔兰编年史》。这部著作又被称为"霍林斯赫德编年史"，莎士比亚在创作历史剧时主要参考了这部编年史。

世纪英国人对百年战争的普遍看法。

1443年4月，贝德福德公爵的侄子、萨默塞特伯爵约翰被任命为法兰西和吉耶纳战场总指挥。这是一次带有强烈政治意味的人事任命，博福特枢机主教想借此削弱约克公爵的影响。御前会议还冷淡地要求约克公爵"耐心忍受萨默塞特伯爵一段时间"，而约克公爵已经自掏腰包为战争出了2万英镑，这无异于往他的伤口上撒盐。萨默塞特伯爵是整个百年战争中最无能的将领之一，他率7000兵马在瑟堡登陆，经曼恩进入布列塔尼，一路像没头苍蝇一样四处"骑行劫掠"。他拒绝将自己的计划告知下属，还愚蠢地说："我不会把秘密告诉任何人，如果我的衬衣知道了我的秘密，我就会把它烧掉。"（巴赞评论道，就算是他的衬衣也猜不到，因为他根本没有什么计划。）他采取的唯一一项正面行动就是占领布列塔尼城镇拉盖尔什，却在从布列塔尼公爵那里得到一笔赎城费后归还了它。这并不是让公爵保持中立的最好办法！几周后，萨默塞特回到英格兰，发现自己已成为所有人的笑柄，还被从宫廷中赶了出去。不久后他就死了，据说是自杀。

不过"骑行劫掠"也并非一无是处。1435年，老匪徒约翰·法斯托夫爵士意识到英格兰已无法负担长期围攻战的开销，建议在每年的6至11月派出两支750人的小部队四处"劫掠"，由优秀的将领做统帅，"烧毁沿途所有土地，包括房屋、稻谷、葡萄藤和所有能够结出可食用果子的树"，还有那些没法赶走的牛羊。这个行动的目的是让敌人"陷入极度饥荒"。然而，他的建议没有被采纳，英军主要还是集中精力不断地夺取并巩固战略要地。

　　法斯托夫的生涯是百年战争中的成功故事之一，记录最为详尽。他生于1380年，是爱德华三世一位扈从的儿子，少年时期就给诺福克公爵当侍从。他在1401年长大成人后，只继承了凯斯特附近的几小块田地，还有亚茅斯的几座公寓，年收入只有46英镑。1409年，法斯托夫通过迎娶米莉森·斯科罗普改善了自己的经济状况，她年纪较大，是一位死去战友留下的寡妇，但法斯托夫的钱主要还是来自战争，尤其是官职、赎金和战利品。1413年，他被任命为波尔多城镇和堡垒的副治安官，1422年成为英国国王在法国的顾问之一，年薪110英镑，直到1440年他离开法国为止。此后，他成为贝德福德公爵的大管家。法斯托夫在各地总共担任过20多个职司，包括勒芒指挥官、曼恩和安茹总督，以及海峡群岛的总督。在他年满60岁退休后，御前会议还经常向他咨询军务（尽管同其他军事顾问的意见一样，他的意见并没有被采纳）。他最辉煌的战果就是在1424年韦尔讷伊战役中俘虏了阿朗松公爵，并由此获得了1.3万英镑。他用这笔钱的一部分在凯斯特修建了一座城堡；城堡的塔楼有5层高，房间布置精美又宽敞，装有拱形壁炉，还有一间"夏厅"和一间"冬厅"，挂满奢华的壁毯。1445年，尽管因为敌人不断袭扰，他在诺曼底的产业价值有所缩水，但每年还能为他净赚401英镑。这些产业包括10座城堡、15座庄园和一间在鲁昂的小旅店。他预感到诺曼底要守不住了，就提前卖掉了一些产业。就算诺曼底剩下的产业收不回来，他在1459年去世前每年还能从英国本土的产业中赚到1450英镑,这些产业几乎都是用战争所得购买的。这位卑微的诺福克公爵的扈从,直到35岁还只是克拉伦斯公爵的随从和家仆,最终却成为一名嘉德勋章骑士和法国男爵,如果他活得再久一些的话,肯定会成为一名英国男爵。法斯托夫的性格也是那段时期英国士兵的典型,当时有一位曾经激怒过他的人这样写道:"他自始至终都残酷冷血、睚眦必报,毫无一丝怜悯之心。"

从法斯托夫到最卑微的弓箭手,每一个人都从严格的战利品分配体系中获益。亨利五世于1419年颁布法令肯定了现存的分配体系,于是这个体系一直延续到战争结束。"所有指挥官、骑士、扈从、步兵、弓箭手都必须向上级诚实地上交战争所得的三分之一,不得有丝毫隐瞒,否则会失去所有战利品。"这项规定也适用于随军出征的"内科医生、外科医生、剃头匠、商人等",他们必须把所有战利品上交高级军官。一份留存至今的文件记录了唐伯莱内小岛上的驻军在1443至1444年的战争收益,数额非常精确。该岛与圣米歇尔山隔海相望,是"我们的领主、高贵强大的指挥官萨默塞特伯爵的管辖地"。弓箭手约翰·弗鲁里松(从名字看是个法国人)"得到一匹马,卖了6个金萨律……俘获一人,收取赎金12个金萨律"。弓箭手罗杰·米勒"缴获一把剑,卖了37苏6德尼埃"。弓箭手们的总收入是28图尔里弗尔17苏6德尼埃(相当于英国货币3英镑4先令2便士),其中三分之一归重装骑士,重装骑士所得部分的三分之一归指挥官,指挥官所得中又拿出三分之一上交国王。所有数目都由驻军指挥官的书记员及其副手清清楚楚地记下来，又经指挥官本人盖章确认。

到了 1444 年，博福特枢机主教已经年迈，退出了政坛。但他的派系仍控制着朝政，以受到沃里克伯爵鄙视的萨福克伯爵为首，既严苛又腐败无能。萨福克伯爵一伙人利用权位无情地巧取豪夺，将钱财、田产和商业特权收入囊中，还派手下恐吓法庭，以夺走中意的财产。不过，萨福克伯爵也并非一无是处，他是个诗人，还掌握了一些"通灵"的手法，对朋友非常仗义，即使能力不足，也尽全力侍奉国王。他在法国征战多年后——显然没有什么斩获——也对御前会议大部分人的意见表示赞同，认为英格兰必须不计代价与法国讲和，运气好的话，还能保留诺曼底和吉耶纳。

1444 年初，萨福克伯爵先向御前会议申请了一份正式的免责证明，随后率英国使团前往图尔与法国人谈判。法国人不打算做任何妥协。萨福克在绝望中同意交出曼恩，以换取 2 年停战，希望在停战期间努力达成永久和平。他不敢公开这次谈判内容，因此这是一个秘密条款。他还为亨利六世定下一门婚事，对方是查理七世的外甥女，名义上的西西里国王安茹的勒内的 16 岁女儿玛格丽特。

《图尔停战协定》的消息传到英国后，引起全体国民的极大愤慨。然而，身在法国的英国人却表现出了完全相反的态度——"巨大的、难以描述的喜悦"（根据巴赞的记载）。这是 1419 年以来英法两国首次打破敌对状态，英国人"多年被关在高墙和堡垒之内，就像被判了终身监禁一样，一直活在恐惧和危险中，他们为终于能从漫长的监牢生活中解脱出来感到极大的喜悦",他们还"同昔日的敌人欢庆饮宴"。巴赞的记录表明,英国人在兰开斯特王朝统治下的法国一定过着压抑、不稳定,甚至是恐怖的生活。

亨利六世和安茹的玛格丽特于1445年成婚。这位美丽的外国王后有着一头黑发,性格很强势,从一开始便被英国人痛恨,一部分原因是她来自法国,另一部分原因则是她支持萨福克伯爵,敌视格洛斯特公爵。人们说,英格兰买了一个"年收入不到10马克[①]"的王后;当时一位编年史家则认为:"从这时起,亨利国王既没获得任何利益,也没取得什么突破,好运气似乎都离他而去了。"玛格丽特迅速掌控了自己那软弱、容易受骗的丈夫,确保他支持萨福克伯爵——他于1448年升格为公爵。她还强迫萨福克履行让出曼恩的承诺。这位新任公爵曾经秘密许下的诺言已经泄露出去,这让英国人更加怒不可遏。他们有理由感到愤怒:曼恩大部分地区都很平静,显然是忠于英国国王的,并且在曼恩首府勒芒和阿朗松之间、以萨尔特河为界的边境上,英军还占据着一连串坚固的要塞。但到了1445年末,亨利六世已做出在次年4月让出曼恩的保证,以此将两国停战期延长至1447年4月。

在出让曼恩之前,他们还须堵住格洛斯特公爵和约克公爵的嘴巴。格洛斯特公爵的声誉早就败坏了。1441年,他的妻子埃莉诺·科巴姆被指控试图用巫术谋杀国王、帮助自己的丈

---

① 马克(Mark)是英格兰中世纪时期的一个货币计算单位,大约在10世纪由丹麦人引入。在诺曼征服之后,1马克白银等于160便士,即三分之二英镑。

夫获得王位。博福特枢机主教也力促亨利国王与格洛斯特反目。但萨福克伯爵还不放心，他四处散播格洛斯特谋反的谣言，于1447年2月18日毫无征兆地在贝里圣埃德蒙兹逮捕了格洛斯特。格洛斯特很可能是因为情绪激愤引发中风而死，但民众普遍认为萨福克谋杀了这位"好公爵汉弗莱"。格洛斯特死后，约克公爵成为英国王位第一继承人，他也被从法国召回派往爱尔兰，排除在权力核心圈之外。

萨默塞特公爵[①]在鲁昂接替约克公爵担任法兰西总督。1448年3月16日，在守备军一片反对声中，英国特使将勒芒和曼恩的几座堡垒交还给法国人。两国停战期又延长至1450年4月。

即便在最后这几年里，英国人也表现得好像要永久占据诺曼底一样。亨利六世继续封赏贵族头衔；直到1446年，加莱指挥官威廉·布西耶爵士还被封为厄镇伯爵。留在诺曼底的英国居民可能比预计的要少；许多居民内部通婚，一部分已经回国——1416年亨利五世在阿夫勒尔安置了1万名英格兰居民，到1449年却只剩下500人。但是，这一代诺曼人只知道英国政府，真诚地效忠英国来的公爵；诺曼底已经出现了盎格鲁－诺曼人，就像从3个世纪前开始逐渐出现的盎格鲁－加斯科尼人和盎格鲁－爱尔兰人一样。鲁昂看上去比都柏林更像一个英国城市。兰开斯特王朝统治最坚实的象征就是漂亮的"金萨律"，

---

① 前一任无能的萨默塞特伯爵在1443年前曾被封为公爵，1444年他死后又被撤销。他的弟弟埃德蒙·博福特继承伯爵头衔，又在1448年被封为萨默塞特公爵。

又称盎格鲁—法兰西克朗，在1449年之前都在不停地铸造。

英国在诺曼底的驻军越来越少了。此外，迟发军饷导致士兵哗变、不断溜走，兵力更少了。亨利六世的年收入仅有3万英镑，其宫廷花费为2.4万英镑，而王室债务已接近40万英镑。

与此相反，法国王室财务状况良好。查理七世的官员们重新开始征收约翰二世统治时期的特别税，纳税情况也很好。此外，富商和包税人雅克·科尔成为王室的金主，源源不断地为国王提供现金。事实上，科尔聚集的财富已经够打一场大规模战争了。

查理为军事改革花了一大笔钱，供养了一支常备军。1445年，他颁布一道诏令，建立了15个"百矛军"，每一"矛"（lance）都是一支6人小分队——1名重装骑士、2名弓箭手、3名有武装的编外人员。1446年，查理已有20个这样的"百矛军"。见过这支军队的人无不惊叹，"重装骑士都穿着制作精良的胸甲，四肢也覆盖着护具，带着剑和轻质头盔，大部分头盔都用银子来装饰"。最大的创新莫过于，这支军队也存在于和平时期，不像此前的军队一样在短暂的敌对状态结束后即告解散。法国国王努力让这支军队遵纪守法，避免士兵鱼肉乡里或征收"保护费"，并每个月都按时发放薪水。1448年，查理又下了一道诏令，征召一支8000人的"法兰西弓箭队"；每个教区都要提供一名十字弓手或弓箭手。这类军队的士兵只在战时领薪水，但和平时期可以免交税赋。查理还花了很多钱打造炮兵，发掘了一位名叫让·比罗的技术精湛的炮手，令他负责改进火炮，使其更加现代化。此前，英国以契约雇用士兵的体系为其打造了一支高度专业化的战斗队伍，比法国自由散漫的征兵制更加有效。但现在法国已建立起一支新的、职业化的、薪酬优厚的军队，占据了更多有利条件。

最重要的是，法国国王终于成熟起来。他天性敏锐、思维灵活，还有不可撼动的决心。他已经成为一位优秀的组织者、敏锐的政治家，既冷酷又坚定，善于搞侦察和贿赂——从15世纪40年代初期，他就收买了一批经过精心挑选的诺曼底和吉耶纳贵族。

尽管英法两国仍处于停战期间，萨默塞特公爵还是用从曼恩撤出的军队攻占了两座布列塔尼要塞。查理表示抗议，却被告知布列塔尼是英国的封土。1449年3月，萨默塞特公爵——背后可能有萨福克公爵为其撑腰——派遣阿拉贡雇佣兵弗朗索瓦·德·叙里安（这人竟然是一名嘉德勋章骑士）带领"剥皮人"占领并捣毁了繁荣的布列塔尼城镇富热尔。停战协议被撕毁了，但最令法国人恼火的是，英国不断向布列塔尼公爵施压，让他斩断同法国的联盟关系。

1449年7月31日，查理七世派3万兵马进入诺曼底，从南、北、东三面出击。萨默塞特没有把手下这支分散、缺饷、桀骜不驯、人数稀少的军队集中在一起，而是把他们分成几支守备军，令其尽可能地长期据守。但就连他自己也在报告中写道，由于缺乏必要的维护，大部分英国据点"就算填满了士兵和武器，也因太过破旧而无法据守"。8月中旬，北部地区的欧德玛桥、主教桥和利齐厄陷落，10月初则是中部地区的韦尔讷伊、芒特、维农和阿让唐，南部地区的库唐斯、卡朗唐、圣洛和瓦洛涅也陷落了。一些指挥官，尤其是诺曼底当地人毫无反抗地大开城门迎接法军。

10月9日，查理七世和"奥尔良的私生子"（现在是迪努瓦伯爵）在塞纳河边扎营，距鲁昂城只有几英里远。10月16日，"奥尔良的私生子"几乎要突破城墙，但塔尔博特奋力打退了他的攻势。然而鲁昂人不想再经历一次1418年那样的围城战，在街道上发动暴乱。3天后，一伙暴徒打开了城门，所有英国守备军躲入要塞内。萨默塞特公爵手下只有1200人，而"城里已经有超过6周没有运进粮食、柴火、肉类和葡萄酒了"，他的给养已经耗尽。10月22日，查理包围了要塞，开挖壕沟、架设炮台。萨默塞特公爵"一点也不惊慌"，身穿"一件镶黑貂皮边的蓝色暗纹天鹅绒长袍，头戴一顶同样镶貂毛的绯红色天鹅绒帽"，举着一面白旗走出来，要求与法国国王谈判，身边跟着40名骑士和扈从。查理不为所动，让萨默塞特回到要塞。法军拒绝妥协，一定要把塔尔博特扣下做人质。在僵持了12天后，英军同意投降，法军允许萨默塞特公爵在交出塔尔博特、承诺支付一大笔赔偿金后退回卡昂。塔尔博特只得留下来，在一扇小窗后郁闷地观看法国国王在苏格兰卫兵（Garde Ecossaise）[①]簇拥下举行盛大的入城式。查理明智地颁布了大赦令，免除鲁昂教士、贵族和市议员的罪责，但没收了

[①] 苏格兰卫兵是由法国国王查理七世在1418年建立的一支精英私人卫队，所有成员都是苏格兰人，由苏格兰贵族召集到一起。

英国人的所有房屋、地产和可移动财物，新任吉耶纳总管的法国人接手了萨默塞特的宫殿。

在这个冬天，法军占领阿夫勒尔、翁弗勒尔和弗雷努瓦，比罗用其精妙的大炮打垮了这几座城的城墙。贿赂是另一个威力巨大的武器。佩尔什的隆居伊的指挥官埃波勒·理查献出了要塞，还得到了450图尔里弗尔和一份以查理七世的名义颁发的指挥官委任令。吉索尔指挥官约翰·梅布里用这座城换来58图尔里弗尔。威尔士人约翰·爱德华兹用拉罗什居永换来超过4500图尔里弗尔（合500英镑）。到了次年春天，英国人只剩下瑟堡半岛附近的一小块土地了。

法军入侵诺曼底的消息震惊了全英国。民众纷纷对鲁昂陷落表示强烈抗议。萨默塞特公爵收到了1万英镑，却没有收到任何援军。1449年10月，前吉索尔指挥官托马斯·基里尔爵士（嘉德勋章骑士）开始在朴茨茅斯集结军队。这支军队住在一间名叫"上帝之家"的旅店里，毫无约束，整日酗酒抢劫。因为军队不服从命令，海上风向也不好，托马斯爵士停留了好几个月未能出海。

最终，托马斯·基里尔只带着2500人，于1450年3月15日登陆瑟堡。他没有遵照命令前去解救巴约，而是在科唐坦围攻瓦洛涅，耽搁了许久。（后来约翰·法斯托夫爵士严厉批评了这一"粗心停留"，因为法军趁这个时机又追加了兵力。）托马斯爵士又恳求萨默塞特再派些军队来。萨默塞特把所有能派的人都派来了——罗伯特·维尔爵士率领的500人由卡昂来，亨利·诺布里爵士的600人从维尔来，马修·高夫爵士的

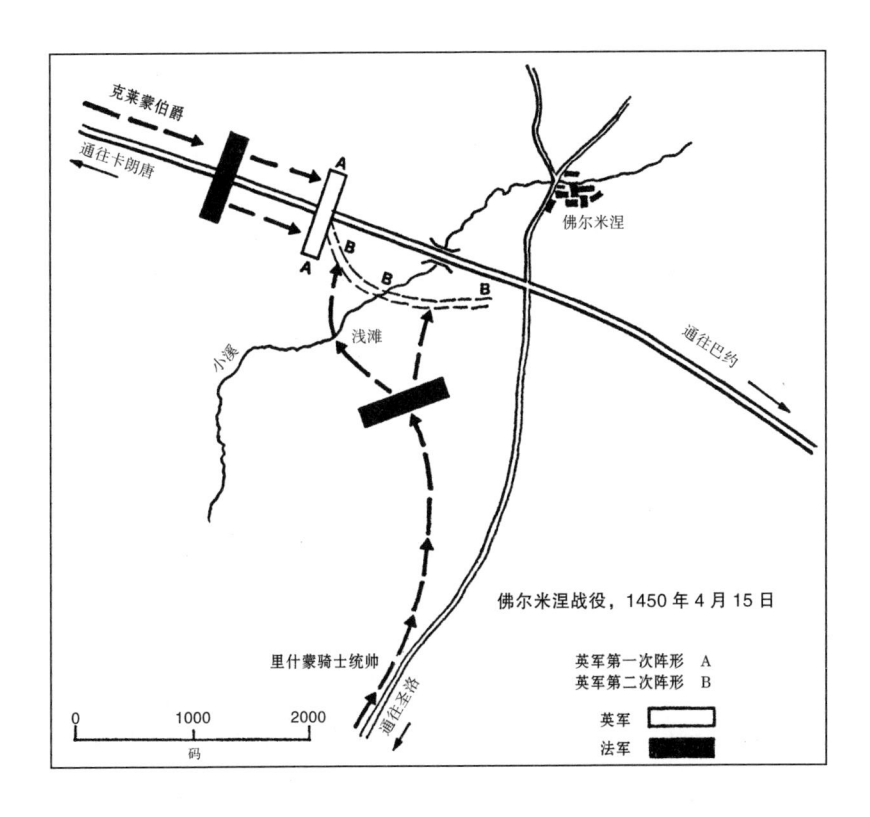

第 10 章 "令人悲伤的消息"1435—1450　261

佛尔米涅战役，1450 年 4 月 15 日

英军第一次阵形　A
英军第二次阵形　B

英军
法军

800 人从巴约来。这些人加在一起也只有 4000 多一点，以高夫爵士为副指挥官。这支军队最终于 4 月 12 日向巴约进军。

里什蒙骑士统帅和克莱蒙伯爵计划拦截这支军队。基里尔经河口一条 4 英里长的危险堤道横渡维尔河，于 4 月 14 日在一座名为佛尔米涅的小村庄扎营，这个村子离巴约只有 10 英里。令人费解的是，第二天一上午，基里尔爵士一直待在营地里。到了午间，英国哨兵突然发现克莱蒙的军队正从西北方向的卡朗唐向这边进发。基里尔爵士慌忙整军——他共有 800 名重装骑士，其余都是弓箭手——让他们在正对谷底的一道山脊上排成一条长线，弓箭手组成三个楔形分别位列中央和两翼。他们在身前打下尖桩，用随身匕首挖出小型沟壑。（颇具讽刺意味的是，这就是英军在克雷西和阿金库尔战役中使用过的队形。）他们的后方是一条小溪，溪边有很多树木和菜园。

克莱蒙伯爵只有 3000 人，他命令骑兵下马，从正面发起一次试探性的进攻。这次攻势很快就被击退了，随后向两翼发起的骑兵冲锋也遭受了挫折。法军进攻了 3 个小时，仍没有什么进展，于是搬出了两门长管炮（culverin，小型加农炮），迫使英国弓箭手离开自己的阵地。英国弓箭手随即用同样的方式反攻，冲上前去俘获了两门长管炮。如果基里尔此时率重装骑士跟进的话，他或许就能打赢这场战斗了。但他没有这么做，法军得以趁这个空当重整队伍。法军随即进攻英军两翼的弓箭手，重新夺回两门火炮，使整个英军陷入一片混乱。英国人本来还有赢的机会，但里什蒙骑士统帅突然率 1200 人从南边出现了。克莱蒙下令收兵，准备会同里什蒙骑士统帅来一次最终冲锋。基里尔爵士一定知道自己必将战败，他还是下令士兵组成半圆形队列——尽管这不利于弓箭手集中火力——同时应对来自西、南两个方向的攻击。英军本已损失惨重，当最后一波攻势来临时，他们奋力抵抗，但还是被压到了小溪旁边一举击溃。马修·高夫和一小队人马奋力冲开一个口子逃到巴约，基里尔爵士则被俘，他手下大部分士兵都被杀死了。次日清晨，经传令官统计，英军尸首共有 3774 具。佛尔米涅战役是英军自 1314 年班诺克本一役以来的首次决定性失败。

1450 年 6 月，卡昂被围。经法军 3 个星期的狂轰滥炸，萨默塞特公爵投降了——火炮手比罗的一枚炮弹打穿了公爵夫人和孩子居住的房屋，这无疑使他投降的决心更加坚定。法国人允许他退回加莱。维尔、巴约和阿弗朗什都已陷落，法莱兹以塔尔博特获释为条件于7月21日投降，多姆弗隆在10天后也投降了。

瑟堡指挥官托马斯·高维尔坚守到最后，他手下有1000名守备军。比罗将炮台架设在朝向大海的沙滩上，用涂过油脂的兽皮包住大炮，在涨潮时为大炮防水，在潮水退去后继续轰击。"瑟堡遭受的炮击前所未有。"一位佚名作者在蒙斯特雷的编年史后面续写道。高维尔顽强地战斗，杀死了许多围城军，包括普雷让·德·科埃提维海军司令。约翰·法斯托夫爵士在英格兰尽全力召集新军，但瑟堡最终于1450年8月12日投降了。除海峡群岛外，法国人已经收复了整个诺曼底。

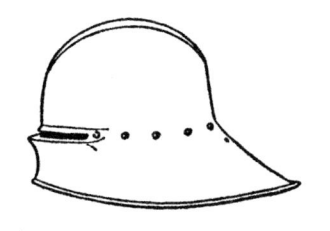

第 11 章

结局:"一场凄凉的战役"

1450—1453

……骁勇的塔尔博特爵爷和法兰西人的惨战。

——莎士比亚《亨利六世》

这就是法兰西人的克星吗?这就是闻名遐迩、人人惧怕、母亲们都用他的名字吓唬小孩,使他们不敢啼哭的那个人吗?我看关于他的传说都是编造出来的。

——莎士比亚《亨利六世》

英格兰在法国的统治气数已尽，塔尔博特在1452至1453年对吉耶纳的远征是英国发起的最后一次努力。这场战役体现了军事技术的革新，证明法国加农炮比英国长弓更有威力。与此相对应，法军的指挥官是一名白手起家的工匠，而英军指挥官是一名大贵族、"勇敢的骑士"。

英国人几乎不能相信自己丧失了诺曼底，但难民一波又一波从海峡对岸涌过来。一些官员在英格兰找到了新差事，其中有几个是诺曼底人，如圣皮埃尔领主"智者"拉乌尔和圣米歇尔山修道院长，还有一些人成为王室的"法语秘书"，受雇与法国方面联络。其他人就没那么幸运了，士兵的境遇最悲惨。卡昂指挥官安德鲁·欧迦德爵士[①]竭尽全力帮助手下的士

---

① 欧迦德爵士是一名丹麦雇佣军，其真名是安德烈斯·佩德森。他大约生于1400年，是阿嘉德的佩德尔·尼尔森骑士的儿子，来自伟大的于伦谢纳（Gyllenstierna）家族。1425年，欧迦德在安茹服役，1433年被任命为维尔指挥官，1436年正式入英格兰籍。在贝德福德公爵和约克公爵时期，他都进入了御前会议，两次作为大使出使法国。1450年，他被任命为卡昂指挥官，最后落得投降这个狼狈的下场。1443年，他——同法斯托夫一道——获得王室许可，在赫特福德郡的威佛附近"圈"了一块地，用法国战利品换的钱盖了"黑麦庄园"（后来这里上演了反叛查理二世的著名事件）。安德鲁的妻子是一位诺福克郡的女继承人。1453年，他作为诺福克郡代表成为议会议员。他于次年去世，葬在怀蒙德姆修道院。——原注

兵，他于1454年去世时在遗书中写道，士兵们"身无分文地逃出诺曼底，与快要饿死的乞丐没什么两样"。据编年史家罗伯特·贝尔记载，英国筹集了一大笔钱，把这些士兵运到波尔多去"拯救和保卫国王的权利"，但这笔钱被挪用，士兵们只好留在英格兰，"散落各地成为强盗和杀人犯"。境遇凄惨的不只是军队。1452年，曼恩的一些"教士、贵族、士兵等"请求亨利六世予以救济，他们不得不放弃在曼恩的"大量教士职俸、土地、领主权、庄园和年金"，在法军占领诺曼底期间又丧失了携带在身上的财物，一家老小无所依靠，"在此期间大部分人彻底破产沦为乞丐"。这份文件后附说明，表示请愿没有获批，又沉重地写道，当时很多请愿者都穷困不堪，"一些悲惨的人生病、死去；另一些人因偷盗入监，甚至被判处死刑；其他人则留在法国境内，成为叛军"。

法军入侵诺曼底后，一则流言传遍英国全境，说萨福克公爵及其政府将诺曼底公爵领卖给了法国人。1450年1月，前掌玺大臣、萨福克公爵的密友奇切斯特主教亚当·莫林斯在朴茨茅斯被基里尔的部队当作出卖诺曼底的叛徒杀害，当时他正在给士兵发放薪水。莫林斯死前似乎说了些有关萨福克的话。1月28日，下院谴责萨福克公爵将领土出卖给法国人。2月，下院又指控萨福克在释放奥尔良公爵一事中收受钱财，秘密策划法国人入侵，收受贿赂后阻止援军抵达诺曼底和吉耶纳，还向法国人出卖英国在法防务机密。3月，萨福克又因叛国通敌、腐败和治理不善被弹劾。亨利六世为保全萨福克，将他驱逐出境。4月，萨福克试图逃往加莱，途中被一艘名叫"尼古拉斯"

号的船拦截（有可能是约克公爵下的命令）。5月2日，萨福克被押到一艘小艇上，被迫把脖子放在小艇边缘，刽子手用一把生锈的铁剑砍了6下，才把他的头砍下来。

到了5月末，瑟堡陷落前，杰克·凯德（即"改良者"约翰）——一个有名的爱尔兰人、杀人犯，曾在诺曼底短暂服役——在肯特发起了一场相当危险的叛乱。叛军造反的原因之一就是认为政府出卖了在法国的领土，约翰·法斯托夫爵士也受到叛军的不公正指责，认为他削弱了守备军的力量。如果说还有其他原因的话，那就是政府的腐败和压迫，诺曼底陷落只不过是导火索罢了。一大批乡绅和教区治安官都参与了叛乱，因而这次叛乱比1381年的农民起义更危险。叛军抵达布莱克希思，一遇到王室军队就撤退了，而当国王退回科尼尔沃斯后又折返回来，于7月3日进入伦敦，释放了关押在马夏尔西的囚犯，并突袭了伦敦塔。叛军抓住王室司库萨耶和瑟尔勋爵，把他拖到奇普的一个小酒馆里并砍下了他的脑袋。由于叛军四处掠夺，大部分凯德的追随者都对其大失所望。7月5日夜，叛军同（刚从诺曼底回来的）"好人斯凯尔斯勋爵"和马修·高夫爵士率领的政府军在伦敦桥上打了一场激烈的战斗。战斗持续了一整夜，叛军最终逃离了首都。凯德被一路追击到苏塞克斯，在那里被俘并处死。

萨默塞特公爵从加莱受召回国恢复秩序。他随即被指控应对诺曼底陷落负责，在伦敦塔里关了一小段时间，后来玛格丽特王后把他救出来，恢复了他的权力。然而，他掌管的政府并不稳定，还要分出精力去应对法国的新灾难，因为这时查理七世已将注意力转向了吉耶纳。

吉耶纳已享受了几年和平的时光，在1445至1449年期间，吉耶纳向英国出口的葡萄酒比以往任何时候都要多。法军对吉耶纳的入侵一开始并不顺利：吉耶纳已效忠金雀花王朝300年，不像诺曼底仅有30年，吉耶纳人普遍对英国公爵及其"遥控式"的治理保持忠诚。一占领诺曼底，查理就在图尔召开战时会议，尽管这时已是年底，他仍下令立即进攻吉耶纳。富瓦伯爵顺阿杜尔河谷南下，占领了15座城镇；彭提维伯爵带着一个强大的火炮纵列于10月攻占贝尔热拉克和巴扎。随后彭提维向波尔多进发，11月击溃了布朗克弗的民兵，进驻冬营地。英国人试图集结一支军队，由里弗斯勋爵率领支援吉耶纳，但这支军队最终没能启航。

1451年4月，"奥尔良的私生子"也进入吉耶纳，带着火炮手比罗和一个更加强大的火炮纵列。他向波尔多进发，迅速夺取布莱、弗隆萨克和圣埃美隆，包围了波尔多，使其成为一座孤城。虽然比什领主、嘉德勋章骑士加斯顿·德·富瓦率守备军顽强抵抗，波尔多最终于6月30日投降。到了7月末，只有巴约讷还坚持效忠金雀花王朝，但这座城在8月20日陷落了。贿赂极大地加快了法国征服的速度：据说贝尔热拉克指挥官莫里冈·德·比德隆出卖了自己的城池以及比隆堡，波尔多市长、英国人加迪夫·舒托兹也收了法国人给的钱。

虽然一些加斯科尼贵族起初都很欢迎法国统治者，但吉耶纳人很快就开始痛恨他们了。来自法国北部的政府官员和税务官既严酷又高效，对吉耶纳的一贯做法不屑一顾，查理的军队在吉耶纳的表现非常恶劣，就像英军在诺曼底的表现一样。1452年，波尔多派一支秘密使团前往伦敦，向萨默塞特公爵承诺，若其派援军来吉耶纳，波尔多将发动起义以为策应。

萨默塞特非常高兴。议会下院一直指控他应对诺曼底沦陷负责，吉耶纳沦陷后，下院又爆发了新的抗议；约克公爵已率军向伦敦进发，而萨默塞特毫无武力作后盾，其权力脆弱得像一张纸。收复吉耶纳无疑会为他赢回一些急需的声誉。

英国人仍相信本国士兵能以一当二，其英雄人物塔尔博特也这样认为。如上文所述，塔尔博特在1449年做了人质，是唯一一个声誉未受损害的诺曼底指挥官。他已年逾70——法国人以为他已经80多岁了——却还是像以前一样英勇善战，保持着好斗的本性和强大魅力。因此，塔尔博特是吉耶纳远征军指挥官的不二人选。他于1452年9月被任命为吉耶纳总督。不过，这次塔尔博特就要遇到对手了。

法国军队中没有能和塔尔博特齐名的伟大骑士，却有一个技术专家——让·比罗。巴赞主教很可能见过这位伟大的火炮手，说他是"一个出身寒微、身量矮小，但意志坚定、勇往直前的人"。比罗出生于香槟，来到巴黎希望成为一名律师，贝德福德当政期间在夏特莱任法务官员。1434年，他离开巴黎（当时还是英属法国的首都），加入查理七世的阵营，查理在两年后任命他为"巴黎接收官"，1443年又提拔他做法国王室司库。一位律师和公务员竟然会成为一名火炮专家，现在看来可能有些奇怪，但15世纪的火炮大师通常都是签过契约的平民专家，像比罗一样自制火炮。据巴赞记载，比罗最初在英军中服役。毫无疑问,他和弟弟加斯帕(他的工作拍档)干这行主要是出于商业考虑。不过,他们在为查理七世服务期间干得尤为出色。在诺曼底战争前,比罗兄弟的火炮就发挥过很大作用——包括1437年在蒙特罗、1439年在莫城、1440年在圣日耳曼昂莱和1441年在蓬图瓦兹的战役。让·比罗既是一个讲求方法、有数学头脑的完美主义者,又是一个优秀的管理者,还是一个有想象力的技师,知道如何让自己原始的武器发挥最大效用。

制造火炮既费力又危险。但是在15世纪,比罗兄弟制造火炮的工具正在缓慢改良,其中最重要的革新是1429年发明的火药研磨技术。在此之前,火药须在战场上现混现用,但这种新式的"细粒状"火药可以不再分成硫黄、硝石、木炭三个独立的部分。新火药大大提高了火炮的发射速度。火炮铸造技术也有进步,现在炮身的主要材料是青铜和黄铜,少数情况下也用铁,虽然这种火炮仍很容易自爆。(在围攻瑟堡时只有4门火炮自爆,这就足以让法军庆贺了。)

此外,还出现了一种便宜且相当有效的手持火器。这些"火棍"(batons-à-feu)或手枪也被称作"长管炮"(culverins),常使人将其与同名的轻型火炮相混淆。这种武器有黄铜或青铜制成的枪管,一条木制直枪托,枪托连着一个支架,发射时顶在胸前,而不是架在肩上。弹丸是铅做的,用一种特殊的爆炸性火药推动,火药价格是大型火炮所用火药的两倍。发射器叫作"蛇杆"(serpentine),即一根呈"S"形的连接器,一端作为扳机,另一端用于点火。("serpentine"

同样也是一种小型火炮的名字,即蛇形炮。)这种武器的造价只有钢制十字弓的一半,但在战场上并不多见,因为实在是太过笨重了。不过,如果在围城战中架在土垒上,这类武器的效用就能充分发挥出来。

1452年10月17日,塔尔博特率3000兵马在梅多克登陆。法国人知道他要来,但预计这支部队会在诺曼底登陆,所以没有在吉耶纳布置足够兵力。波尔多人按照约定起兵反抗总管奥利维尔·德·科埃提维,赶走法国驻军,打开了城门。英军于10月21日进入波尔多。当时,整个吉耶纳西部都起兵了,少数有法国驻军的城镇和堡垒都被迅速占领。查理七世被打了个措手不及,暂时没有兴兵对付塔尔博特,而是花了整个冬季为次年的反攻做准备。在冬季结束前,塔尔博特又得到一支3000人的部队,由其第4个也是最宠爱的儿子莱尔子爵率领。

1453年春,查理七世做好了准备。法军兵分三路,从东北、正东和东南三个方向入侵吉耶纳,直指波尔多。塔尔博特决定按兵不动,适时将其各个击破。7月,从正东路入侵的法军围攻多尔多涅河边利布尔纳城附近的小镇卡斯蒂永,这座镇子在波尔多上游,距其约30英里。塔尔博特本不打算出兵,让卡斯蒂永人自生自灭,但他们反复恳求塔尔博特,他最终不太情愿地决定带兵前去解围。

围攻卡斯蒂永的敌军约有9000人,没有一位指定的指挥官,高级军官们的意见也不统一,但他们都明智地将有关火炮的事务委托给让·比罗,他在位阶上似乎要高过其他人。按照围城战惯例,比罗在卡斯蒂永火炮射程之外修建了一座火炮工事，其炮台实际上要离城更近一些，通过壕沟与工事相连。这并不是军事工程学上的重大革新，只是一个惯常做法，防止镇民或援军突袭炮台。真正的工事由 700 名志愿者建成，包括一条深深的壕沟，后面是一座土墙，用粗树干加固。工事最显著的特征是呈波浪状、不规则的沟渠和土垒，这确保火炮能够对进攻者进行纵向射击。比罗对两军交火的情形了如指掌。这座工事约 0.5 英里长，200 码宽，与多尔多涅河平行，距河水不超过 1 英里，另一面则以多尔多涅河的支流利杜瓦尔河作为天然屏障。

比罗带着 300 门火炮，大多数都是长管炮。看起来，这些武器极有可能是手持火器。(或许编年史家们把"带蛇杆的长管炮"听成了"蛇形炮和长管炮"。) 如果是这样的话，长弓给英国带来的军事优势即将被小型火器终结。这些火器被安置在土墙上。

7 月 16 日，塔尔博特带着所有军队从波尔多出发，这支军队包括吉耶纳分遣队在内，共有约 1 万人。他行军 20 英里，于日落时分到达利布尔纳。此时，步兵队还没有跟上来，塔尔博特身边只有 500 名骑士和 800 名骑射手。第二天清晨，他的这支小部队突然从卡斯蒂永附近的树林里钻出来，消灭了附近一座小修道院里的法军小分队。他发现法军修筑了火炮工事，于是派托马斯·埃弗琳汉爵士前去探查，随后命令部队打开一桶葡萄酒原地休整，等待其他部队到来。此时，一个从卡斯蒂永来的信使报称法军正在逃跑；事实上，镇民的确看到法军阵地上扬起的一团尘土，但撤离的不过是法军编外部队。塔尔博

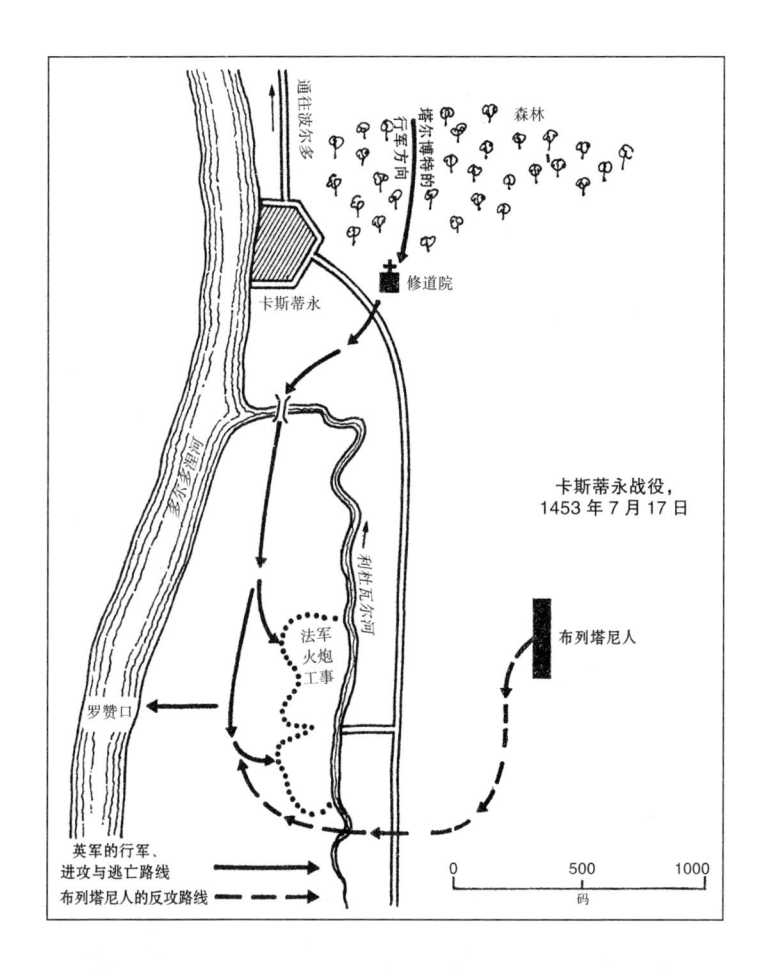

第 11 章　结局："一场凄凉的战役" 1450—1453　275

卡斯蒂永战役，
1453 年 7 月 17 日

特以为敌军打算全面撤退，立即率军进攻敌军的火炮工事。骑士们全都下马作战，只有塔尔博特——这位 75 岁的老兵——骑在马上，身穿深红色缎袍，满头银发上戴一顶紫色软帽，在整个战场上看起来十分显眼。当年他在诺曼底被扣押，法国人释放他时，强迫他发誓在对法作战中不穿铠甲。

英军和加斯科尼军呼喊着"塔尔博特！圣乔治！"向法军营帐发起冲锋。部分人越过了壕沟，但只有一小拨人攀过土垒，其中包括掌旗官托马斯·埃弗琳汉爵士，他很快就被火炮击中牺牲了。英军处在法军火炮的水平射程内——因为火炮呈纵向排列，一次发射至少能杀死6个英国士兵。尽管双方兵力悬殊，进攻仍持续了一个小时，塔尔博特其余部队的一些小分队还不断赶来加入战斗。随后，1000名布列塔尼军出乎意料地出现在利杜瓦尔河的另一侧，从南边向英军发起进攻，突破了英军右翼。蒙斯特雷的续写者写道，布列塔尼人"开始进攻，将英军所有旗帜都踩在脚下"。不过毫无疑问的是，就算没有布列塔尼人的帮助，比罗的火炮也一定能够摧毁英国人。英军开始向后方的多尔多涅河撤退，塔尔博特和他的儿子极力想组织一些人掩护他们涉过罗赞口浅滩。但这位老英雄实在是太显眼了，一发炮弹打死了他的马，他被压在马下动弹不得。一位名叫米歇尔·佩吕南的法国弓箭手一斧子结果了他的性命。一部分英军侥幸逃脱，但大部分人都死在了战场上，其中也包括莱尔子爵。法军一直追击到圣埃美隆，英军被彻底摧毁。

到了9月末，只有波尔多一座城市还在坚持抵抗。法国人将波尔多团团围住，还封锁了吉伦特河。波尔多人再不能指望从虚弱的萨默塞特政府得到任何援助，卡斯蒂永一役中幸存下来的英国人也一心想着回到祖国。1453年10月19日，这座吉耶纳首府无条件投降，略带乐观地希望得到查理七世国王的赦免。查理立即任命让·比罗为波尔多终身市长。这时似乎还没有人意识到，百年战争已经结束了。

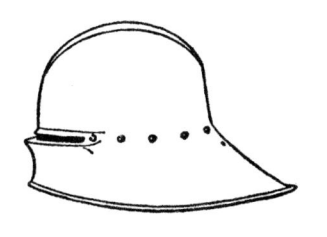

第 12 章

尾 声

我如果能长大成人,我一定要夺回我们从古以来在法兰西的权利,否则作为国王,我宁可以军人的身份战死在疆场。

——莎士比亚《理查三世》

决意将这场由英法战争组成的高贵而光荣的军事盛宴记录下来,作为永久的记忆。

——弗鲁瓦萨尔《编年史》(贝尔纳勋爵译本)

百年战争最终促使英国政府破产，对兰开斯特王朝的信用造成毁灭性打击，但英格兰自身在整整一个世纪中从"法国战利品"中获益良多，变得更加富庶了。1453 年 8 月，亨利六世发疯，6 个月后约克公爵出任监国。1455 年亨利恢复正常，再次重用博福特家族，一场漫长而血腥的冲突随即爆发，史称"玫瑰战争"。在此期间，英国老兵们用在法国战场上学到的战争技艺相互残杀。英国贵族已经习惯以战斗为生，他们麾下的骑士和弓箭手急需获得佣金。约克公爵和萨默塞特公爵倒在了战场上，基里尔和里弗斯死在断头台上，斯凯尔斯勋爵被约克家族的暴徒私刑处死，许多曾在老塔尔博特麾下战斗的人都死在了圣阿尔班、陶顿、巴奈特和图克斯伯里。不了解百年战争，就无法理解约克家族的崛起和玫瑰战争的缘由。"他们的父亲及其追随者们曾经在法兰西王国的土地上掠夺破坏，并占据了这片土地的绝大部分，"腓力·德·科曼在 15 世纪讨论英国王室时曾这样说道，"但他们后来却互相残杀。"他认为，上帝仍像以色列的儿女的时代那样惩罚邪恶的国王和其他人。法国的其他观察家们肯定也像科曼一样，认为玫瑰战争是上帝为英国国王在法国的暴行施予的惩罚。

起初，英国人认为退出诺曼底和吉耶纳只是暂时的，法国人也在波尔多和巴约讷修建堡垒，以威吓吉耶纳人。1457 年，查理七世在写给苏格兰国王的信中还忧虑地说，自己"日夜关注海岸线上的动向"。1475 年，英国国王爱德华四世（约克公爵的儿子，在其担任法兰西总督期间在鲁昂出生）最后一次率军从加莱向索姆河进发，但他在皮基尼同法国国王路易十一签订了 7 年停战协议，同意以 7.5 万克朗赔偿金和 6 万克朗年金为条件退兵。但是英法两国从未签订任何正式的和平协定，而且直到 1487 年亨利七世还意图收复吉耶纳，于 1488 年介入布列塔尼事务，1492 年入侵法国。亨利八世也曾率军渡过海峡，于 1513 年在斯普尔斯战役中击败法军，占领提鲁安纳和图尔奈——这是在贝德福德公爵和老塔尔博特之后英军首次占领法国城市。1523 年，亨利八世同波旁公爵和神圣罗马帝国皇帝查理五世签署秘密协定，获得法国王位、巴黎以及法国西北部诸省，似乎即将重现兰开斯特王朝二元君主国的盛景。然而这份协定并没有什么实际效用，亨利八世只是在 1544 年占领了布洛涅。即便英国在 1588 年失去了加莱这个最后的据点，英国王室仍继续自称"法兰西国王（女王）"，直到 1802 年签订《亚眠条约》后才终止。

英国人对百年战争的唯一纪念就是贝尔纳勋爵翻译的弗鲁瓦萨尔《编年史》和莎士比亚历史剧，法国人则完全不同。英国几乎没受到什么损失，而法国深受百年战争之苦——在法国北部和西部，任何一位本地历史学者都会向游客展示一座曾遭英国人洗劫的城堡或教堂。有充足的证据证明，从百年战争期间英国人在法国的战斗、围攻、"骑行劫掠"、赎金勒索、抢夺、"保护费"、杀人放火等一系列行径中,人们可以找到英法两个民族间紧张关系的根源。

附　录

关于货币的说明

我们现在无法对中世纪晚期货币的购买力做出粗略估计。从1436年的所得税（对20英镑以上收入征税）申报表来看，贵族的平均收入为865英镑，经济状况良好的骑士208英镑，稍差一些的骑士60英镑，扈从24英镑，小乡绅、商人、自耕农和地位较高的手工艺人约为15到19英镑。在这个时期，一位身强力壮的农民每年大约可以赚4英镑，而在黑死病肆虐前，他每年大约只能赚10先令。

1标准纯度的英镑为20先令或240便士，不能同法国货币中的"图尔里弗尔"（等于20苏或240德尼埃）相混淆。（此外，还有巴黎里弗尔和波尔多里弗尔，本书中没有涉及。）1英国马克的白银值13先令4便士，1英国马克的黄金价值6英镑。这些"镑"——包括标准英镑和图尔里弗尔——以及"马克"都被称作记账货币。英法两国记账货币之间的兑换比率由两国政府规定，经常变动。在 14 世纪，1 标准英镑通常值 6 图尔里弗尔；到 15 世纪，1 英镑涨为 9 图尔里弗尔。

英国的基本金币为"诺博"（noble），值 6 先令 8 便士，最初重 7.77 克，1412 年变为 6.99 克。法国金币或称"金克朗"，重量和价值约等于半个英国"诺博"。法国金币包括"穆顿"——上面镌有一只"上帝的羔羊"（agnus dei）——"法郎"和"埃居"。兰开斯特王朝发行的英法二元君主国的金"萨律"非常漂亮，约等于半个"诺博"，值 3 先令 4 便士。本书中提到的其他欧洲货币也应照此换算。

大多数英国军队都使用银币支付薪金，其中包括"格罗特"（4 便士）、半"格罗特"、便士以及更小面值的货币。有些时候，士兵们也会收到法国银币或贱金属货币，例如银质的"粗图努瓦"或"布朗"。

大事年表

1337 年　爱德华三世对法国王位提出主张

1340 年　法国海军在斯鲁伊斯战败

1346 年　英军在克雷西大败法军

1347 年　英军占领加莱

1350 年　法王腓力四世去世，约翰二世即位

1356 年　黑太子在普瓦提埃击败并俘虏约翰二世

1360 年　签订《布雷蒂尼和约》，阿基坦归属英国

1364 年　法王约翰二世去世，查理五世即位

1369 年　查理五世"没收"阿基坦，战端再启

1372 年　普瓦提埃和拉罗歇尔接纳法国军队

1373 年　冈特的约翰率军一路从加莱"骑行劫掠"至波尔多

1376 年　黑太子去世

1377 年　爱德华三世去世，理查二世即位

1380 年　法王查理五世去世，查理六世即位

1381 年	英格兰农民起义
1383 年	诺里奇主教远征佛兰德斯
1386 年	法军准备入侵英格兰,但计划流产
1389 年	英法签署《勒兰冈停战协定》
1399 年	理查二世被废黜,亨利四世即位
1407 年	勃艮第公爵约翰派人谋杀奥尔良公爵
1412 年	克拉伦斯公爵率军一路从诺曼底"骑行劫掠"至波尔多
1413 年	亨利四世去世,亨利五世即位
1415 年	亨利五世入侵法国,占领阿夫勒尔,赢得阿金库尔战役
1417 年	亨利五世开始征服诺曼底
1419 年	鲁昂向英军投降。勃艮第公爵约翰被阿马尼亚克派谋杀。勃艮第与英格兰结盟
1420 年	《特鲁瓦协定》,法王查理六世承认英王亨利五世为法国王位继承者、法兰西摄政。英军占领巴黎
1421 年	阿马尼亚克派在博热击败并处死克拉伦斯公爵
1422 年	亨利五世和查理六世去世。法国卢瓦尔河以北承认亨利六世为法国国王,卢瓦尔河以南承认查理七世
1423 年	索尔兹伯里伯爵在克拉旺击败法国王太子军
1424 年	法兰西摄政贝德福德公爵在韦尔讷伊击败法军
1428 年	索尔兹伯里伯爵开始围攻奥尔良
1429 年	约翰·法斯托夫爵士在"鲱鱼之战"中击败法国

	王太子军。贞德解奥尔良之围,在帕提击败法斯托夫和塔尔博特勋爵。查理七世在兰斯加冕,但贞德未能夺回巴黎
1430 年	贞德被俘
1431 年	贞德被施以火刑。亨利六世在巴黎加冕
1435 年	贝德福德公爵去世。查理七世和勃艮第公爵签署《阿拉斯协定》,勃艮第－英格兰联盟破裂
1436 年	查理七世占领巴黎
1441 年	法军占领蓬图瓦兹,英国失去在"法兰西岛"的最后一个据点
1444 年	英法签署《图尔停战协定》
1448 年	英军归还曼恩
1449 年	查理七世入侵诺曼底,占领鲁昂
1450 年	英军在佛尔米涅战败,法军控制整个诺曼底
1451 年	查理七世征服吉耶纳
1452 年	应吉耶纳人邀请,塔尔博特勋爵占领波尔多
1453 年	英军兵败卡斯蒂永,最终失去波尔多

参考文献

编年史及其他同时代作品

ADAM OF MURIMUTH, *Adae Murimuthensis, Continuatio Chronicarum* (ed E. M. Thompson), Rolls Series, 1889.

ADAM OF USK, *Chronicon Adae de Usk* (ed E. M. Thompson), London, 1876.

BASIN, THOMAS, *Histoire de Charles VII* (translated C. Samaran), Paris, 1964.

BAKER, GEOFFREY LE, *Chronicon Galfridi le Baker de Swynebroke* (ed E. M. Thompson), Oxford, 1889.

BEL, JEAN LE, *Chroniques* (ed J. Viard and E. Déprez), Paris, 1904—1905.

BLONDEL, ROBERT, 'De Reductione Normanniae' in *Letters and Papers* ... (ed J. Stevenson), see below.

BONET, HONORÉ, *The Tree of Battles of Honoré Bonet* (translated G. W. Coopland), Liverpool, 1949.

BOUVIER, GILLES LE, 'Le Recouvrement de Normandie', in

Letters and Papers ... (ed J. Stevenson), see below.

CAPGRAVE, J., *The Chronicle of England* (translated F. C. Hingeston), Rolls Series, 1858.

CHANDOS HERALD, *The Black Prince: An Historical Poem, written in French by Chandos Herald*, Roxburghe Club, 1842.

CHASTELLAIN, GEORGES, *Oeuvres* (ed Kervyn de Lettenhove), Brussels, 1863—1866.

CHARTIER, JEAN, *Chronique de Charles VII* (ed V. de Viriville), Paris, 1858.

Chronicon de Lanercost (translated Lord Berners), in Tudor Translations, 1927—1928.

Chronique du Mont-Saint-Michel (1343—1468) (ed S. Luce), Paris, 1879—1883.

ELMHAM, THOMAS, *Henrici Quinti Angliae Regis Gesta,* English Historical Society, 1850.

ESCOUCHY, MATTHIEU D', *Chroniques de Matthieu d'Escouchy*, Paris, 1863—1864.

FROISSART, JEAN, *Oeuvres: Chroniques* (ed Kervyn de Lettenhove), Brussels, 1867—1877.

JUVENAL DES URSINS, JEAN, *Histoire de Charles VI 1380—1422*, Paris, 1841.

KNIGHTON, HENRY, *Chronicon Henrici Knighton*, Rolls Series, 1895.

LESCOT, RICHARD, *Chroniques de Richard Lescot* (ed J. Lemoine), Paris, 1896.

LEFEBVRE, J., SEIGNEUR DE SAINT-REMY, *Chronique de J. le Fèvre*, Paris, 1876—1881.

Letters and Papers illustrative of the Wars of the English in

France during the Reign of Henry the Sixth, King of England (ed J. Stevenson), Rolls Series, 1861—1864.

LIVIUS, TITUS, *Vita Henrici Quinti* (translated as *The First English Life of King Henry V,* ed C. L. Kingsford), Oxford, 1911.

MONSTRELET, ENGUERRAND DE, *La Chronique*, Paris, 1857—1862.

PAGE, JOHN, 'The Siege of Rouen' in *The Historical Collections of a Citizen of London*, Camden Society, 1876.

Proceedings and Ordinances of the Privy Council of England (ed N. H. Nicolas), Record Commission, 1834—1837.

ROBERT OF AVESBURY, *De gestis mirabilibus regis Edwardi Tertii*, Rolls Series, 1889.

STRECCHE, JOHN, *The Chronicle of John Strecche for the reign of Henry V 1414—1422*, Manchester, 1932.

The Brut; or The Chronicles of England (ed F. Brie), Early English Text Society, 1906—1908.

The Libelle of Englyshe Polycye. A Poem on the use of Sea-Power, 1436 (ed. G. Warner), Oxford, 1926.

The Paston Letters (ed J. Gairdner), London, 1872—1875,

UPTON, NICHOLAS, *The Essential Portions of Nicholas Upton's De Studio Militari, before 1446* (ed F. P. Barnard), Oxford, 1931.

VENETTE, JEAN DE, *The Chronicle of Jean de Venette* (translated J. Birdsall), New York, 1953.

WALSINGHAM, THOMAS, *Historia Anglicana* (ed H. T. Riley), Rolls Series, 1863—1864.

——*Annales Ricardi Secundi et Henrici Quarti, regum Angliae*,Rolls Series, 1886.

WAVRIN, JEAN DE, *Recueil des croniques et anchiennes histoires de la Grant Bretaigne*, Rolls Series, 1864—1891.

一般性著作

BURNE, A. H., *The Crécy War. A Military History of the Hundred Years War from 1337 to the peace of Brétigny, 1360*, Eyre & Spottiswoode, 1955.

——*The Agincourt War. A Military History of the latter part of the Hundred Years War from 1369 to 1453*, Eyre & Spottiswoode, 1956.

Cambridge Economic History, Vol I (ed J.H. Clapham), CUP, 1938.

Cambridge Economic History, Vol II (ed M. M. Postan and E. E. Rich), CUP, 1952.

CONTAMINE, P., *La guerre de cent ans*, Paris, 1968.

COVILLE, A., *Les Premiers Valois et la Guerre de Cent Ans 1328—1422*, in *Histoire de France* (ed Lavisse) Tom. IV (i), Paris, 1902.

DENIFLE, M., *La désolation des églises, monastères et hôpitaux en France pendant la Guerre de Cent Ans*, Paris, 1897—1899.

Europe in the Late Middle Ages (ed J. R. Hale, R. L. L. Highfield and B. Smalley), Faber & Faber, 1965.

FOWLER, K. E., *The Age of Plantagenet and Valois*, Elek, 1967.

JACOB, E. F., *Henry V and the Invasion of France*, Hodder & Stoughton, 1947.

——*The Fifteenth Century*, Oxford, 1961.

KINGSFORD, C. L., *English Historical Literature in the Fifteenth Century*, Oxford, 1913.
LEWIS, P. S., *Later Mediaeval France: The Polity*, Macmillan, 1968.
LODGE, E. C., *Gascony under English Rule*, Methuen, 1926.
MCKISACK, M., *The Fourteenth Century*, OUP, 1959.
MYERS, A. R., *A History of England in the later Middle Ages*, Pelican, 1965.
NEWHALL, R. A., *The English Conquest of Normandy*, New Haven, 1924.
NICHOLSON, R., *Scotland: The Later Middle Ages*, Oliver & Boyd, 1973.
——*Edward III and the Scots. The Formative Years of a Military Career, 1327—1335*, OUP, 1965.
OMAN, SIR C., *A History of the Art of War in the Middle Ages: II 1278—1485*, Methuen, 1924.
PALMER, J. J. N., *England, France and Christendom, 1377—99*, Routledge, 1972.
PERROY, E., *La Guerre de Cent Ans*, Paris, 1945. (Translated W. B. Wells, as *The Hundred Years War*, Eyre & Spottiswoode, 1951).
PETIT-DUTAILLIS, C., *Charles VII, Louis XI et les premières années de Charles VIII 1422—92*, in *Histoire de France* (ed E. Lavisse) Tom. IV (ii), Paris, 1902.
ROSS, C. D., *The Wars of the Roses*, Thames & Hudson, 1976.
RUSSELL, P. E. L. R., *The English Intervention in Spain and Portugal in the Time of Edward III and Richard II*, OUP, 1955.
Society at War: The Experience of England and France During

the Hundred Years War (ed C. T. Allmand), Oliver & Boyd, 1973.

The Hundred Years War (ed. K. E. Fowler), Macmillan, 1971.

VALE, M. G. A., *English Gascony 1399—1453: A Study of War, Government and Politics during the Later Stages of the Hundred Years War*, OUP, 1970.

VICKERS, K. H., *England in the later Middle Ages*, Methuen, 1913.

War, Literature and Politics in the Late Middle Ages(ed C. T. Allmand), Liverpool University Press, 1976.

WYLIE, J. H., and WAUGH, W. T., *The Reign of Henry V,* CUP, 1914—1929.

专项研究

BLAIR, S. C., *European Armour circa 1066—circa 1700*, Batsford, 1958.

Catalogue of Rubbings of Brasses and Incised Slabs (ed M. Clayton), Victoria and Albert Museum, HMSO, 1968.

CREASEY, SIR E. S., *The Fifteen Decisive Battles of the World*, London, 1867.

FULLER, J. F. C., *The Decisive Battles of the Western World*, Eyre & Spottiswoode, 1954—1956.

HEWITT, H. J., *The Black Prince's Expedition of 1355—1357*, Manchester, 1958.

——*The Organisation of War under Edward III*, Manchester, 1966.

JAMES, M. K., *Studies in the Mediaeval Wine Trade*, OUP, 1971.

LA RONCIÈRE, C. DE, *Histoire de la Marine française*, Paris, 1899—1934.
LELAND, J., *Itinerary in England and Wales*, Centaur, 1964.
MCFARLANE, K. B., *The Nobility of Mediaeval England*, OUP, 1973.
MACKLIN, H. W., *Monumental Brasses*, George Allen, 1953.
NICOLAS, N. H., *A History of the Royal Navy*, London, 1847.
——*History of the Battle of Agincourt and of the Expedition of King Henry the Fifth in France in 1415*, London, 1832.
POWER, E., *The Wool Trade in English Mediaeval History*, OUP, 1941.

传记

BUCHAN, A., *Joan of Arc and the Recovery of France*, Hodder & Stoughton, 1948.
CALMETTE, j., *Les grands ducs de Bourgogne*, Paris, 1949.
CARLETON WILLIAMS, E., *My Lord of Bedford*, Longmans, 1963.
DELACHENAL, R., *Histoire de Charles V*, Paris, 1909—1931.
Dictionary of National Biography.
Dictionnaire de Biographie Française, Paris, 1933—1967.
FOWLER, K. E., *The King's Lieutenant. Henry of Grosmont, first Duke of Lancaster, 1310—1361*, Elek, 1969.
LUCIE-SMITH, E., *Joan of Arc*, Allen Lane, 1976.
MCLEOD, E., *Charles of Orleans: Prince and Poet*, Chatto & Windus, 1969.
MOWBRAY, SEGRAVE AND STOURTON, LORD, *The History*

of the Noble House of Stourton, privately printed, 1899.
ROSS, C., *Edward IV,* Eyre Methuen, 1974.
STEEL, A. B., *Richard II*, CUP, 1941.
The Complete Peerage (ed G. E. Cockayne and V. Gibbs), St Catherine's Press, 1910—1959.
VALE, M. G. A., *Charles VII*, Eyre Methuen, 1974.
VAUGHAN, R., *Philip the Bold*, Longmans, 1962.
——*John the Fearless*, Longmans, 1966.
——*Philip the Good*, Longmans, 1970.
VICKERS, K. H., *Humphrey, Duke of Gloucester*, London, 1907.
WEDGWOOD, J. C., *History of Parliament, Biographies of Members of the Commons House, 1439—1509*, HMSO, 1936.

论文

缩写

Econ. H. R.	*Economic History Review*
HYW`	*The Hundred Years War*(ed Fowler)
HT	*History Today*
TRHS	*Transactions of the Royal Historical Society*
ELMA	*Europe in the Late Middle Ages*(ed Hale etc)
HER	*English Historical Review*
WLP	*War, Literature and Politics in the Late Middle Ages*(ed Allmand)
PP	*Past and Present*
BIHR	*Bulletin of the Institute of Historical Research*
PBA	*Proceedings of the British Academy*

ALLMAND, C. T., *The Lancastrian Land Settlement in Normandy*, Econ H.R. 2nd ser, 21 (1968)
——*The War and the Non-Combatant*, HYW
——*War and Profit in the Late Middle Ages*, HT 15 (1965)
ARMSTRONG, C. A. J., *Sir John Fastolf and the Law of Arms*, WLP
CAMPBELL, J., *England, Scotland and the Hundred Years War in the Fourteenth Century*, ELMA
CONTAMINE, P., *The French Nobility and the War*, HYW
FOWLER, K. E., *War and Change in Late Mediaeval France and England*, HYW
——*Truces*, HYW
HALE, J. R., *The Development of the Bastion, 1440—1534*, ELMA
HEWITT, H. J., *The Organisation of War*, HYW
KEEN, M. H., *Chivalry, Nobility and the Man at Arms*, WLP
LEWIS, P. S., *War Propaganda and Historiography in Fifteenth Century France and England*, TRHS 5th Ser, 15
MCFARLANE, K. B., *The Investment of Sir John Fastolf's Profits of War*, TRHS 5th ser, 7 (1957)
——*A Business Partnership in War and Administration 1421—1445*, EHR 78 (1963)
——*England and the Hundred Years War,* pp 22 (1963)
——*The Wars of the Roses*, PBA 50 (1964)
——*Bastard Feudalism*, BIHR 20 (1943—1945)
PALMER, J. J. N., 'English Foreign Policy 1388—99' in *The Reign of Richard II: Essays in Honour of May McKisack* (ed F. du Boulay and C. Barron) Athlone Press, 1971
——*The War Aims of the Protagonists and the Negotiations for Peace*, HYW

PATOUREL, J. LE, *The King and the Princes in Fourteenth Century France*, ELMA

——*The Origins of the War*, HYW

POSTAN, M. M., *Some Social Consequences of the Hundred Years War*, Econ. H.R. 1st ser, 12 (1942)

——*The Costs of the Hundred Years War*, pp 27 (1964)

POWICKE, M., *The English Aristocracy and the War,* HYW

RICHMOND, C. F., *The War at Sea*, HYW

VALE, M. G. A., *New Techniques and Old Ideals: The Impact of Artillery on War and Chivalry at the end of the Hundred Years War*, WLP

出版后记

无论是对于历史研究者还是对于历史爱好者来说，英法百年战争都是欧洲历史中极其重要的一段。对英国来说，百年战争的失败迫使英国"从欧洲退出"，它遗留下来的问题最终导致了红白玫瑰战争的爆发；对法国来说，百年战争则促进了三级会议的崛起，并推动法国王室完成了国家统一。它是欧洲战场由冷兵器主导向热兵器主导转变的时期，也是英法两国民族主义萌芽的阶段。百年战争期间的阿金库尔战役更是欧洲中世纪以少胜多的经典战役。任何熟悉西欧历史的人都无法否认百年战争在欧洲历史进程中的重要地位。

作者德斯蒙德·苏厄德用生动的语言为读者描绘了百年战争的恢弘图景，并在行文中提供了大量关于中世纪社会生活的细节，让读者在熟悉百年战争的整体进程与战役详情的同时，从一些侧面对西欧中世纪社会有更加全面的了解。

因为本书中使用的一些词语在中文中尚无固定译法，所以此类词语后都注明了英文或法文原文，方便读者参阅与进一步了解。由于编者水平有限，本书难免有各种疏漏，还请读者批评指正。

服务热线：133-6631-2326　188-1142-1266
读者信息：reader@hinabook.com

后浪出版公司
2017 年 8 月

图书在版编目（CIP）数据

百年战争简史 / (英) 德斯蒙德·苏厄德著；文俊译. -- 成都：四川人民出版社，2017.8（2023.10重印）
ISBN 978-7-220-10274-5

Ⅰ. ①百… Ⅱ. ①德… ②文… Ⅲ. ①百年战争 (1337-1453) —研究 Ⅳ. ① K565.3

中国版本图书馆 CIP 数据核字 (2017) 第 177147 号

四川省版权局
著作权合同登记号
图字：21-2017-519

A BRIEF HISTORY OF THE HUNDRED YEARS WAR: THE ENGLISH IN FRANCE, 1337-1453 by DESMOND SEWARD
Copyright: © Desmond Seward 1978, 2003
This edition arranged with ANDREW LOWNIE LITERARY AGENT
THROUGH BIG APPLE AGENCY, INC., LABUAN, MALAYSIA
Simplified Chinese edition copyright: 2017 Ginkgo(Beijing) Book Co., Ltd.
All rights reserved.

本书中文简体版权归属于银杏树下（北京）图书有限责任公司
审图号：GS（2019）6095 号

BAINIAN ZHANZHENG JIANSHI

百年战争简史

著　　者	[英]德斯蒙德·苏厄德
译　　者	文俊
筹划出版	银杏树下
出版统筹	吴兴元
特约编辑	于馥华
责任编辑	罗晓春
装帧制造	墨白空间·陈威伸
营销推广	ONEBOOK
出版发行	四川人民出版社（成都三色路 238 号）
网　　址	http://www.scpph.com
E - mail	scrmcbs@sina.com
印　　刷	北京天宇万达印刷有限公司
成品尺寸	143mm×210mm
印　　张	10
字　　数	192 千
版　　次	2017 年 8 月第 1 版
印　　次	2023 年 10 月第 7 次
书　　号	978-7-220-10274-5
定　　价	68.00 元

后浪出版咨询（北京）有限责任公司　版权所有，侵权必究
投诉信箱：editor@hinabook.com　fawu@hinabook.com
未经许可，不得以任何方式复制或者抄袭本书部分或全部内容
本书若有印、装质量问题，请与本公司联系调换，电话 010-64072633